arucoには
あなたのプチぼうけんをサ…
ミニ情報をいっぱい散りばめ…

JN050374

便利な会話

こんにちは
Hallo./Tag.
ハロー または ターク

(指さして)これを100gください
Hundert gramm, bitte.
フンダート・グラム・ビッテ

地元の人とのちょっとしたコミュニケーションや、とっさに役立つひとこと会話を、各シーンにおりこみました☆

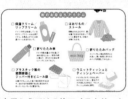

女子ならではの旅アイテムや、トラブル回避のための情報もしっかりカバー☆

どの
ぼうけんに
しようかな？

知っておくと理解が深まる情報、アドバイス etc. をわかりやすくカンタンにまとめてあります☆

ちいかわ。

60 ✉ レジデンツ

くと便利！ 💡 97

右ページのはみだしには編集部から、左ページのはみだしには旅好き女子のみなさんからのクチコミネタを掲載しています☆

ライン川の絶景ハンティング

TOTAL
1日

オススメ時間 10:00〜
17:00（夏期）

交通費 €100〜

予算

🚶 おすすめシーズン
高台に行くロープウエイやゴンドラ、KDラインのクルーズ船は11月上旬〜3月下旬に休業、店も閉まるので夏がベスト。

プチぼうけんプランには、予算や所要時間の目安、アドバイスなどをわかりやすくまとめています。

■発行後の情報の更新と訂正について
発行後に変更された掲載情報は、『地球の歩き方』ホームページの本書紹介ページに「更新・訂正情報」として可能なかぎり案内しています（ホテル、レストラン料金の変更などは除く）。ご旅行の前にお役立てください。
🔗 book.arukikata.co.jp/travel-support/

物件データのマーク

🏠 …… 住所
☎ …… 電話番号
🕐 …… 営業時間、開館時間
🚫 …… 休館日、定休日
💴 …… 予算、入場料、料金
　　　宿泊料金のSはシングル、Wはダブルまたはツインを表す
予 …… 予約の必要性
🚃 …… 交通アクセス
　　　Sは近郊電車、Uは地下鉄、RBは普通列車、REは快速、IC、ICEは高速列車を表す

URL …… ウェブサイトのアドレス
✉ …… E-Mail アドレス
Card …… クレジットカード
　　　A: アメリカン・エキスプレス
　　　D: ダイナース
　　　J: ジェーシービー
　　　M: マスター
　　　V: ビザ
🛏 …… ホテルの客室数

別冊MAPのおもなマーク

🔴 …… 見どころ、観光スポット
R …… レストラン
C …… カフェ
S …… ショップ

H …… ホテル
S …… Sバーン（近郊電車）
U …… Uバーン（地下鉄）
🅘 …… 観光案内所

本書は2023年12月〜2024年1月の取材に基づいていますが、ご旅行の際は必ず現地で最新情報をご確認ください。また掲載情報による損失などの責任を弊社は負いかねますのであらかじめご了承ください。

ドイツでプチぼうけん！
ねえねえ、どこ行く？ なに食べる？

観光にグルメにお買いもの。

そうそう、名物ソーセージも試さなきゃ。

う～ん、やりたいことはキリがない！

ココ行っとけばよかった、アレ買いたかった……

そんな後悔をしないように、

ビビッときたものには、ハナマル印をつけておいて！

わくわく♥が
いっぱい詰まった
ドイツの魅力を
教えてあげる！

めざせドイツマニア！　これはゼッタイやりたいよね♪

ライン川沿いの絶景巡りで
お気に入りの町を見つけよう！ **P.24 →**

バウムクーヘン発祥の町へ
行ってみない？ **P.40 →**

話題の
スポットも
しっかりチェック
しましょ♪

かわいすぎて悶絶〜！
シュタイフ・ベアのふるさとへ **P.32 →**

山頂にそびえる「天空の城」
ホーエンツォレルン城へ **P.30 →**

バッハからフィルハーモニーまで
本場の劇場でクラシック！ **P.38 →**

壁一面のハリボー
グミ好きさん、選び放題って夢みたいね！ **P.36 →**

キラッキラのメルヘン世界
本場のクリスマスマーケットへ！ **P.48 →**

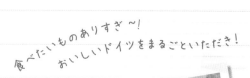
食べたいものありすぎ～！
おいしいドイツをまるごといただき！

ダイエットは
帰ってからに
しよ！

奥深い味わいの
ドイツパンに夢中♡
P.100
→

本場の焼きソーセージとドイツ料理
やっぱり、うんま～い！
P.107
→

ローテンブルク名物
シュネーバルの食べ比べ！
P.78
→

これがミュンヘンの白ソーセージ
正しい食べ方を教えちゃいます！
P.64
→

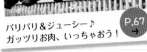
パリパリ＆ジューシー♪
ガッツリお肉、いっちゃおう！
P.67
→

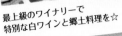
最上級のワイナリーで
特別な白ワインと郷土料理を☆
P.29
→

女子ゴコロをくすぐる
ベルリンのおしゃれカフェへ
P.140
→

あれもこれも、欲しいものオンパレード！

帰りの荷物はカクゴして！

ドイツモチーフの雑貨
ぜ〜んぶ買いたい☆

P.32 → P.56 → P.156 →

パケ買いもありです♪
人気のドイツブランドをチェック！

P.122 → P.146 →

「いいな」と思うものはとりあえず買っとこ！

ベルリンの信号機
アンペルマンに首ったけ♪

P.142 →

1年中クリスマスって
なんだかウキウキしちゃわない？

P.76 →

プチプラみやげの宝庫
スーパーマーケットへ！

P.102

ちょっと足を延ばして小さな町へ。

どこも個性的〜♪

ロマンティック街道の小さな町
ディンケルスビュール

P.73 →

磁器ブランド、マイセンの
銘品を見たい！買いたい！

P.162 →

木のおもちゃがいっぱい！
ザイフェンへ

P.54 →

7

Contents

Let's go!!

 アクティビティ グルメ ショッピング おさんぽ 見どころ 情報

123 最先端都市でワクワク体験！ ベルリンと北ドイツ、メルヘン街道

167 旅の成功は準備から！ 安全・快適 旅の基本情報

aruco column

巻末

"取りはずせる"
別冊MAP

便利だね！

印のページで紹介している内容は、ほかの町でも同様の店や
商品があるから覚えておくととっても便利！

ざっくり知りたいドイツ基本情報

これだけ知っておけば安心だね

お金のコト

通貨・レート €**1**（ユーロ）＝ 約**163円**（2024年4月現在）
ドイツの通貨単位は€（ユーロ）、補助通貨単位はCent（セント）
それぞれドイツ語読みは「オイロ」と「ツェント」

両替 レートは場所によって異なる

円からユーロへの両替は日本の空港や一部の銀行でできる。ドイツでは空港や駅、町なかにある両替所、銀行などで可能。レートや手数料は場所によって異なるので確認を。ドイツでは多くの店でクレジットカードが使用でき、ATMでのキャッシングも可能。

チップ 感謝の気持ちとして

ドイツにはチップの習慣がある。レストランでサービス料が含まれていない場合は、料金の5〜10％、ホテルのベルボーイには€1程度渡すのが一般的。タクシーでは10％プラスを目安に、キリのいい数字で支払うとよい。

お金について詳細はP.184をチェック！

物価 日本より少し高い

（例：🍾（500㎖）＝€0.50〜2、🚕＝初乗り€4.50〜、
🚃＝€2.40（ベルリンの短距離券）〜、
🍴＝€15〜

ベストシーズン 4〜9月頃

ドイツには日本と同様に四季がある。春の訪れは4月頃。梅雨はなく、夏は暑くはなるが、30度を超える日は数日程度。9月になると寒くなり始め、冬の冷え込みはかなり厳しくなるなど、北海道の気候に近い。

夏の間は21時頃まで明るいよ！

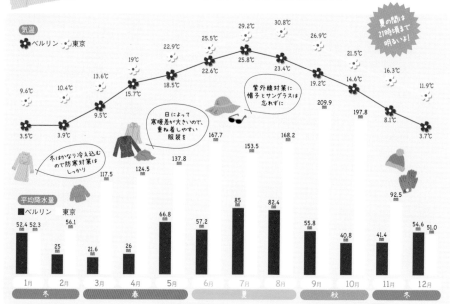

気温
🌸ベルリン ・🌸東京

9.6℃ 10.4℃ 13.6℃ 19℃ 22.9℃ 25.5℃ 29.2℃ 30.8℃ 26.9℃ 21.5℃ 16.3℃ 11.9℃
3.5℃ 3.9℃ 9.5℃ 15.7℃ 18.5℃ 22.6℃ 25.8℃ 23.4℃ 19.2℃ 14.6℃ 8.1℃ 3.7℃

紫外線対策に帽子とサングラスは忘れずに

日によって寒暖差が大きいので、重ね着しやすい服装を

冬はかなり冷え込むので防寒対策はしっかり

平均降水量
■ベルリン ■東京

52.4㎜ 52.3㎜ 25㎜ 21.6㎜ 26㎜ 66.8㎜ 57.2㎜ 85㎜ 82.4㎜ 55.8㎜ 40.8㎜ 41.4㎜ 54.6㎜ 51.0㎜
56.1㎜ 117.5㎜ 124.5㎜ 137.8㎜ 167.7㎜ 153.5㎜ 168.2㎜ 209.9㎜ 197.8㎜ 92.5㎜

1月 2月 3月 4月 5月 6月 7月 8月 9月 10月 11月 12月

冬　春　夏　秋　冬

データ：気温は最高気温の月平均値　東京、ドイツともに出典：気象庁

日本からの飛行時間

直行便で約**12～13.5**時間
飛行ルートにより異なる

ビザ

最長90日以内の観光は必要なし

パスポートの残存有効期間が、ドイツを含むシェンゲン協定国を出国する日から3ヵ月以上残っていることが必要。入国には欧州渡航情報認証制度（ETIAS：エティアス）の申請が2025年から必要になる予定。詳細は🔗eumag.jp/news/h091018

時差

－8時間

日本	8	9	10	11	12	13	14	15	16	17	18	19	20	21	22	23	0	1	2	3	4	5	6	7
ドイツ	0	1	2	3	4	5	6	7	8	9	10	11	12	13	14	15	16	17	18	19	20	21	22	23
ドイツ（サマータイム）	1	2	3	4	5	6	7	8	9	10	11	12	13	14	15	16	17	18	19	20	21	22	23	0

（サマータイム実施期間は－7時間）※2024年：3/31～10/27　2025年：3/30～10/26（廃止を議論中）

言語

ドイツ語

旅行期間

5泊7日以上が望ましい

交通手段

**鉄道と飛行機が国内を網羅している。
市内は地下鉄、路面電車が便利**

詳細はP.176～183

英語はかなり通じる

英語もドイツ語も同じ西ゲルマン語のなかまであることから、ドイツ人の英語力は総じて高い。観光スポットやレストラン、ショップなどではたいてい英語が通じる。ただし移民も多いので、屋台やタクシーの運転手などには英語が通じにくいこともある。

2024～25年の祝祭日

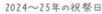

1月1日	元旦
1月6日	三王来朝★
4月18日	聖金曜日（2025年）※
4月20日	イースター（2025年）※
4月21日	イースター翌日の月曜日（2025年）※
5月1日	メーデー
5月29日	キリスト昇天祭（2025年）※
6月8日	聖霊降臨祭（2025年）※
6月9日	聖霊降臨祭翌日の月曜日（2025年）※
6月19日	聖体節（2025年）※★
8月15日	マリア被昇天祭★
10月3日	ドイツ統一の日
11月1日	諸聖人の日★
11月20日	贖罪の日（2024年）（'25年11/19）★
12月25・26日	クリスマス

ケルンやデュッセルドルフではカーニバル期間（2025年は2月27日～3月5日）もほとんどの施設が休業する。

クリスマスの12/25～26は、ほとんどの博物館、レストラン、ショップが休みになるので注意！

ふーん
しらなかったなあ

※は年によって異なる移動祝祭日
★は一部の州のみの祝日
移動祝祭日は毎年日にちが変わるので注意！

日付の書き方

ドイツと日本では年月日の書き方が異なるので注意しよう。日本と順番が異なり、「日、月、年」の順に記す。例えば、「2024年12月11日」の場合は「11/12/24」と書く。「8/12」などと書いてあると、日本人は8月12日と思ってしまうが、これは12月8日のこと。

祝祭日の営業

ドイツには州ごとに日曜と祝日に関する法律が定められており、一部の例外を除いて商店は日曜と祝日は完全休業が原則となっている。ただし、州によっては日曜であっても営業できる日を年に数回設けている。また、大きな駅ではドラッグストアやパン屋などが数軒営業していることが多い。レストランは日曜でもすべてが休みというわけではないので、食べる場所がなくなるようなことはない。

ドイツの詳しいトラベルインフォメーションは、P.168～をチェック！

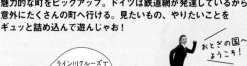

ひとめでわかる

arucoおすすめの
ドイツぼうけん都市はココ！

日本とほぼ同じぐらいの面積があるドイツには、北から南まで
見どころがいっぱい！ そこで初めてのドイツでも無理なく行ける、
魅力的な町をピックアップ。ドイツは鉄道網が発達しているから、
意外にたくさんの町へ行ける。見たいもの、やりたいことを
ギュッと詰め込んで遊んじゃお！

I ♥ Germany

ライン川クルーズで
古城がたくさん
見られるよ！

おとぎの国へ
ようこそ！

NETHERLANDS

DENMARK　SWEDEN

ハンブルク
Hamburg
H

ザルツヴェーデル
Salzwedel
M

ブレーメン
Bremen
I

ハノーファー
Hannover

ヴェルニゲローデ
Wernigerode
L

到着！

デュッセルドルフ
Düsseldorf
D

ケルン
Köln
C

メルヘン街道
P.154

古城街道
P.114

フランクフルト、ライン川沿岸、古城街道

A フランクフルト
ヨーロッパ金融市場の中心
Frankfurt　→P.90

欧州中央銀行の本部が
ある国際金融都市。作
家・哲学者として名高
いゲーテゆかりの町
で、生家が博物館に
なっている。

B リューデスハイム
ライン川クルーズの基点
Rüdesheim 世界遺産　→P.104

ライン川の斜面を利用
したブドウ畑など、流
域の風景は世界遺産。
クルーズで降り立つ観
光客の楽しみは名産の
白ワイン。

C ケルン
世界遺産の大聖堂がそびえる
Köln 世界遺産　→P.108

町のシンボルは高さ
157mの塔がそびえる
大聖堂。ナポレオンが
好んだ「ケルンの水（フ
ランス語でオーデコロ
ン）」発祥の地。

リューデスハイム
Rüdesheim
B

フランクフルト
Frankfurt
A

ハイデルベルク
Heidelberg
F

ニュルンベルク
Nürnberg
P

ローテンブルク
Rothenburg

ロマンティック街道
P.70

ミュンヘン
München
O

ノイシュヴァンシュタイン城
Schloss Neuschwanstein

フュッセン
Füssen
Q **R**

ヴィース
Wiesk
S

FRANCE

SWITZERLAND

AUSTRI

D デュッセルドルフ
ライン川に開けた商工業の町
Düsseldorf

多くの日系企業が拠点
を構える商工業都
市。伝統のマスタード
や人気のお菓子な
ど内外で評価の
高いおみやげが
手に入る。
→P.106

E ニュルンベルク
高台の古城から見る町はれんが色
Nürnberg

城壁に囲まれた旧市街のそぞろ歩きが楽
しい町。中央広場では世界的に有名なク
リスマスマー
ケットが開かれ
ている。
→P.116

F ハイデルベルク
古城から見る町並みが美しい
Heidelberg

ネッカー川に架かるれんが色のアーチ橋、
山の中腹に構える大きな古城……。ドイ
ツの古城風景を
代表する絶景が
楽しめる。
→P.120

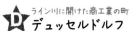
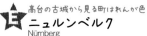
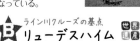

ベルリンと北ドイツ、メルヘン街道

G ベルリン 世界遺産
Berlin

→ P.124

かつて東西に分かれていたドイツの首都。躍動する町はヨーロッパでも最も刺激的な都市のひとつ。

現代のドイツを象徴する首都

H ハンブルク 世界遺産
Hamburg
→ P.150

活気あるドイツ最大の港町

国際貿易港として発展し、倉庫街は世界遺産に登録された。毎週日曜の大規模な魚市場は観光客にも人気。

I ブレーメン 世界遺産
Bremen

→ P.156

メルヘン街道のハイライト

4匹の音楽隊が登場するグリム童話の舞台。ハンザ同盟都市として栄えた歴史もある。市庁舎は世界遺産。

J ドレスデン
Dresden

→ P.158

エルベ川を彩るバロック都市

エルベ川の水運で栄え、かつて「百塔の都」とたたえられた美しい町。バロック様式の壮麗な宮殿や教会は圧倒的な迫力。

K マイセン
Meißen

→ P.162

白磁器で名高い工房を訪ねて

ヨーロッパで初めて白磁の生産に成功したマイセン磁器工場工房がある町。アウグスト強王が心酔した磁器の歴史がわかる。

L ヴェルニゲローデ
Wernigerode

→ P.42

SLに乗ってブロッケン山へ

木組みの町並みがかわいい町。ブロッケン山へ行く蒸気機関車で魔女伝説の舞台へ。

M ザルツヴェーデル
Salzwedel

→ P.40

バウムクーヘン発祥の地

バウムクーヘンの最初のレシピの流れを汲む店が残る町。町に点在する専門店で食べ比べを。

N ライプツィヒ
Leipzig

→ P.164

バッハゆかりの地

バッハやメンデルスゾーンなどの音楽家やゲーテや森鷗外ゆかりの文化の町として知られている。

ミュンヘンとロマンティック街道

O ミュンヘン
München

→ P.56

バイエルンの伝統が息づく町

ドイツ第3の町にしてバイエルン州の州都。毎年秋に開催されるビールの祭典、オクトーバーフェストは世界的なイベント。

P ローテンブルク
Rothenburg

→ P.74

木組みの家が並ぶかわいい町

古い町並みや城壁がよく残り、ロマンティック街道の中核をなす「おとぎの国」というイメージがピッタリの小さな町。

Q フュッセン
Füssen

→ P.80

ロマンティック街道の終点

ノイシュヴァンシュタイン城の基点になる町。パステルカラーの町は、観光客向けのショップやレストランが多く、歩いても楽しい。

R ノイシュヴァンシュタイン城
Schloss Neuschwanstein

→ P.20

ドイツを代表する絶景

ルートヴィヒ2世が自身の美意識のすべてをつぎ込んで造った城。王は周囲の風景も好んでおり、調和のとれた美しい城になった。

S ヴィース教会 世界遺産
Wieskirche

→ P.86

ヨーロッパで最も美しいロココ教会

外観は素朴で小さなたたずまいだが、内部の装飾は驚くほどきらびやか。その芸術性が高く評価され世界遺産に登録されている。

T ベルヒテスガーデン
Berchtesgaden

→ P.44

岩塩と温泉で名高いアルプスの町

アルプスの温泉リゾートとして有名だが、岩塩坑でヒーリング体験をしたり、トロッコで地中深く潜ったりする体験ができる。

ベルリン
Berlin
G

マイセン
Meißen
K

ドレスデン
Dresden
J

ザイフェン
Seiffen
P.54

CZECH REPUBLIC

ドイツ7泊9日 *aruco的* 究極プラン

ライン川で
クルーズ☆

白亜の城ノイシュヴァンシュタイン城はぜったい外せないし、
木組みの家家並みがおとぎの国のような、小さな町にも行かなくちゃ。
やりたいこといっぱいの、よくばり女子のための究極プランをご紹介！

Day 1　フランクフルト到着！朝からパワー全開でクルーズへ！

日本から、深夜発の直行便を利用すれば早朝にフランクフルトに到着。機内でたっぷりと睡眠をとって観光に備えよう。空港駅からフランクフルト中央駅までは15分弱。荷物をホテルに預けてイザ出発！

6:00

フランクフルト
空港到着
フランクフルト
中央駅から
コブレンツへ P.24

8:00
列車
1時間30分

エーレンブライトシュタイン要塞から
「ドイツの角」
ドイチェス・エックを観賞 P.24

10:00

列車15分

ボッパルトの高台から見る P.25
ライン川の大蛇行に感激！

11:30
列車15分

眺めのいい
レストランで
早めのランチ♪

次々と
古城が
現れる！

13:15

ザンクト・ゴアールから
**ライン川
クルーズ**に乗船！
P.26

船3時間

16:20

リューデスハイムで
船を降りて**ニーダーヴァルト**の展望台へ
P.28

ブドウ畑と
リューデスハイムの
町並みがきれい！

ゴンドラ5分

18:00

リューデスハイムの
つぐみ横丁で
ワイン&ディナー P.29

列車 1時間

21:00 フランクフルト着&泊

Day 2　ドイツの大動脈を鉄道で北へ！3つの都市を巡る充実の旅

世界遺産のケルン大聖堂とメルヘン街道のブレーメン。さらには北の玄関口として躍動感あふれる港町ハンブルクまで足を延ばす。さまざまなドイツの表情に触れる1日。

7:15
列車
1時間

フランクフルトから**ケルンへ**

8:15
徒歩
3分

中央駅に隣接する P.108
世界遺産**ケルン大聖堂**へGo！

9:30
徒歩
3分

オーデコロンの
発祥の地で好みの香りをゲット！
P.110

10:15
列車
3時間

ケルンから
ブレーメンへ

昼食は列車内で**サンドイッチ**を

13:30

世界遺産の**市庁舎**と
ローラント像へ P.156

ブレーメンの
音楽隊像で
願い事するのも
忘れずに！

徒歩
10分

15:15
列車
地下鉄
1時間10分

ブレーメンから**ハンブルクへ**

16:30
徒歩
1分

都市交通がジオラマになった
**ミニチュア
ワンダーランド**へ P.151

18:00

じゃーん☆

倉庫街とダイヒ通りを
お散歩してフレンチカフェ、
ティ・ブレイズで
ちょっとひと休み P.152

列車
1時間40分

21:40 ベルリン着&泊　ホテルはツォー駅近くを予約

アレンジ
plan
1
フランクフルトをもっと満喫！
ハンブルクとブレーメンのどちらかをパスすればフランクフルトに昼頃までいられる。レーマー広場とゲーテハウスが見学できる。
P.90　P.94

14

究極プランのルート

フランクフルトに着いたら日帰りでライン川クルーズへ。2日目はケルンの大聖堂を見てメルヘン街道を通ってハンブルクへ。3日目はベルリン。4日目はドレスデン、5日目はニュルンベルクからロマンティック街道を通ってノイシュヴァンシュタイン城の基点の町へ。6日目に城を見て、7・8日目はミュンヘン観光、夜の便で帰国。

こんなおみやげ買っちゃいました

カリーヴルストの魔法の粉 €7.90 P.142

ブレーメンの音楽隊ぬいぐるみ €29.95 P.157

ハンブルクのチョコ 各€5.95 P.152

アンペルマンリフレクターセール品 P.142

シャワージェル €6.89 P.146

Day3 ヨーロッパで最も躍動する町
ベルリンの歴史と今を体感！

ホテルに荷物を預けてチェックアウト、朝からバスで「ベルリンの壁」の史跡を回り、午後からはかわいくておしゃれなグッズを探しにショッピング♪ 明日に備えてドレスデン泊。

`8:30` バスで見どころを3時間で早回り P.124

天気がよければレンタサイクルもおすすめ

ブランデンブルク門 P.126

博物館島でフンボルト・フォーラムやベルガモンのパノラマを見る

上からの眺めもいい！
☆ ☆

テレビ塔って高いなー

イーストサイドギャラリーは壁の跡。アートにしちゃうってベルリンらしい

バスと徒歩 3時間

`11:30`

広い中庭ね！

ハッケシェ・ヘーフェでショッピング

アンペルマングッズはおみやげの定番 P.142

徒歩 2時間

`12:30` **ミッテ地区**を北へトコトコ P.132

P.133

かわいい木工細工見っけ！

おいしいアイスでブレイクタイム
地下鉄 15分

`13:00` ミッテから**プレンツラウアーベルクへ。**
天気がよければ歩いても P.132

大通りにカラフルなアパートが！

地下鉄 5分

`13:10` **ベネディクト**
でランチ P.135

おいしくておしゃれな人気カフェ！

徒歩 7分

`15:30` ディー・クライネ・ウンダガマーで P.135
ベルリン雑貨見つけた！

手作りです

ベルリン在中デザイナーの作品

地下鉄 20分

`16:30` **クロイツベルク**で
ファッション雑貨探し
P.136

食品や台所用品にもおもしろいものアリ！

徒歩 6分

`17:00` **カリーヴルスト**と
デナーケバプ
食べ比べ！ P.138

地下鉄 15分

`18:30` ツォー駅近くの**カイザー・ヴィルヘルム記念教会**を見学、荷物をピックアップしてベルリン中央駅からドレスデンへ。
P.124

列車 2時間

`22:30` ドレスデン泊

アレンジ plan 2

クラシックファンなら足を延ばして
バッハやメンデルスゾーンなどを育んだライプツィヒはベルリンから列車で1時間10分ほど。町歩きをミッテだけにして午後にライプツィヒを組み込むのもおすすめ。
P.164

JOHANN SEBASTIAN

Day 4
バロックの塔を気球に乗って上空から！
ドレスデンの絶景が眼下に広がる

前日に頑張ってドレスデンまで移動したから、
今日は朝の気球フライトでスタートできる。
旧市街の上空を熱気球で飛ぶなんて夢みたい。
マイセンの博物館で、アンティークを見るのも楽しみ！

ステキでしょ!?

トラム10分
列車30分
シティバス 5分

12:00 マイセン磁器工場で博物館や工房を見学
P.162

7:00

気球ツアー、
スタート！
約1時間のフライト
で大満足！
P.159

すてき〜！

カフェだけの利用もOK！

せっかくだから、
**マイセン磁器で
ランチ**しましょ♪

14:00 マイセンから**ニュルンベルク**へ

コーヒー
ひとつ

列車の
サンドも
おいしいよ！

列車
約5時間
30分

8:30 河川敷で解散、ここにある
「風景の額縁」 Map 別冊P.17-C2 で
旧市街の重厚な建物をチェック！

橋を渡って旧市街へ

19:30 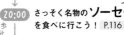 ニュルンベルク
中央駅着

名物料理に
トライ！

徒歩30分

徒歩15分

9:40 マイセン磁器で
描かれた
「君主の行列」
P.159

アクグスト
強王だ

20:00 さっそく名物の**ソーセージ**
を食べに行こう！ P.116

徒歩3分

徒歩1分

10:00 **フラウエン教会**と**ツヴィンガー宮殿**
を見学 P.159

20:40 **美しの泉**
で恋愛成就の
おまじない
P.118

戦後
復興の
シンボル！

徒歩1分

21:00  **聖ローレンツ
教会**の美しい
ライトアップを見て
ホテルへ P.119

夜の教会は
きれいねー！

11:00 ドレスデン中央駅から白磁器の里**マイセン**へ

**アレンジ
Plan
3**
P.48

日が短い冬のプラン

冬は日が短いのでニュルンベルク到着時の19:30
は真っ暗。旧市街の観光は翌日にしてホテルへ。
翌朝、旧市街を見て11:00頃の列車でローテンブ
ルクに移動する。ローテンブルクからフュッセン
までもローカル線。最短でも3回乗り換えで5時間
弱かかる。もし11月下旬〜12月24日に行くなら、
クリスマスマーケットがおすすめ。ドレスデンは
世界最古、ニュルンベルクは世界一有名といわれ
る本場。華やかであたたかなマーケットの光、メ
ルヘンのような光景はきっと思い出に残るはず！

蜜ろう
キャンドル
いかが？

1．ニュルンベルクの中央広場の
クリスマスマーケット 2．ドレ
スデンのアルトマルクトのクリ
スマス風景

Day 5 木組みの家が並ぶかわいい町 ロマンティック街道へ!

いよいよ楽しみにしていたロマンティック街道の
旅が始まる。ローテンブルクの雪玉みたいなお菓子、
アウクスブルク市庁舎の黄金のホール。
メルヘン&ゴージャスな旅になりそう。

8:00
列車
1時間15分
徒歩15分

ニュルンベルクから
ローテンブルク
旧市街へ。数は少ないけ
ど駅にはコインロッカーがある

どこもかわいい!

10:00
市議宴会館でマイスタートルンクにちなんだ
仕掛け時計を見る P.74

徒歩2分

10:15

**ケーテ・ヴォール
ファールトへ
クリスマスグッズ**
のお買い物 P.76

1年中クリスマスなのよ!

徒歩2分

10:45
シュネーバルの
食べ比べ、
列車旅行のおやつも
Get! P.78

徒歩15分

14:06
列車
2時間30分
駅に戻って荷物をピックアップ。
アウクスブルクへ

16:28
アウクスブルク着
双頭の鷲がトレードマー
クの市庁舎へ。黄金の
ホールも見ておきたい
P.72

旧市街まで
徒歩15分

18:15
列車
1時間40分
タクシー
10分
**アウクスブルク発フッセン経由で
ホーエンシュヴァンガウへ**
フッセンからはバスもあるが、荷物もあるからタ
クシーがおすすめ。協定料金があるから安心

20:25
ホーエンシュヴァンガウ着
ノイシュヴァンシュタイン城を
見ながらおやすみなさい……。
P.21

Day 6 ルートヴィヒ2世が 究極の美を追求した白鳥城へ

ついに、憧れのノイシュヴァンシュタイン城へ
やって来た。均整のとれた美しい姿、
そして芸術を愛した王がこだわりぬいた内装、
しっかり見なくちゃ!

春~秋は大行列
ウェブ予約を!

8:30 シャトルバス5分
チケットセンターで内部見学のチケット購入 P.82

9:00

マリエン橋から
美しい姿を撮影 P.20
©Bayerische Schlösserverwaltung
URL www.schloesser.bayern.de

徒歩15分

9:30
ノイシュヴァン
シュタイン城の
内部を見学
P.22

王のこだわりがいっぱい!

馬車10分 徒歩

11:00
ホーエンシュヴァンガウ
城を見学

バス10分

12:00
バスでテーゲルベルク山の
ロープウエイ乗り場へ

バス5分

12:05
ロープウエイ5分

ロープウエイからの
**ノイシュヴァン
シュタイン城**をカメラに
おさめよう!
P.21

バス停前のおみやげ店でGo! P.83

バス5分 タクシー30分

13:00
フッセンの
**ホテル・シュロス
クローネ**でランチ P.81

列車2時間

町でおやげも探そう

16:30
ミュンヘン着

ヴィッテルスバッハ家
**の居城
レジデンツ**へ
P.60

地下鉄2分 徒歩3分

18:00
ミュンヘン泊

17

Day 7 バイエルンの都ミュンヘン まずは歴史をおさえなきゃ!

ノイシュヴァンシュタイン城を見たら、ルートヴィヒ2世やバイエルン王国のことがもっと知りたくなっちゃうかも。ミュンヘンのゆかりのところに行ってみよう。

9:00 まずは町の中心
マリエン広場へ
新市庁舎の
仕掛け時計は
なんと等身大!　P.56

結婚式の
セレモニー!

徒歩
5分

9:30 ミヒャエル教会でルートヴィヒ2世のお墓参りを
P.85

ここの
地下に
眠ってる!

徒歩
10分

10:00 ツム・フランツィスカーナーで
白ソーセージのブランチ　P.64

徒歩
3分

11:00 トレンド地区
グロッケン
バッハで
おさんぽ♪

ミルクで
ドイツの
ガールズトレンドを
チェックしよう!　P.58

トラム15分
徒歩
10分

15:00 ルートヴィヒ2世が生まれた
ニンフェンブルク
城で「誕生の部屋」を
見学　P.61

トラム15分
徒歩
10分

17:00 やっほー!
セルヴス・ハイマート
でバイエルンみやげを
チェックして
P.56

ディナーはボリュームたっぷり
ハクセングリル
で豪快に　P.67

Day 8 旅の最終日はミュンヘンで おみやげ探し、ラストスパート!

ミュンヘンの空港へはSバーンでもエアポートバスでも40〜50分。夜便なら夕方まで遊べちゃう!

10:00 ヴィッテルスバッハ家が収集した
絵画のコレクションを観に**ピナコテーク**へ
P.62

名画が
いっぱい!

徒歩
5分

13:00 ランチは人気の**ビアガーデン**で
P.68

冷たい
ビールを
どうぞ!

ピーファイブ
グムント専門店で
自分へのご褒美の
手帳をGet　P.57

徒歩
1時間
30分

15:00 最後の晩餐はビール醸造所
パウラーナーの
直営店でヴァイスビーア♪
ホテルに預けた荷物を
ピックアップ、さあ、
空港へ向かいましょ!
ミュンヘン空港から
フランクフルトへ
20:00頃フランクフルト発

おいしいよ

P.66

Day 9

15:50 羽田着　お疲れさま!

アレンジ
Plan 4
P.44
アルプスの岩塩坑へ!

夏ならミュンヘンを最終日だけにして、ベルヒテスガーデンの岩塩坑へ行ってみては? 6日目にベルヒテスガーデンまで行って泊まり、7日目は朝から岩塩浴をしたり廃坑を見学したりして、夕方ミュンヘンへ移動するとよい。

時刻や所要時間は2024年4月の調査に基づく夏時間を想定しています。

こんなステキ体験
初めてかも！

おとぎの国ドイツで ロマンティック＆ドキドキの プチぼうけん☆

まずは、白鳥のように優雅なノイシュヴァンシュタイン城にご対面！
ライン川クルーズで、古城巡りもマストでしょ！
でもそれだけじゃ、もの足りなくない？
あのテディベアのふるさとへ、本場のバウムクーヘン食べ比べ。
憧れのクリスマスマーケットもハシゴしたい！
とっておきのプランで、ドイツ上級者になっちゃおう！

ET'S GO!

美しい姿を外から内まで完全制覇！
ノイシュヴァンシュタイン城

美しい自然のなかに、真っ白な姿を浮かび上がらせる憧れの城。
ドイツの古城のシンボルを、しっかりカメラに収められる
ベストポジションと、王の美意識が詰まった部屋をご案内！

Schloss Neuschwanstein

ノイシュヴァンシュタイン城へ
TOTAL
3時間半

オススメ時間	お城に日が当たる午前中	予算	€52〜

おすすめプラン
9:00	マリエン橋から城を見る	Ⓐ
9:30	ノイシュヴァンシュタイン城の内部見学→P.22	
11:00	テーゲルベルク山のロープウエイの中から城を見る	Ⓑ
18:30	町歩きを楽しんだあと、ホーエンシュヴァンガウの北エリアへ	Ⓒ

混雑する季節
バカンスシーズンの7月と紅葉の10月は、シャトルバスや馬車が2時間待ちになることもある。

王子様に
出逢えそう…

PHOTO Point
aruco
オススメの
ビュースポット
はこちら！

どこで
撮ろうかしら？

マリエン橋は混雑することもあるので譲り合って撮影して

PHOTO Point Ⓐ
まずはマリエン橋から
城と一緒のツーショット

マリエン橋から見るノイシュヴァンシュタイン城は、渓谷の森とバックに広がる畑や牧草地のライトグリーンが真っ白な城に映えてとても美しい。青空を映して遠くの川がキラキラ光る。大きな城の全景と人物がいいバランスで撮れるスポット。

これが
マリエン橋！

Ⓐ マリエン橋への行き方
チケットセンター並びのみやげ物店ミュラーの向かいからシャトルバスが出る（上り€3、下り€2、往復€3.50）。バスを降りて徒歩5分。40〜50分。

夏の橋は
ラッシュ！

Tegelbergstr.

Colomanstr.

Ⓑ
テーゲル
ベルク山

Ⓒ
ヴィラ・
ルートヴィヒ

ⓘ

ⵎⵎⵎ ノイシュヴァン
シュタイン城

ⵎⵎⵎ ホーエン
シュヴァンガウ城
P.84

Ⓐ マリエン橋

N
0   500m

Map 本誌P.83

テーゲルベルク山の ロープウエイの中から

ノイシュヴァンシュタイン城は細長い形をしており、見る角度によってまったく違う表情を見せる。正面をカメラに収めるならテーゲルベルク山へのロープウエイの途中から。湖を背景にした美しい姿は1分ほどで見えなくなるので見逃さないで。

Ⓑ **ロープウエイ乗り口への行き方**

🚌 ホーエンシュヴァンガウ観光案内所前のバス停からフュッセン始発73、78番バスに乗り約7分、Tegelbergbahn下車。（立ち寄らないバスもあるので運転手に確認しよう）またはホーエンシュヴァンガウからタクシーで5分。

右側の後ろに乗ってね！出発から2分後がシャッターチャンス！

絶景が眼下に広がる！
テーゲルベルク山ロープウエイ
Tegelbergbahn

ホーエンシュヴァンガウから約1km北にあるテーゲルベルク山は標高1720m。麓駅と山頂を約5分で結んでいる。

Map 本誌P.83外 ホーエンシュヴァンガウ

🏠Tegelbergstr. 33 ☎08362-98360 ⏰夏期9:00～17:00（荒天時運休あり）、冬期9:00～16:30 ⏰1/7～カーニバルの土 💰€19.50、往復€30。チップ式カード代€2（カードを返却すると返金される）URLwww.tegelbergbahn.de

赤いれんが色の入口が見える角度はロープウエイからだけの特別な眺め！

テーゲルベルク山は頂上からの眺めも最高！

ライトアップのお城にうっとり

カフェからライトアップした城を眺められる

ノイシュヴァンシュタイン城は、夜のライトアップもりりしいもの。日没の30分後ぐらいから夜中の0時ぐらいまで真っ白な壁面が美しく輝く。ホーエンシュヴァンガウに宿泊してホテルの部屋から眺める贅沢をぜひ！

モダンな部屋から歴史を眺める
ヴィラ・ルートヴィヒ
Villa Ludwig Suite Hotel

全室スイートだから客室は35～48㎡とゆったりしている。モダンでスタイリッシュな内装。ほとんどの部屋からノイシュヴァンシュタイン城が望める。サウナやジャクージもある。カフェは併設されているがレストランはない。

Map 本誌P.83

🏠Colomanstr. 12 ☎08362-929920 ⏰1月中旬～下旬 💰€189～ CardA.J.M.V. 🛏18室 🚌観光案内所前から徒歩5分 URLwww.suitehotel-neuschwanstein.de

お城の見える部屋を予約したい
Ich möchte ein Zimmer mit Schlossblick reservieren.
イッヒ・メヒテ・アイン・ツィマー・ミット・シュロスブリック・レゼルヴィーレン

とっても幻想的～

1. コンディショナーも完備 2. ローエングリン・スイート 3. 朝食はバラエティ豊か

Ⓒ **北エリアへの行き方**

🚌 テーゲルベルク山ロープウエイ乗り場からタクシーで7分、ホーエンシュヴァンガウの観光案内所前から徒歩5分。

ルートヴィヒ2世のこだわりが光る☆ ノイシュヴァンシュタイン城へ潜入！

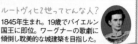

ルートヴィヒ2世ってどんな人？
1845年生まれ。19歳でバイエルン国王に即位。ワーグナーの歌劇に傾倒し耽美的な城建築を目指した。

詳しくは → P.84

ワーグナーを愛し、ヴェルサイユ宮殿に憧れていたルートヴィヒ2世は、美しいこの地に白亜の城を建てた。彼の芸術性をたどってみよう。

ノイシュヴァンシュタイン城の内部

TOTAL 1時間

混雑する時間　7～8月中旬と10月は混む
予算　入場料とシャトルバス €21.50

💡 階段が多いので身軽に
城の中は音声ガイド（日本語あり）で回る。荷物を背負うことは禁止なので、デイパックなどは胸前に回すこと。階段が多いので歩きやすい靴で。城内は撮影禁止。

家具にはみな細かい細工を施したぜ

Schloss Neuschwanstein

白鳥城とも呼ばれる夢の城
ノイシュヴァンシュタイン城
Schloss Neuschwanstein

バイエルン国王ルートヴィヒ2世の中世趣味を具現化した居城。1869年に建設開始、建築途上で王の座を追われたため2年間しか住むことはできず、完成をみることもなかった。王の死後わずか2ヵ月で一般公開され、以降ドイツを代表する観光地となっている。

Map 本誌P.83　ホーエンシュヴァンガウ

🏠 Neuschwansteinstr. 20
🕐 3/23～10/15 9:00～18:00、10/16～3/22 10:00～16:00　休 1/1、12/24・25・31　料 €18　交 チケットセンター並びのみやげ物店ミュラーから馬車（上り €8、下り€4）で20分＋徒歩5分、またはみやげ物店ミュラー先の乗り場からシャトルバス（上り€3、下り€2、往復€3.50、冬期運休あり）でマリエン橋下車＋徒歩15分、またはチケットセンターから徒歩40分　URL www.neuschwanstein.de

C 寝室

繊細な彫刻が施されたオーク材の家具がすばらしい。寝具はルートヴィヒ2世の好きなロイヤルブルーで統一

B 食堂

王の食事は3階下にある調理場から、専用のエレベーターで引き上げていた

A 玉座の広間

この白大理石は立ち入り禁止だぜ！

D 礼拝堂

王が祈りを捧げた小さな礼拝堂には、精緻な木彫りの祭壇と祈祷台が置かれている

お城への詳しい行き方とチケットの買い方は → P.82～83

4F

A F
B C D
E

控えの間

5F

H
G

歌人の広間 G

ワーグナーが咲くために書いたペラ『パルジファル』の壁画だ

アイゼナハに建つヴァルトブルク城にある歌人の広間をモデルにした壮麗な大広間。パルジファル伝説の壁画が美しい

王冠の形をした金色のシャンデリアは重さ900kg！白い大理石の上には玉座が置かれるはずだったが王の死により中止

階段の円柱 H

王だけが使用した城の主階段の円柱は、ヤシの木をモチーフにしている。天空には金色の星が輝く

白鳥のドアノブだ

ドームや星は王の宇宙観を表現したもの

洞窟 F

石膏を使ってオペラ『タンホイザー』に出てくる洞窟を再現。照明装置も駆使して効果を高めた

キラキラ輝いてる！

更衣室 E

王が身支度を整えた部屋。洗面台の上に置かれた水差しとボウルはヴィレロイ＆ボッホ製

城の建築には舞台芸術家を登用したのだ

23

コブレンツ〜リューデスハイム
一生に一度は見たい絶景巡り！
ライン川沿いの小さな町

世界遺産

ハンブルク ベルリン●
□フランクフルト
ミュンヘン●

ヨーロッパ物流の大動脈ライン川には中世の時代に見張りの城や税関がたくさん造られた。
父なるライン川を高台から見たり、クルーズしたり……人気の絶景スポットをコンプリート！

ライン川絶景ポイント

下流
N
0　　10km

★ コブレンツ

A ライン川とモーゼル川の合流点＝ドイチェス・エック　P.24

B ボッパルトの展望レストランから望むライン川の大蛇行　P.25

ボッパルト ★

●ザンクト・ゴアルスハウゼン

ザンクト・ゴアール ★

C ライン川クルーズで古城ウォッチング　P.26

オーバーヴェーゼル ★
●カウプ

●バッハラッハ　P.104

ニーダーヴァルトから見下ろすブドウ畑とリューデスハイムの美景　P.28

D リューデスハイム

●ビンゲン

マインツ●　上流

E ヨハニスベルク城の絶景ワイナリーで極上グルメ♪　P.29

ライン川の絶景ハンティング

TOTAL 1日

オススメ時間 10:00〜17:00（夏期）
予算 交通費 €100〜

◎おすすめシーズン
高台に行くロープウエイやゴンドラ、KDラインのクルーズ船は11月上旬〜3月下旬に休業、店も閉まるので夏がベスト。

START地点

コブレンツまでの行き方
フランクフルト中央駅からICEで1時間29分、REで1時間46分、私鉄VIAで2時間13分、€24.90〜56.50。S8またはRBでマインツMaintz乗り換えICEで1時間51〜55分€31.90〜43.60。

馬蹄形にぐるっと回る珍しい眺めなのね！

Map 別冊P.2-A2

A コブレンツ
エーレンブライトシュタイン要塞から眺めるドイチェス・エック

ライン川とモーゼル川が出合う地点は、ドイチェス・エック（ドイツの角）と呼ばれて親しまれる。突き出した岬と行き交う大型船の独特の風景を眺めよう。

鋭角に合流しているんだね

エーレンブライトシュタイン要塞に行くための
ロープウエイ　Seilbahn Koblenz

コブレンツと対岸の高台にあるエーレンブライトシュタイン要塞Festung Ehrenbreitsteinを結ぶロープウエイ。ライン川をまたぐ体験はここならでは。父なるライン川と母なるモーゼル川が合流し、大きな船が鋭角に曲がっていくのは迫力満点。

⏰3/23〜10/27 10:00〜19:00、10/28〜11/3、3/1〜3/22 10:00〜17:00 休11月上旬〜2月下旬 料片道€11、往復€14.90、エーレンブライトシュタイン要塞の入場＆往復割引券€19 URLwww.seilbahn-koblenz.de

絶景ポイント A までの行き方
コブレンツ中央駅前のバス停から1番のAltstadt方面行きのバスでDeutsches Eck/Seilbahn下車、所要約15分。KDライン桟橋の近くからロープウエイに乗って要塞へ。

　ロープウエイでライン川をひとまたぎ。上るほどに絶景が！

展望レストランから望む
ライン川の大蛇行

ライン川が馬蹄形に大きく曲がるポイントが、ボッパルトにある。船に乗っていると意外に気がつかないのでぜひ高台から眺めを楽しみたい。

大迫力の絶景だよ！

大蛇行が見られる頂上へ行く

ボッパルトのチェアリフト
Sesselbahn Boppard

ボッパルトの町を見下ろす高台へのチェアリフト。途中で見え隠れするラインの流れも印象的。頂上にはレストランがあるほか、ハイキングコースが整備されている。

プチ
ぼうけん2

◐4/1～4/15と10/16～31 10:00～17:00、4/16～9/30 10:00～18:00、10/1～10/15 10:00～17:30 ㉭11～3月、悪天候の日 ㉕往復€10
URL www.sesselbahn-boppard.de

ライン川沿いの絶景巡り

広角レンズで撮ってね！

B までの行き方

チェアリフトSesselbahn乗り場は町の南側にあるが、ボッパルト駅北口に出たほうがわかりやすい。ヘーア通りHeerstr.からコブレンツァー通りKoblenzer Str.へ進みミュールタールMühltalで左折、踏切を越えて、少し行くと右側に乗り場がある。徒歩約10分。そこからチェアリフトに乗り、山頂の駅から徒歩3分。

ボッパルトの大蛇行を望む
ゲデオンスエック GedeonsEck

大きく湾曲するライン川を眺めることができるレストラン。お茶とケーキやグラスワインとともに、心ゆくまで風景を楽しもう。グラーシュやシュニッツェルといった本格的な食事も楽しめる。隣はパラセイリングのテイクオフ場で、飛び立つ姿が見られることも。

眺めのいい庭のほか山小屋風のテーブル席もある

レストラン・ゲデオンスエック Restaurant GedeonsEck

♠Gedeonseck ☎06742-5146 ◐2～11月 10:00～18:00 ㉭12～1月、11・2・3月の月～金、悪天候の日 Card不可 ㉕料理€9.50～ ⊡チェアリフトを下りて徒歩3分 URL www.gedeonseck-boppard.de

A エーレンブライトシュタイン要塞

START

10:00 ドイチェス・エック Deutsches Eck

11:04 コブレンツ Koblenz

電車でGO！

ライン川

ブラウバッハ Braubach 私鉄VIA

上流

DB・私鉄MRB

夏のイベント「炎のライン川」

11:15 ボッパルト Boppard

B ゲデオンスエック GedeonsEck

モーゼル川

古城が次々と現れる
ハイライトはクルーズで

古城が最も密集しているザンクト・ゴアール～リューデスハイム間は、何といってもクルーズ船からの眺めが最高！ 深いグリーンの川面とブドウ畑の急斜面、そして見上げれば古城が。ドイツらしい風景がここにある。

ローレライ伝説

ハイネの詩や美しい歌で知られているローレライ伝説。恋人に裏切られた乙女が川に身を投げ、水の精となって船頭を惑わせるという話だ。川幅が狭く急流で川底に岩が多いことから、ここはラインきっての難所といわれ、遭難も多かったことから伝説となった。

中州の先にひっそりとたたずむ

町並みもとてもきれいですね！

3 ローレライの像
Die Nixe Loreley als Statue

4 ローレライ岩
Loreley
船内に歌が流れると写真タイム

5 シェーンブルク城
Schönburg

2 ネコ城
Burg Katz
現在の所有者はなんと日本人！

1 ラインフェルス城
Burg Rheinfels

6 プファルツ城
Burg Pfalzgrafenstein
中州にある税関施設。見学も可能。URL www.burg-pfalzgrafenstein.de

私鉄 VIA

下流

DB・私鉄 MRB

ザンクト・ゴアルスハウゼン
St.Goarshausen

船でGO！

ザンクト・ゴアール
St.Goar
出発 **13:15**

カウブ
Kaub

13:50

14:05

オーバーヴェーゼル
Oberwesel

ボッパルト
Boppard

26

甘口の白と辛口の
ホワイン。
250㎖で各€5.60

時間のない人は

ライン川で古城の多いハイライトエリアは、ザンクト・ゴアール〜リューデスハイム間。「ライン下り」は所要1時間40分、上流へは3時間かかる。本書では、コブレンツのドイチェス・エックやボッパルトの大蛇行、さらにはリューデスハイムでそぞろ歩きやディナーも楽しむ欲張りプランを提案。そのためあえて上流への航行を選んだ。川下りをする人は右記プランを参照。

9:30 リューデスハイムのゴンドラリフトでニーダーヴァルトへ
11:00 リューデスハイムからライン下りに乗船
13:15 ザンクト・ゴアールで下船（列車の時間までランチ）
14:00 ザンクト・ゴアールで列車に乗る
14:12 ボッパルトで下車しチェアリフトに乗りゲデオンスエックへ
15:12 コブレンツへ列車で移動
15:27 コブレンツ着、バスとロープウェイでドイチェス・エックを眺めるロープウェイで下る（季節によるが帰りの終発に注意）

プチ
ぼうけん
2
ライン川沿いの絶景巡り

⑧ シュターレック城
Burg Stahleck

デッキは風が冷たいので
夏でも上着がいる。

⑫ ラインシュタイン城
Burg Rheinstein

ガイドツアーもある URL www.burg-rheinstein.de

⑨ フュルステンベルク城
Burg Fürstenberg

個人所有の城。
塔のバランス
が美しい

ドイツで最も美しいユースホステルといわれている。宿泊しなくても中庭は見学できる

ホテル＆レストラン。博物館併設

⑪ ライヒェンシュタイン城
Burg Reichenstein

ライン川の古城

古城はライン川がヨーロッパ物流の大動脈だった12〜13世紀に建てられたもの。神聖ローマ帝国のもと、この地域は船の関税を収入源とする数々の領主によって治められていた。しかし18世紀末にフランス革命後の戦争に巻き込まれ、1794年にフリュールスの戦いの結果この一帯はフランス領となり廃城となった。

⑩ ゾーネック城
Burg Sooneck

斜面を利用して高さと大きさを演出している。見学可能
URL www.burg-sooneck.com

⑬ ねずみ塔
Mäuseturm

高さ約25m、航行を監視した

突き出すように建つ。現在は廃墟

⑭ エーレンフェルス城
Burg Ehrenfels

⑦ グーテンフェルス城
Burg Gutenfels

カウプの町を見下ろすように建つ古城ホテル

アスマンスハウゼン
Assmannshausen

リューデスハイム
Rüdesheim
P.28,104

14:30

15:30

16:00

到着
16:20

⑭

⑧ バッハラッハ
Bacha-rach
⑨

バッハラッハ
の町並み

⑩

ビンゲン
Bingen
⑪ ⑫ ⑬

ライン渓谷中流上部
Upper Middle Rhine Valley
2002年登録

リューデスハイムからコブレンツあたりまでのライン川沿岸は、交通の要衝として数多くの城砦や修道院が建ち、また古くからワイン用のブドウを栽培していた。産業史としても重要な地で独特の文化的景観が評価され、世界遺産に登録されている。

ニーダーヴァルトから見下ろす
ブドウ畑とリューデスハイムの美景

リューデスハイム

クルーズをリューデスハイムで下船したら、なだらかなブドウ畑の丘にあるニーダーヴァルトへ行ってみよう。ブドウの樹すれすれに移動するゴンドラリフトも楽しい。丘から眺めれば、緑の畑越しにライン川がキラキラ光っていてとってもきれい！

緑豊かな展望台
ニーダーヴァルト Niederwald

1871年のドイツ統一を記念したゲルマニアの女神像が立っている。展望台からのパノラマは、広々としたブドウ畑の緑がまぶしいほど爽快。

絶景ポイント D までの行き方
リューデスハイムの桟橋からライン川沿いの通りを西へ2〜3分歩く。つぐみ横丁Drosselgasseを右折し、突き当たりを右へ100mほど歩くとゴンドラリフトの乗り場がある。そこからゴンドラリフトに乗って5分。

ニーダーヴァルトに立つゲルマニアの女神像
1871年のドイツ統一のシンボルとして1883年に建てられた

ニーダーヴァルトへの
ゴンドラリフト

Seilbahn Rüdesheim

Map 本誌P.105 リューデスハイム

🕐9:30〜18:00（7・8月の全日と5・9月の土・日は19:00まで、3・4・10月の平日は17:00まで）11月は営業休止期間あり、クリスマスマーケット期間は11:00〜18:00　休クリスマスマーケット期間を除く11〜2月　料片道€6.50　往復€10　交リューデスハイムKDライン桟橋から徒歩7分
URL www.seilbahn-ruedesheim.de

目印はこの看板！

リューデスハイムのタクシー
流しのタクシーはいないのでカフェなどで呼んでもらうとよい。
Taxi Bob ☎067-223333

ニーダーヴァルト
ヨハニスベルク城
エーレンフェルス城
P.28,104
リューデスハイム
Rüdesheim
GOAL
到着 16:20
ねずみ塔
ビンゲン
Bingen
16:00

ビンゲンからライン川の対岸リューデスハイムへはフェリーで渡る

やっとついた〜！

28

Eまでの行き方

リューデスハイムからはタクシーで10分、約€20。公共交通機関でリューデスハイムのひとつ東（フランクフルト寄り）のGeisenheim駅からバス181番Hallgarten行きでJohannisberg Schlossallee下車、所要25分、平日のみ1時間に1便。

リューデスハイム

名産のワインを楽しんで♪

私がワインの女王よ

プチぼうけん2

ライン川の旅のフィニッシュはブドウ畑の眺めのいいテラス席？それとも「ワインの女王」のいるレストラン？ どちらもワインの飲み過ぎ注意だね！

ブドウ畑を見下ろすレストラン

シュロスシェンケ
Schloss schänke

ヨハニスベルク城Schloss Johannisbergにあるメッテルニッヒ侯爵が所有した邸宅内の眺めのいいレストラン。ドイツ全土で5ヵ所しかないエクセレントワイナリーのひとつでもある。テラス席は特におすすめ。

お城といっても見た目は邸宅よ！

🏠Geisenheim Johannisberg ☎06722-96090 🕐12:00〜24:00 食事は〜19:30、12/25・26・31はコース料理のみ 🈺月・火、1/1〜2/10 💴€25.50〜 💳D.M.V. 🔗www.schloss-johannisberg.de ※上記コラム参照

1. メニューは月替わり。写真はアラカルトで前菜€12〜39、メイン€22.50〜39、デザート€9.50〜13.50、グラスワイン€3.90〜 2. リースリング甘口€33 3. ワイン醸造の北限を示すモニュメント

この絶景がごちそうなのね〜♪

E

ライン川沿いの絶景巡り

ワイナリーオリジナルのワインをどうぞ

夏は開放的な中庭がおすすめ

リューデスハイマー・シュロス
Rüdesheimer Schloss

老舗ワイナリーが経営するホテルレストラン。中庭を囲むように部屋が分かれており、家族やグループでワインを楽しめる。

Map 本誌P.105 リューデスハイム

🏠Drosselgasse ☎06722-90500 🕐12:00〜23:00 🈺木、12月下旬〜3月初旬 💴€17〜 💳A.D.J.M.V. ※観光案内所から徒歩5分 🔗ruedesheimer-schloss.com

1. 緑いっぱいの中庭 2. 手前はタパス8種の盛り合わせ1品€4。奥はニジマスのムニエル€23とシュニッツェル€17

これなら1日で制覇！ **ライン川絶景巡りプラン**

絶景スポットを全部見るなら各スポットで利用するリフトやロープウエイの営業時間に気を付けよう。5〜7月なら22時ごろまで明るいので、タクシーを使うつもりならプランは広がる。

START ＊2024年夏期時刻をもとにしています

9:37 コブレンツ中央駅	12:55 ザンクト・ゴアール駅
▼ 🚌15分	▼ 2分
10:00 ドイチェス・エック	13:15 ザンクト・ゴアール船着き場からKDライン乗船 **C**
▼ 3分	▼ 3時間5分
10:05 エーレンブライトシュタイン要塞 **A**	16:20 リューデスハイム船着き場
▼ 🚠3分＋🚶10分	▼ 7分
11:04 コブレンツ中央駅	16:35 ニーダーヴァルトへのゴンドラリフト乗り場
▼ 🚌14分	▼ 5分
11:15 ボッパルト駅	17:05 ニーダーヴァルト **D**
▼ 🚶10分	▼ 5分＋5分
11:30 チェアリフト乗り場	17:20 リューデスハイム
▼ 🚠3分	▼ 🚕10分
11:35 山上	17:30 ヨハニスベルク城 **E GOAL**
▼ 3分	
11:40 ゲデオンスエック（展望レストラン）**B**	**KDライン** Köln-Düsseldorfer Deutsche Rheinschiffahrt(KD Rhein)
▼ 🚠3分＋🚶3分	🈺10月下旬〜4月上旬 🈺ザンクト・ゴアール〜リューデスハイムは€26 🔗www.k-d.com
12:44 ボッパルト駅	
▼ 🚌12分	

外輪船を模したデザインが人気

ゲーテ号

KDライン2024年4月27日〜10月6日の時刻表

↓ 火〜日					↓ ↑	↑ 火〜日			
9:00					コブレンツ				20:00
10:05					ブラウバッハ				19:15
11:00					ボッパルト				18:50
10:45	12:10	13:00	16:00		ザンクト・ゴアルスハウゼン	10:45	12:50	16:00	18:05
10:55	12:20	13:15	16:10		ザンクト・ゴアール	*10:55	*13:15	*16:10	17:55
11:25	12:50	13:50	16:40		オーバーヴェーゼル	10:20	12:20	15:25	17:35
11:40	14:05	16:55			カウプ	10:10	12:10	15:25	17:25
12:05	13:30	14:30	17:20		バッハラッハ	10:00	12:00	15:15	17:15
13:05	14:30	15:30	18:20		アスマンスハウゼン	9:30	11:30	14:45	16:45
13:35	15:30	18:50			ビンゲン	9:15	11:15	14:30	16:30
13:50	15:15	16:20	19:00		リューデスハイム	9:00	11:00	14:15	16:15
18:40					マインツ	9:15			

●字は外輪蒸気船ゲーテ号による運航 ●字は月曜も運航。おもな寄港地を掲載しています。
＊の便はザンクトゴアルスハウゼンに先に寄港し、対岸のザンクト・ゴアールが終点です。
※2024年4月時点の夏時刻：毎年ほぼ同時刻で運航されますが、事前に左記ウェブでご確認ください。

天空にそびえる孤高の城＆湖に浮かぶ "映える" 古城、お気に入りを探しに！

メルヘンのような優美な城も、要塞のような堅牢な城も
ドイツの自然の風景と調和した美しさが魅力。
いま、SNSで人気の城をご紹介！

古城を見に行く！

TOTAL 町から 各3時間

オススメ 時間	午前中	予算	入場料 €6〜23

✈ アクセスのアドバイス
城は町から離れているので公共交通機関がないことが多い。山の城は距離は短くても上り坂がきついのでタクシーが無難。帰りのタクシーも手配して。

古城では季節ごとにイベントも盛りだくさん

古城の多くは、歴史を語りながら館内を案内するツアーや、クリスマスや夏の中世祭りなど、季節ごとに1日遊べるイベントが用意されている。眺めのいい城のカフェで過ごすひとときを楽しむのもおすすめ。

今にも王様が出てきそうな

Burgen & Schlösser
in Deutschland

1

中世の衣装で出迎えじゃ！

古城で楽しもう！
Treasure hunting
お宝拝見

館内ツアー、収蔵品の鑑賞、クリスマスなど魅力的なプログラムをチェック！

1. 城から山道を徒歩で1時間行くとこの絶景に！ 2. 辺境伯の間 3. 中庭に立つと建物に圧倒される
4. クリスマスマーケットでにぎわう城内

3

4

雲がかかれば中空に！

ホーエンツォレルン城
Burg Hohenzollern

プロイセン王家で、1871年からはドイツ皇帝となったホーエンツォレルン家発祥の地に建つ城。855mの山の頂にそびえ建つ「天空の城」として名高い。城内には一族ゆかりの品や絵画作品などが展示されている。

Map 別冊P.2-A3

🏰 Burg Hohenzollern ☎07471-2428
🕐10:00〜18:00（最終入場17:00）
🚫12/24、冬期不定期休業あり 💴€23（オンラインチケットの事前購入を推奨）🚉ヘッヒンゲンHechingen駅からタクシーで10分
URL www.burg-hohenzollern.com

Map 別冊P.2

自慢の
郷土料理は
いかが？

古城で楽しもう！
Gourmet
名物グルメ

眺めのいいテラスでのカフェタイム、名物のジビエや山菜に舌鼓！ 古城には自慢のカフェやレストランがある。

モーゼル川の支流に建つ

エルツ城 Burg Eltz

850年もの間、一度も落城することなく、エルツ家によって代々継承されてきた城。増築によりさまざまな建築様式が加えられたため、重厚ながらも優雅さを感じさせる独創的な外観となった。城の内部はガイドツアーで見学できる。

Map 別冊P.2-A2

⌂ Burg Eltz 1 ☎02672-95050-0
◷9:30～17:30 ㊡11/2～3/23 ㊐€14
㊙ハッツェンポルトHatzenportからタクシーで13分。4/1～11/1はバスもある
URL www.burg-eltz.de

敵が通りにくいように扉が...

見る角度で表情が変わる

世界遺産

ヴァルトブルク城 Wartburg

城に残る歌合戦の伝説を題材に、ワーグナーはオペラ『タンホイザー』を書き上げた。ここにかくまわれたルターが聖書のドイツ語翻訳を行うなど、宗教・文化史上の重要な舞台でもある。町を従えた方向から見るか、山の緑を背景にするかで印象が変わる。

Map 別冊P.2-A2

⌂ Auf der Wartburg 1 ☎03691-250-0 ㊍4
～10月9:00～17:00、11～3月9:30～15:30
㊡無休 ㊐€12 ㊙アイゼナハEisenach駅からタクシーで10分 URL www.wartburg.de

クルーズ船から見える

ラインフェルス城
Burg Rheinfels

ライン渓谷に数ある古城のなかで最大級の城。13世紀の創建以来長らく難攻不落を誇ったが、18世紀末に破壊された。保存状態のよい部分が博物館として公開されているほか、古城ホテル、ライン川を見下ろすレストランがある。

Map 別冊P.2-A2

⌂ Schlossberg 47 ☎0163-4893480
◷夏期9:00～18:00、冬期は土・日の12:00と14:00のガイドツアーのみ ㊡冬期の月～金、土・日の悪天候時 ㊐€6、冬期のツアー€5 ㊙ザンクト・ゴアールSt. Goar駅から徒歩15分 URL www.burg-rheinfels.org

城守犬
ラッキー
です！

古城で楽しもう！
Stay
宿泊体験

数は多くないが、宿泊できる古城もある。メルヘンチックな城なら、お姫様体験ができるかも。

現代では州会議事堂に！

シュヴェリーン城 Schloss Schwerin

シュヴェリーン湖に浮かぶ小島の上に築かれた北ドイツを代表する名城。ネオ・ルネッサンス様式で均整の取れた姿は、「湖上の宝石」とたたえられている。城内は博物館として一般公開されているほか、州会議事堂としても利用されている。

Map 別冊P.2-B1

⌂ Lennstr. 1 ☎0385-525 2920 ◷10:00～18:00（冬期～17:00）㊡月曜 ㊐€8.50 ㊙シュヴェリーン・ミッテ駅 Schwerin Mitteから徒歩15分 URL www.mv-schloesser.de

宝石のような
城を見よ！

テラスから森の緑や方角によっては川も見える

世界でいちばん愛されている シュタイフ・ベアのふるさとへ

プチぼうけん 4

テディベアの愛称で親しまれているくまのぬいぐるみはドイツの小さな町で生まれた。
シュタイフ・ミュージアムで、そのルーツをたどってみよう!

足跡が案内してくれる!

ハンブルク
ベルリン・
フランクフルト
ギーンゲン・ ミュンヘン

Map 別冊P.2-A3

シュタイフ・ミュージアムへの行き方
各地からIC停車駅のウルムUlm中央駅へ。ウルムからHZLで最寄りのギーンゲン・ブレンツGiengen (Brenz)まで所要約36分。駅からミュージアムまではくまの足跡をたどり徒歩約7分。

ようこそ シュタイフへ

We Love Steiff Bear

バッグに 付けてね!

ここで 写真を 撮ってね!

€22.90

歴史を 説明するよ

結婚や 誕生記念に 名入れは いかが?

€279

ルーツがわかる

シュタイフ博物館 Steiff Museum

100年以上にもわたるシュタイフ社の歴史が詰まったところ。Zooコーナーではゾウなど大きなぬいぐるみに乗って、写真を撮ることもできる。

Map 別冊P.2-A3 ギーンゲン

🏠 Margarete-Steiff-Pl. 1, Giengen an der Brenz
☎07322-131500(2を押すとオペレーターにつながる) 🕐10:00〜17:00 (12/24・31〜13:00) 最終入場1時間前、ビストロは11:00〜17:00、アウトレットは金〜日10:00〜17:00 休月、12/25・26、1/1、聖金曜日 €12 (日本語のガイド放送あり) Card A.D.J.M.V URL www.steiff.com

思わず抱きしめたくなる かわいらしさに感動!

まずは日本語の放送を聞きながら楽しめるアトラクションへ。次々と現れるかわいいぬいぐるみに、思わず笑みがこぼれてしまう。ショップではずらりと並ぶ動物たちが! 大人買いもお約束♪

シュタイフに会いに!

TOTAL 2時間

オススメ時間
すいている
11:00〜

予算
博物館＋食事€20〜

スタイまたは足裏にアルファベットの刺しゅうを入れるサービスは、注文から14日かかる。発送は行っていないが、訪問前にウェブで注文すればミュージアムショップで受け取ることができる。

町の案内板も シュタイフ!

🔼 Altstadt Old Town 旧市街
🐻 Steiff Museum

ほかにもお友だちがたくさん!

€99.90 Frieda フリーダ

€49.90 Charly チャーリー

€49.90 Fynn フィン

€49.90 Papa パパ

€37.90 Mila ミラ

€179 Richard リチャード

観る

シュタイフの歴史と
製造行程がわかる！

ふたりが
案内するよ

日本語解説のアトラクションで歴史を知った後、順路にしたがって製造工程のデモンストレーションを見よう。今でも手作りでていねいに作られていることがわかる。

縫い合わせてパーツを作る　手触りを決める中わたを詰める　綴じ付けて表情をつける

1. 体のパーツを作り、組み立てていく
2. パーツごとに中身を詰めていく
3. 一つひとつていねいに手作業で顔の部分を仕上げる

マルガレーテ女史の
愛が詰まったぬいぐるみ

シュタイフ社は1880年に創業し、1902年にマルガレーテ・シュタイフによりくまのぬいぐるみが作られた。テディベアの愛称はアメリカのセオドア・ルーズベルト大統領にちなんでおり、やがてぬいぐるみは世界へと広まっていく。子どもたちに本物のよさを伝えたいというマルガレーテの思いから、「本物の証」として、耳のタグが付けられるようになった。

マルガレーテの最初の作品、小さなゾウの針刺し(レプリカ)とテディを抱く女史の肖像画

買う

ショップで
限定品をGet！

併設のショップと、別棟のアウトレットがある。限定品もあるのでチェック！

タグに書かれているKNOPF IM OHR（=耳のボタン）は本物の証。

1. ずらりと並ぶシュタイフ・ベア。この棚の商品はお手頃価格。
2. コレクションベアも手触りや表情が違うのでお気に入りを見つけて

1

Steiff

2

€42.95

€59.90

同じ敷地内にあるシュタイフ・ファクトリー・アウトレットSteiff Factory Outletの製品も縫製や素材は正規品と同じでタグも付く。差は表情や足の角度など微妙なので、どちらが正規品かわかるかな？（答えは右）

食べる

カフェも
テディベア！

くまの形をしたナゲットとポテトはキッズメニューだけど大人もオーダーできるのでぜひ試して €9.50ドリンク付き。

ビストロ・クノッフ
Bistro Knopf

商店街へ行こう！

ミュージアムを見学したら、向かい側の坂を4〜5分上って旧市街の商店街へ行こう。木組みのかわいい店が並び、看板にはあちこちにクマのモチーフが。さすがシュタイフ城下町。

空中でもクマさんがお出迎え、薬局のガラスにもクマ、アイスクリーム屋さんはもちろんシロクマ

€69.90
うさぎの着ぐるみ姿のくま

€44.90
パジャマ姿でねんねのお供に

€39.90
最初に手にするやわらかタッチのくま

€59.90
ペットボトルをリサイクルエコなくま

€139
ねずみを抱えた限定品

€169
1920年デザイン復刻したくま

33

ミュンヘン

世界最大のビール祭り
オクトーバーフェストで盛り上がる！

ドイツといえばビール、ビールといえばミュンヘン。
9月第3土曜から10月第1日曜に開かれるオクトーバーフェストには延べ560万人もの人が訪れるとか。
巨大なテントの長椅子に座って、ミュンヘンっ子と一緒に盛り上がろっ！

このテントは
人気ブランドの
パウラーナー
通年営業の直営店
Map 別冊P.5-C3

年に
一度の
お祭りだ！

飲もう！

楽しく
おしゃべり
＆飲むよ

特別な
ビールね！

マース（1リットルジョッキ）で
プロースト（乾杯）！

オクトーバーフェストの会場に並んだテントは、8000人も収容できるという巨大テントだけで十数張りにのぼる。外には巨大な観覧車やバイキング・シーソーなどの遊具が並び、家族で楽しめるようになっている。まず観覧車で全体像をチェック、お目当てのテントを探すのもおすすめ。広いので、迷子にならないようご用心。

初日＆2日目のパレード♪

初日はビールメーカーや主催者側が、2日目はスポンサーやバイエルン地方の人が伝統衣装を着て中心街を歩く。華やかな伝統衣装や楽団のパレードが祭りを盛り上げる。

クラシカルな自転車の曲乗りでパレードがスタート

ビールメーカー・フランツィスカーナの馬車はひまわりに彩られた

オクトーバーフェスト
攻略のコツ

① 平日の昼頃なら
並ばずに入れることが多い

② ゆでたソーセージ以外の
温かい料理は11:00から

③ 遠慮は無用

④ スリや置き引きに注意

⑤ 帰りのバーンは混む。
明るいうちに帰ろう

Check the Dirndl!
伝統衣装
ディアンドルを
チェック！

フェスティバルに来る女性は、ディアンドルというとってもかわいい伝統衣装を着る人が多い。新調した服を自慢したり、おばあちゃんから受け継いだシブい衣装をアレンジしたり。お正月の晴れ着の感覚で楽しんでいるみたい。

エプロンの
結び目が左にあれば
未婚、右が既婚を
意味するのよ！

遊園地のイルミネーションがきれいな、夜のオクトーバーフェスト会場

プチぼうけん⑤ ビール祭りオクトーバーフェストへ

定番

女子におすすめ！

ノンアルも

ビールはこの3種類 1ℓ €14.50

左から、ビールをレモネードで割った甘いラドラー、オクトーバーフェストビール、ノンアルコールビール

オクトーバーフェスト

TOTAL 3時間

オススメ時間 11:00〜　予算 €30〜

混雑状況
初日と2日目を除いた平日の11:00〜15:00頃がベスト。夕方以降はテントに入るのに長い行列ができる。

たくさん食べてね

家族で楽しんでいるよ

(席を)詰めてもらえますか？
Würden Sie ein bisschen rücken?
ヴュルデン・ズィー・アイン・ビスヒェン・リュッケン？

ここに座っていいですか？
Darf ich mich hier setzen?
ダルフ・イッヒ・ミッヒ・ヒーア・ゼッツェン？

レープクーヘンをもらったわ！

Brotzeitbrettl "Münchner G'schichten"

ミュンヘン名物の盛り合わせ　ポークハム、レバーケーゼ（ミートローフ）、スパイシーソーセージ、農家風パテ、ミートボール、オバツダ（スプレッド）、エメンタールチーズ、紅白ラディッシュ、ピクルス、チェリートマト、マスタード　約€20（2人分）

テントの利用法

① テントに入ったら座席を探して座る
時間が書かれた紙が置いてあるテーブルは予約席

② 近くの店員に合図をすると、テーブル付きの係が来る

③ 注文する

④ 注文したものが運ばれてくる

⑤ 受け取ったら同時に会計

⑥ さあ、プロースト！

⑦ 追加の注文も最初のテーブル付きの係に頼む

1/2 Bauernhendl

人気 NO.1!

ニーダーバイエルン地方のチキンをパセリと新鮮なバターでクリスピーにグリル　約€13

町がビールの香りでいっぱいに
オクトーバーフェスト
Oktoberfest

1810年以来続く伝統行事。パレードのあと、市長の O'zapft is!（樽が開いた！）のかけ声でスタートする。オクトーバーフェストの特別ビールは、通常よりアルコール度数が高い。バイエルン地方では1リットルのジョッキをマースというが、オクトーバーフェストのジョッキはすべてこれ。飲み過ぎに注意！

Map 別冊P.5-C2　テレジエンヴィーゼ

🏠 Theresienwiese　📅 9月の第3土曜日〜10月の第1日曜日（※2024年は9/21〜10/6 テントのビール提供時間：初日12:00〜22:30、月〜金10:00〜22:30、土・日・祝9:00〜22:30　スタンドの営業時間：初日と金10:00〜24:00、月〜木10:00〜24:00、土9:00〜24:00、日9:00〜23:30　💰入場は無料、遊戯施設利用や飲食ごとの支払い　🚇U4, 5 Theresienwiese駅から徒歩2分　🌐www.oktoberfest.de

プチ
ぼうけん
6

マイ・ベスト・テイストを見つけよう！
グミの HARIBO VS チョコの Ritter SPORT

ドイツでは、小さい子から大人までみんなスイーツが大好き。ドイツ女子がいつも食べてるグミと
チョコレートの2大ブランドのコンセプトストアで、とっておきの味を見つけちゃお！

プラカップ
€4.49

グミの量り売りは
L €6.20〜、
M €4.20〜、
S €3.20〜。

ハリボー

HARIBO

みんな真剣に
選んでる♪

オリジナル
グッズを
ゲット！

好きな味を選んで
MYアソートカップに！

世界で最も古いグミメーカーのハ
リボー。ショップに入ればおなじ
みのベア形だけでなく、色も形も
さまざまなグミが並んでいて壮観！
量り売りのコーナーでは、少しず
つ好きなテイストを選べるように
なっている。

エコバッグ
€5.99

ノート
各**€3.99**

マグカップ
€3.99

ゴールドベア
€19.99

クマのパッケージ
に入った
ゴールドベア
€4.79

HARIBO
Das Original
Goldbären

創業100年の老舗グミメーカー
ハリボー・ショップ・ベルリン
HARIBO Shop Berlin

1920年創業と最も古く、世界最大の
シェアを誇るグミメーカー。直営店で
しか入手できないオリジナルグッズや
ユニークなパッケージのグミはおみや
げにぴったりだ。記念写真が撮れる大
きなキャラクター看板もある。

Map 別冊 P.14-B3
ベルリン

🏠Tauentzienstr. 2-3
☎030-24649515
🕐10:00〜20:00
📅日・祝 💳M.V.
🚇U1,2,3 Wittenbe
rgplatz駅から徒歩1分
🌐www.haribo.com

ミュンヘン初のHARIBO直営店
ハリボー・ショップ・ミュンヘン
HARIBO Shop München

ハリボーの独特の食感は「子どもの噛
む力を育てたい」という創業者の思い
から。定番はパイナップル、ラズベリー、
レモン、アップル、オレンジ、ストロ
ベリーの6種のフルーツ味が入ったゴー
ルドベア。

Map 別冊 P.5-C2
ミュンヘン

🏠Sendlinger Str. 58
☎089-43577559
🕐10:00〜19:00
📅日・祝 💳M.V.
🚇U1,2,7,8 Sendlin
ger Tor 駅から徒歩2分

ハンブルク
ベルリン・
フランクフルト
ミュンヘン

ベルリンでスイーツのはしご

TOTAL 2時間

オススメ時間 11:00～14:00

予算 オリジナルチョコ €6.90～

訪問は旅の最後に チョコレートは意外に重く夏は溶けやすいので帰国直前に訪れるとよい。バラマキみやげにもぴったりな小さなサイズのものもあるので多めに買うのがおすすめ。

チョコがどんどん出てくる夢の蛇口ね！

プチぼうけん 6

HARIBO & Ritter SPORT

パッケージにベルリンベアが描かれたデザインもGETして！

Ritter SPORT
リッター・スポーツ

★

30種類以上のフレーバーから選べる

オリジナルグッズをゲット！

チョコのいい香り～

チョコの歴史を学びながら
オリジナルの味を追求

ベルリンの直営店では、目の前でオリジナルチョコを作ってもらえる。ミルクやダークなどベースの味を選び、ナッツなどのトッピングを選ぶとスタッフが調合してくれる。旅の写真を使ってオリジナルパッケージにすれば、すてきな思い出になること間違いなし！

リッター・スポーツのカラフルなパッケージのバッグ €9.90

ミニサイズのチョコがタワーになったアソートBOX €7.99

甘くておいしいよ！

FRUITY DUO NEU Ritter SPORT CRAZY CASSIS BE MY BERRY

カシス＆ラズベリー味 €3.29

チョコまみれだ～

ぼくもテディベア €14.90

世界80ヵ国で人気のチョコレート
リッター・スポーツ・ブンテ・ショコヴェルト
Ritter Sport Bunte Schokowelt

直営店では、スーパーマーケットなどでは販売されていない限定商品やオリジナルグッズを販売している。オリジナルチョコバーは100g€6.90～、オリジナルフォトパッケージは100g€2.90～。店内では、チョコを使ったケーキやアイスクリームも食べられる。

Map 別冊 P.16-A2 ベルリン

🏠Französische Str. 24 ☎030-20095080 🕙10:00～18:00 😋可・視 💳A.D.M.V. 🚇U5,6. Unter den Linden 駅から徒歩3分 🌐www.ritter-sport.com/berlin

有名音楽家ゆかりの地
本場ドイツの劇場でクラシックに親しんで♪

音楽の教科書に必ず出てくる大御所から現在も活躍する世界的に名高いオーケストラまで
ドイツではオペラや音楽がしっかり根付いている。きらびやかな本場の歌劇場やホールの雰囲気もすてき!

実は気軽に入れる
歌劇場＆コンサートホール

敷居が高いように感じるオペラハウスだ
けど、ドイツの人にとって音楽は身近な
もの。立ち見で見る人も多いし、劇場だ
けの見学もウエルカム! いろんな町で
本場のクラシック音楽に触れてみよう。

オペラハウスの見学

TOTAL 2時間

混雑の時間	見学はツアーで前日まで予約したい
予算	ツアー €10〜

出発前に日時を調べて
オペラは秋〜冬がシーズン。どの劇場も
演目やツアーの詳細はウェブで調べられ
る。できれば予約もしておこう。

わあ!
若い人も
来てるね!

München
ミュンヘン →P.56

古くから交易で栄え、芸術文化が発展した。バイエルン州の州都
にふさわしい歌劇場がある。

バイエルン州立歌劇場
Bayerische Staatsoper

Map 別冊P.6-B2

1825年に初代バイエルン王マク
シミリアン1世によって王立劇場
として建設された。ワーグナーの
『ニュルン
ベルクのマ
イスタージ
ンガー』な
どの初演が
行われた。

🏠Max-Joseph-Pl. 2
☎089-21851920 ⏰前売
り窓口10:00〜19:00 (Mars
tall-pl. 5)、館内ツアーは€10
(英語あり)、公式ウェブサイト
で確認 🚫日・祝 🚇マリエン
広場から徒歩4分 🔗www.
staatsoper.de

教えてくれた人

高橋 徹さん

ベルリン在住のコントラ
バス奏者。40年にわたり
オーケストラや教会での
演奏活動を行い、毎年日
本公演も行っている。アン
ベルマン大使としてベ
ルリンと日本の橋渡し役
も担っている。
🔗toruberlin.exblog.jp

ベルリン•
ライプツィヒ•
•ボン •ドレスデン
バイロイト•
•ミュンヘン

Map 別冊P.2

ドイツゆかりの
音楽家紹介

P:おもな活動場所
（Place）

T:おもな活動時期
（Time）

S:楽派（School）

ベートーヴェン
(1770〜1827)
Ludwig van Beethoven

別名:楽聖
P:ウィーン
T:19世紀前半
S:古典派

ボンの音楽一家に生まれる。9つ
の交響曲をはじめとする楽曲群は、
ウィーン古典派をひときわ高い段
階に引き上げる役割を果たした。

ワーグナー
(1813〜1883)
Richard Wagner

別名:歌劇王
P:ライプツィヒ、チューリヒ、バイロイトなど
T:19世紀後半
S:ロマン派

ライプツィヒ生まれ。1842年にザ
クセン王国の宮廷指揮者となり歌
劇作曲家としても活躍。バイロイ
ト移住後祝祭劇場を建設。

バッハ
(1685〜1750)
Johann Sebastian Bach

別名:音楽の父
P:ワイマール、ライプツィヒ
T:18世紀前半
S:バロック

音楽一家に生まれ、生涯のほとん
どを教会音楽家、オルガン奏者として
捧げた。古典派以前の作曲法を深化
させ、現在の楽典の基礎を作った。

Dresden ドレスデン

→P.158

17世紀には音楽の中心地のひとつとして栄えた。ゼンパーオペラは世界最古のオーケストラ、シュターツカペレ・ドレスデンの本拠地。

ゼンパーオペラ
Semperoper

ザクセン州の州立歌劇場。1841年にザクセン王国の王国宮殿劇場として建てられた。ワーグナーが指揮者を務め、『タンホイザー』などの初演が行われた。

Map 別冊P.17-C2

🏠Theaterpl. 2　📞04911-705　🕐チケット窓口10:00〜18:00（1〜3月の土〜13:00、4〜12月の土〜17:00）、館内ツアー（英語あり）の内容や時間は公式ウェブサイトで確認、予約を　🈺チケット窓口日・祝　🚊トラム11番Am Zwingerteich停留所から徒歩6分　🔗www.semperoper.de

きらびやかなすばらしい劇場。舞台の上で弾いても気持ちいい！

Leipzig ライプツィヒ

→P.164

旧東ドイツではベルリンに次ぐ大きな町。バッハやメンデルスゾーンゆかりの地で、クラシックファンの聖地のひとつ。

トーマス教会のそばにはバッハ博物館があり、愛用の楽器が展示されている。

Map 別冊P.18-A3

教会は音響がいい。宗教音楽はホールじゃなくて教会で楽しもう！

Bonn ボン

東西ドイツ分断の時代には西ドイツの首都が、首都のベルリン移転後は国連機関が置かれた。ベートーヴェンの生誕地・シューマンの終焉の地としても知られている。

Map 別冊P.2-A2

ボンにはベートーヴェンの生家の記念館がある。2020年は生誕250年の節目の年だった。

250歳のエレキの腕前はどう？

Berlin ベルリン

→P.124

躍動する芸術シーンを牽引するドイツの首都として、音楽や舞踊のレベルも高い。ベルリン・フィルハーモニーの本拠地。

Map 別冊P.14-B2

フィルハーモニー
Philharmonie

ベルリン・フィルハーモニー管弦楽団の本拠地として、1963年に完成したコンサートホール。5角形の独特な形状が印象的で、楽団のロゴマークにもなっている。カラヤンが1955〜89年に首席指揮者兼芸術監督を務めた。

🏠Herbert-von-Karajan-Str. 1　📞030-25488-0　🕐館内ツアーはオンライン予約制で毎月20日に翌月の日程を発表、€10。チケットは集合場所で12:00から売り出される。集合場所はKünstlereingang（出演者出入口）　🚇S1,2, U2 Potsdamer Pl.駅から徒歩10分　🔗www.berliner-philharmoniker.de

教会コンサート

ベルリンでは、大聖堂やカイザー・ヴィルヘルム記念教会など教会でのコンサートもたくさん開催されている。料金も手頃なことが多い。

ヴィンヤード型の世界一のホール！いまだここを超えるものなし！

歴史あるバイロイト音楽祭の主会場　**Map 別冊P.2-B2**

1876年にワーグナーが設計したリヒャルト・ワーグナー・フェストシュピールハウス（祝祭劇場）があるバイロイト。毎年7月下旬〜8月下旬に開かれるバイロイト音楽祭のメイン会場。第1回音楽祭では、『ニーベルングの指環』四部作の初の全曲上演が行われた。

リヒャルト・ワーグナー・フェストシュピールハウス（祝祭劇場）
Richard Wagner Festspielhaus

🏠Festspielhügel 1-2　📞0921-78780　🕐ガイドツアーは4・5・9・10月11:00〜、12:00〜、13:00〜、14:00〜、15:00〜、11〜3月14:00〜（土・日11:00〜、14:00〜）　🈺5/21〜8/31はガイドツアーはない（2024年）　🈂€10　🚌バイロイト中央駅前から305番のバスに乗り、Bayreuth Am Festspielhaus下車徒歩3分　🔗www.bayreuther-festspiele.de

---

ブラームス（1833〜1897）
Johannes Brahms

P:ウィーン
T:19世紀後半
S:ロマン派

バッハ、ベートーヴェンと並んでドイツ三大Bのひとり。ベートーヴェンを崇拝し、21年もの歳月を費やして『交響曲第1番』を完成させた。

シューマン（1810〜1856）
Robert Schumann

P:ライプツィヒ、ドレスデン、デュッセルドルフ
T:19世紀中盤
S:ロマン派

ロマン派を代表する作曲家のひとり。交響曲を含む幅広い分野で曲を残しているが、特にピアノ曲と文学性の高い歌曲に定評がある。

メンデルスゾーン（1809〜1847）
Felix Mendelssohn

P:ベルリン、ライプツィヒ
T:19世紀前半
S:ロマン派

早くから音楽の才能を発揮し「神童」と呼ばれる。古典派、バロックを研究し、死後ほとんど埋もれていたバッハを世に知らしめた。

カラヤン（1908〜1989）
Herbert von Karajan

P:ベルリン、ウィーンなど
T:20世紀中盤〜後半

ザルツブルク生まれ。1930年代には指揮者としての名声を確立。1955年にはベルリン・フィルの芸術監督に就任、死の直前まで率いた。

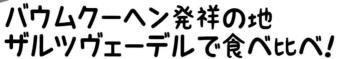

プチぼうけん 8

バウムクーヘン発祥の地
ザルツヴェーデルで食べ比べ!

ドイツを代表する菓子バウムクーヘン発祥の町には
元祖を名乗る名店が軒を連ねる。
老舗の味にトライして、お気に入りを見つけよう!

ザルツヴェーデルへの行き方

🚄 ハンブルク中央駅からREで
Uelzen乗り換え、所要1時間53分、
€36.80〜58.90。ハノーファー中央駅
からもUelzen乗り換え、所要1時間49
分〜2時間10分、€20.90〜60.20。

Map 別冊P.2-B1

ザルツヴェーデルの ℹ️

🏠 Neuperverstr. 29　☎03901-422438　🕙 10:00〜17:00
(水〜15:00、土〜14:00)　🔲日・祝　🚉駅前から徒歩15分、停留
所に書いてある電話で循環バスを呼び出すこともできる。タクシー会
社　☎03901-81111　[URL]www.salzwedel.de/de/tourismus

バウムは
ドイツ語で「樹」
という意味

甘さ：★★
しっとり感：★★★
香り：★★★

柔らかさのなかに香
りがしっかり感じら
れる。工房で試食も
できる

バウムクーヘン
Baumkuchen

写真のセッティングは撮影用。バウム
クーヘンは3色セットのパックが€13.20
〜、1ブロック€18〜23ほど。

わぁ
おいしそう〜

バターの香りが広がる
本場の濃厚さに感動!

バウムクーヘンはドイツ菓子として有名だ
けど、ドイツでは「どこのケーキ屋さんに
もある」スイーツではない。理由は専用の
機械や職人の技あっての菓子だから。古い
レシピの残るザルツヴェーデルのバウム
クーヘンで本場の味を食べ歩こう。

バウムクーヘン食べ比べ

TOTAL
3時間

オススメ
時間　11:00〜

予算　€20〜

🛍 持ち帰りに袋を持参
カフェで食べきれない分は、ジッパー付
き袋に入れて持ち帰る裏ワザもアリ。

遠くからもひ
っきりなしに
お客さんが来
る名店

皇帝のお気に入り
エアステ・ザルツヴェーデラー・バウムクーヘンファブリーク
Erste Salzwedeler Baumkuchenfabrik

現在では珍しい伝統的な製法によっ
て作っている工房。ショップには
テーブルふたつとソファが置かれ、
€7.50でコーヒーとバウムクーヘン
のセットが食べられる。オリジナル
のエコバッグ€2.50もかわいい。

🏠 St-Georg-Str. 87　☎03901-32306
🕙月〜金9:00〜17:00、土10:00〜13:00 (製造
見学月〜金9:00〜12:00) 🔲日、12/24〜26、
12/31、1/1、聖金曜日、イースターの月曜
€5
〜　[Card]M.V.　🚌循環バスSt.Georg下車徒歩2分、
または観光案内所から徒歩20分
[URL]www.baumkuchen-salzwedel.de

昔ながらの
方法で
焼いてます

40

2 大きな工場でも味は守る
カフェ・クルーゼ
Das Café Kruse

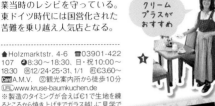

1842年創業。郊外に大きな工場もあるがブナの薪オーブンをガスに替えただけで、現在も創業当時のレシピを守っている。東ドイツ時代には国営化された苦難を乗り越え人気店となる。

🏠 Holzmarktstr. 4-6 ☎03901-422107 ⏰8:30〜18:30、日・祝10:00〜18:30 休12/24・25・31、1/1 €3.60〜 Card A.M.V. URL www.kruse-baumkuchen.de ※製造のタイミングが合えば€1で生地を練るところから焼き上げまでガラス越しに見学できる

クリームプラスがおすすめ

甘さ：★★★
しっとり感：★★
香り：★★★
甘いがくどくはなく安心できる味。安くて少しずついろいろ食べられるのは◎。

紅茶€2.60

ポーション・バウムクーヘン
Portion Baumkuchen
€6.20
ダーク、ホールミルク、ホワイトの三種盛り

1. オーナー夫人がケーキをサーブ 2. クラシックな店内

3 中心部にあるベーカリー
ザルツヴェーデラー・バウムクーヘン
Salzwedeler Baumkuchen

ザルツヴェーデルの中心部にあるパン屋さん。バウムクーヘンは1kgあたり€44.40。イートインはできない。閉店時間が早いので注意。

食べたい長さを伝えると切ってくれる。5cmほどで€15目安

🏠 Kleine Str.-Ilsen-Str. 12 ☎01520-9010179 ⏰9:00〜14:00（土〜12:00）休日・祝 Card D.M.V. 図観光案内所から徒歩5分 URL www.salzwedelerbaumkuchen.de

4 郊外の工場直販
ザルツヴェーデラー・バウムクーヘン
Salzwedeler Baumkuchen

3番の店と同じ店名だが別会社。販売所は工場に隣接しているためできたてを購入することができる。休憩するスペースはあるが、コーヒーやスライスのバウムクーヘンは提供していない。

🏠 Am Güterbahnhof 19 ☎03901-34090 ⏰月〜金6:30〜17:00、土6:00〜12:00 休日・祝 Card A.J.M.V. 図ザルツヴェーデル駅から徒歩約22分 URL baumkuchen-saw.de

切れ端をチョコでコーティングした菓子。テーブル席でつまむもよし、列車のお供にするもよし！

バウムクーヘンの作り方
エアステ・ザルツヴェーデラー・バウムクーヘンファブリークでは製造過程が見学できる。ぜひ見てみよう！

まだ見習いだよ

樫の木の芯に紙を巻き、紐を螺旋状に巻き付けていく

焼く直前にフワフワのメレンゲを生地に合わせる

芯に巻き付けた糸に生地が引っかかるように流す

焼き目が付いたら生地をかけることの繰り返し

焼けたー！

出来上がりを見せてくれたベテランのマイクさん

注文品のデコレーションも手作業

小さくカットしてチョコがけに

コーティングには乾燥を防ぐ役割も

棒に通してゆっくりと生地を冷ます

バウムクーヘンの歴史とレシピ
18世紀中頃に初めてバウムクーヘンを作ったのはガルベスさん。レシピとしては1807年にシェルニコウさんが記したものが最古といわれている。1842年にはカフェ・クルーゼが創業しガルベスさんのレシピで人気となる。のちにシェルニコウさんの店を買収し、2つの秘伝レシピでザルツヴェーデルのバウムクーヘンを完成させた。バウムクーヘンには品質基準があり、油脂はバターしか使えない。甘い香りは伝統のなせる業だ。

本場ザルツヴェーデルのバウムクーヘン

プチぼうけん⑧

41

ヴェルニゲローデ～ブロッケン山

魔女伝説が残るおとぎの世界へ
SLに乗ってショートトリップ

霧に浮かぶ不思議な影「ブロッケン現象」と魔女伝説。
それをつなぐのは、白煙を上げて走るSL列車。
ミステリー？それともメルヘン？　ドキドキの旅になりそうな予感！

ヒヒヒ

**ヴェルニゲローデ
への行き方**

🚃 ハノーファーからRE
でゴスラー乗り換え、1時
間51～53分。€35.70
～57.10。ベルリンから
は1回乗り換えで2時間
45分～3時間46分、
€26.90～124.90。

ハンブルク・
・ベルリン
ハノーファー・
ヴェルニゲローデ
フランクフルト

・ミュンヘン

Map 別冊P.2-B2

ブロッケン山へSLの旅

TOTAL 5時間

オススメ
時間　10:00
　　　～15:00

予算　SL往復
€53～

💡 旅の服装
ブロッケン山は標高1142m。風がある
日は夏でも寒い。ウインドブレーカーな
どの上着は必携。

四季折々の
自然を
楽しもう！

神秘的な
魔女の森へ出発！

ハルツ地方は魔女の里として有名な地。ヴェ
ルニゲローデで幸運を運んでくれる魔女グッ
ズを手に入れ、魔女が悪魔と饗宴を開くとい
う伝説が残るブロッケン山へSLで冒険！

気軽に乗れるSL
ハルツ狭軌鉄道
Harzer Schmalspurbahnen (HSB)
SLは1日6便程度運行しているので予約な
しで乗れる。夏は森林の緑の中を、冬は雪
の中を力強く走る姿は壮観。ジャーマンレ
イルパスなどは使えないので注意。

名産の薬留酒を
おみやげに！

ワクワク
する～！

📍往復€53 [URL]www.hsb-wr.de

懐かしい硬券は
おみやげに

99 5902

SLデザインのオリジナ
ルリキュール。左：ハ
ーブ風味、右：ラム＆
スモモ

START

7:46
ハノーファー駅
Hannover Hbf

9:38 ヴェルニゲローデDB駅
Wernigerode

ゴスラー駅
Goslar
乗り換え

10:25
SL駅

SLはハルツ狭軌鉄道
HSBの運行

城への観光車
両の停留所に
も魔女が守る

N
0 100m

10:29
ヴェルニゲローデ・
ヴェステルントーア駅

C支店
B
A
Breite Str. ブライテ通り

マルクト
広場

Burgstr.

小さな魔女のキー
ホルダーを売る屋台

ブロッケン現象と魔女伝説
人の影が霧に映る不思議な「ブロッケン現象」はここが名の由来。それほど霧の濃いブロッケン山は昔から神秘の山とされ、ゲーテの『ファウスト』には魔女が集まると書かれている。このハルツ地方には魔女伝説にちなむ祭りも多く、現代でも「幸せを運ぶ魔女」のキャラクターをあちこちで見ることができる。

ヴェルニゲローデ
ヴェルニゲローデは、木組みの古い町並みが残るかわいらしい町。2本のとんがり屋根が印象的な市庁舎が中心部。ブライテ通りには魔女グッズの店が点在する。

ヴェルニゲローデの🛈
🏠Marktpl. 10 ☎03943-5537835 🕐9:00～18:00
（土10:00～16:00 日10:00～15:00）🗓1/1、12/24～26 🚩市庁舎の裏 URL www.wernigerode-tourismus.de

🄲 魔女の秘薬ならぬハーブティー€4.98
魔女パッケージをおみやげに
ズールス・ハルツスペツィアリテーテン
Sühls Harzspezialitäten

間口は狭く、入口付近にはリキュールや鹿肉の缶詰もあるが雑貨もあるがTシャツは支店のほうが品揃えがいい。

🏠Breite Str. 32 ☎03943-905524 🕐月～土9:00～18:00、日10:00～18:00 🗓12/24～26・31、1/1、イースター
Card J.M.V. 🚩市庁舎から徒歩5分 URL www.harzspezialitaeten.de

🄰 マルクト広場に面した
ヴァイサー・ヒルシュ
Hotel & Restaurant Weißer Hirsch
正面にかわいい市庁舎を眺められるカフェ。グレープジュースはこの地方特有の少し酸っぱいもので素朴な味わい。

🏠Marktpl. 5
☎03943-267110
🕐11:00～23:00
🗓12/25・26 Card A.J.V. 💴3.50～ 🚩市庁舎から徒歩1分 URL www.hotel-weisser-hirsch.de

カフェから見える市庁舎

Drei Annen Hohne

ケールの煮込みとソーセージ、付け合せはゆでじゃがいも
€8.50

いらっしゃい！

こわい顔でも魔女はラッキーシンボル

🄱 1年中魔女グッズが並ぶ
ブライテ通り
Breite Str.
ブライテ通りはドラッグストアやブティックが並ぶ町の繁華街。魔女グッズの店もあるので探してみて。

Tシャツはサイズにより€20～35、魔女キャンディは€8.98、魔女が没薬を入れそうな瓶は€5.98（中身は撮影用）

魔女の村へようこそ！

ブロッケン山頂
標高1142mのブロッケン山は1年のうち260日は霧が出る。そのためブロッケン現象の由来にもなった。ゲーテの『ファウスト』で魔女が集まる地とされた。

ハイキングコース
テレビ塔
標高岩
ブロッケン博物館
12:06
ブロッケン山頂駅
庭園

帰りは13:14に乗れば
ヴェルニゲローデ・
ヴェステントーア駅14:56着

1. 雲海が広がる山頂　2. ブロッケン博物館には珍しい動植物の展示がある　3. 標高を示す岩で記念撮影

プチ
ぼうけん
10

自然の宝庫ベルヒテスガーデンの「岩塩」パワーで心と体をリセット！

オーストリアとの国境付近のアルプス山地は、良質な塩を含んだ地。
ミネラル豊富な塩は、肌や体にとてもよいのだそう。
岩塩坑に潜って、塩のパワーをもらっちゃおう！

岩塩を含む空気を吸って体スッキリ！

ヒーリングの会場には塩水をたたえたプールがあり、幻想的な雰囲気だ。岩塩に囲まれた塩やミネラル分の多い空気を深く吸い、メディテーションの世界へ。約1時間の体験で、呼吸器系トラブルの改善やストレスオフに役立つのだそう。気分がスッキリしたら、ソルトエステで艶々お肌を目指そう。

岩塩坑で癒やし＆スリル体験

TOTAL
4時間

オススメ
時間 9:00〜 予算 €45〜

💰 岩塩坑のお楽しみ
岩塩坑でのヒーリングプログラムは1〜2時間、隣接する岩塩坑の見学（→P.46）ツアーは1時間〜1時間30分。無理なくふたつ楽しめる。

服のまま毛布にくるまって寝るのでリラックスできる服装でね。深い眠りから覚めたようなスッキリ感が味わえたわ！

プログラム

1 外のオフィスで30分前から受付、支払い
2 トロッコで地下600mの岩塩坑へ
3 湯たんぽ（希望者には厚手のソックス）を貸してくれる
4 服の上から毛布にくるまりじっと静かにしている
5 寒いときは手を挙げるとスタッフが追加の毛布を掛けてくれる（気を乱すので、声を出さない、動かない）
6 合図で終了
7 デトックスと外気との塩分調整のため塩水を飲む

寒いときは、声を出したり起き上がったりせずに手を挙げるとスタッフが来る

岩塩の入ったキャンドルをおみやげに♪ €7.50

深呼吸すると気持ちいい
ハイルシュトレン・ベルヒテスガーデン Heilstollen Berchtesgaden

600m下降した塩鉱山の廃坑を利用した施設。年間を通して気温11〜13℃、湿度75〜90%、塩濃度0,006mg/㎥という洞窟内で深呼吸やメディテーションを行う。バカンスの間、1〜2週間通う人もいるが、1回でも鼻うがいと同様のすっきり感を体感できる。通常は静かな暗闇のプログラム。音楽やキャンドルを利用したメディテーションも企画される。

スッキリしましたか？
経営者のひとり、ヴォルテルン男爵がごあいさつ

🏠 Bergwerkstr. 85a　☎08652-979535
⏰ プログラム：5〜10月9:30スタートで1〜2時間、11月〜4月11:00スタートで開始の30分前までに受付
休 1/1、聖金曜日、11/1、12/24〜26・31
料 通常プログラム1回€24（回数により割引あり）Card 不可
交 ベルヒテスガーデン駅からバス837、840、848番で所要約5分、Salzbergwerk下車徒歩1分
URL www.salzheilstollen.com

44

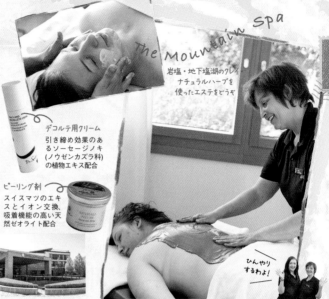

The Mountain spa

岩塩・地下塩湖のクレイ、
ナチュラルハーブを
使ったエステをどうぞ

ベルヒテスガーデンの岩塩坑

自然の恵みで
美肌エステ体験

地元素材のナチュラルエステ
ケンピンスキー・ホテル・
ベルヒテスガーデン・
バーバリアン・アルプス
Kempinski Hotel Berchtesgaden
Bavarian Alps

夏は避暑、冬はスキーリゾートと
して人気のホテル。地元ならでは
の地下塩湖の泥を使ったリンバド
レナージュや季節のハーブやフラ
ワーオイルを使ったトリートメン
トが受けられる。フェイシャルメ
ニューも豊富。予約の際に「担当
は女性で」と伝えておけば安心。

デコルテ用クリーム
引き締め効果のあ
るソーセージノキ
(ノウゼンカズラ科)
の植物エキス配合

ピーリング剤
スイスマツのエキ
スとイオン交換、
吸着機能の高い天
然ゼオライト配合

🏠Hintereck 1 ☎08652-97551300
🕐8:00〜20:00 休祝 CardM.V.
🚌ベルヒテスガーデン駅からバス838番で所
要約20分、Kempinski Hotel停留所前
URLwww.kempinski.com/en/kempinski-
hotel-berchtesgaden/kempinski-the-spa/

ひんやり
するわよ！

スパやフィットネス、もちろん室
内プールも完備。夏はハイキング、
冬はスキーと1週間以上滞在する
人が多い

一面の緑に青い空！
雄大な風景も
ヒーリング効果が
あるのね！

スパメニュー

1 Aroma Massage　　　アロママッサージ 50分 €130
特別にブレンドされたオイルを使用したマッサージでリラック
ス。

2 Deep Massage　　　ディープマッサージ 25分 €85
筋肉の深い層に焦点を当て、緊張をやわらげるマッサージ。

3 The Detox Journey　　デトックスジャーニー 80分 €180
ボディスクラブでデトックスマッサージのあと、しっかりラッピ
ングしてトリートメント。

ベルヒテスガーデン
MAP

ハイルシュトレン・
ベルヒテスガーデン
ベルヒテスガーデン岩塩坑

305
319

ケンピンスキー・ホテル・
ベルヒテスガーデン・
バーバリアン・アルプス

ベルヒテス
ガーデン駅

N
0　400m

20

ベルヒテスガーデン
への行き方
🚆ミュンヘン中
央駅から私鉄BRB
で約1時間40分。
Freilassing乗り換
えでさらに約50
分。

ヴィンドボイテル
バロン

ハンブルク
ベルリン
フランクフルト
ミュンヘン
ベルヒテス
ガーデン

ベルヒテスガーデンの ℹ️
🏠Maximilianstr. 9 ☎08652-656500
🕐9:00〜17:00 (オフシーズンは変更あり)
休無休 🚌ベルヒテスガーデン駅からバス839、
841、843番で約5分
URLwww.berchtesgaden.de

ちょこっと寄り道
緑の絶景が広がる
ヴィンドボイテルバロン
Windbeutelbaron

標高1000mのパノラマ展望テラス
が自慢。1930年以前はミルクホー
ルとして営業していた。地元の果物
や牛乳で作るシューデザート
"Windbeutel"は、地元の人も納得の
郷土菓子となっている。

🏠Scharitzkehlstr. 8 ☎08652-2577
🕐10:00〜17:00 (夏期は〜18:00)
休冬期月・火・水 (夏期水・土)、その他の
休業日はウェブで確認 CardM.V.
🚌ベルヒテスガーデン駅からバス838番
christophrusschule行き (1日4〜5便)で
所要約25分、Grafihöhe停留所前
URLwww.windbeutelbaron.de

めしあがれ！

坑夫になりきって 岩塩坑を見学！

ヒーリング体験が終わったら、同じ岩塩坑にある見学ツアーに参加しよう（英語またはドイツ語）。チケットを買って着替えたらトロッコで地下へ入り、坑夫が使う滑り台へ。40mもの急な滑り台を猛スピードで滑り降りるのは迫力満点！　採掘跡や採掘に使うマシンを見たり船に乗ったり盛りだくさんのツアーだ。坑夫スタイルのつなぎも本物と同じ、記念写真もかっこよくきめて！

木製でスピードが出るので滑りたくない人は、横にある階段を降りることができる

GWOOOOOOOON！

スケジュール

1. 受付で料金を払ってつなぎを借りる
2. 服の上からつなぎを着る
3. トロッコに乗り込み出発！
4. 3〜4人ずつ滑り台で最深部へGO！（滑らない人は階段で降りられる）
5. 解説を聞きながら展示を見て歩く
6. 2本目の滑り台
7. 地底湖を船で渡る
8. トロッコで地上へ

坑夫のつなぎを借りる。スタッフが体型を見てぴったりなサイズを出してくれる。服の上から着ます。荷物は返金式のロッカーへ

本物の作業服気分が盛り上がるわ！

トロッコに乗り込む。カナダの交換留学生とドイツの学生も大盛り上がり！

ドキドキ…

出発！

Salzbergwerk Berchtesgaden

坑道を1.4kmトロッコで下る。手や顔を出さないように！

塩研究所では、ビデオ（ドイツ語）で塩についての詳細が学べる。坑夫が身につけるものや持ち物、現在の鉱山の様子などを5つの角度から紹介

掘削する際に使用する吊り下げ式空圧ドリルが展示されている

地底湖の水が澄んでいるわこれがおいしい塩になるのね

岩塩をくりぬいてランプシェードに。温まって周囲の塩分濃度が高まる

塩って深いね

岩塩坑の歴史

ドイツの塩として日本でも売られている「アルペンザルツ」。ドイツではMalkan Salz マルカン・ザルツの名で知られるメーカーの採掘基地のひとつがここ。1850年から採掘を始められたもので、現役の岩塩坑としてドイツ最古のものだ。岩塩を採掘するのではなく、26.8%という高濃度の地底湖の塩水から精製されている。

水があることに気がつかないほど透明度が高い地底湖。船に乗って対岸に渡る間、塩の結晶をイメージしたライティングと幻想的な音楽で盛り上げる

坑夫気分で地底へ

ベルヒテスガーデン岩塩坑
Das Salzbergwerk Berchtesgaden

今も実際に掘られている岩塩坑内の廃坑になった部分を博物館として公開している。ガイドツアーは着替えも含めて1時間30分ほど。トロッコに乗ったり、船に乗ったり、音と光の演出も凝っていて楽しめる。

🏠 Bergwerkstr. 83　☎08652-60020
🕐4〜10月9:00〜16:30、11〜3月11:00〜15:00
🈺1/1、聖金曜日、11/1、12/24・25・31、一部の祝日　💶€24.50　Card M.V.　🚌ベルヒテスガーデン駅からバス837、840、848番で所要約5分、Salzbergwerk下車　徒歩1分
URL www.salzbergwerk.de

品揃えも豊富！

バスソルトは400g（10回分）で€20前後、食塩は日常用なら200gで€2程度、高級品は100gで€5ぐらい

種類いろいろ！

おみやげに買いたい塩製品

Alpen-Badesalz Alpenenzian
アルペン・バーデザルツ・アルペンエンツィアン
さっぱり感を求める人におススメの入浴剤

Alpen-Badesalz Rotklee
アルペン・バーデザルツ・ロートクレー
お肌をなめらかに。香りも柔らか

MonteSol Salz-Öl-Peeling Orange-Rosmarin
モンテゾル・ザルツ・エール・ピーリング・オランジェ・ロスマリン
細かい塩の結晶とキャリアオイルで、穏やかにピーリング

Maurer flaschen mit kleinen Salzkristallen
マウラーフラッシェン・ミット・クライネン・ザルツクリスターレン
保存容器入りのロックソルト

GewürzSalz Mühle Chili
ゲヴュルツザルツ・ミューレ・チリ
唐辛子を17%配合。ミル付きのピリ辛食塩

Original Salz-Holztopf mit Original Bergsalz-Kristallen
オリギナル・ザルツ・ホルツトプフ・ミット・オリギナル・ベルクザルツ・クリスターレン
古い木桶を模した容器がおみやげにピッタリなクリスタルツルト

Malken Salz
マルケン・ザルツ
日本ではアルペンザルツの名前で売られているロングセラーの食塩

Duftkerze klein mit Original Bergsalz-Kristallen
ドゥフトケルツェ・クライン・ミット・オリギナル・ベルクザルツクリスターレン
岩塩の結晶がキャンドルで温められ岩塩浴効果に

Gourmetsalz Pur
グルメザルツ・プア
かつて白い金と呼ばれた食塩の逸品

町中が輝く☆夢のイベント
本場のクリスマスマーケットへ

広場全体がまるでクリスマス飾りのように美しく彩られるのが
ドイツのクリスマスマーケット。夕闇迫るきらびやかな
トワイライトの時間帯がオススメ！

木彫りに
レースの衣装
天使人形

キャンドル
の熱で回転
する置物

1週間にひとつ
ろうそくに火を灯す

12月のマーケットは
アツアツのワインとともに

12月24日頃までの約4
週間、町の広場は色とり
どりのテントでにぎやかに
なる。その年のクリスマスオー
ナメントやプレゼントを準備するためのマーケットが、町のそここ
こに設営されるのだ。もちろんソーセージの屋台や移動遊園地も登
場。おとなも子どもも楽しみにしているイベントだ。

バルコニーに
クリストキントが
現れるかも
（下の写真）

ツリーの
モチーフは
定番

木のサンタは
民芸品として
おみやげに
人気

Fröhliche Weihnachten

すごく
華やかだわ

1

幻想的な
スノーボウル

クリストキントの開会宣言

クリスマスマーケット

| TOTAL
3時間 |

オススメ
時間 ライトアップが美し
い16:00〜（昼頃〜
22:00頃まで開催）

予算 €10〜

滑りにくい靴
寒さが厳しい時期で雪が積もることも
あるので防寒仕様で滑りにくい靴を履
いて行こう。

Nürnberg

ニュルンベルク

おもちゃの町ニュルン
ベルクのクリスマスマーケット
メイン会場は中央広場。
そこから広がる路地や小さな
広場にも市が立つ。おもちゃ博物館
のある町だけあって子ども用の
マーケットも。

→P.116

よい子には
贈り物を

4

1. ニュルンベルクの中央広
場「美しの泉」とフラウエン
教会のライトアップがきれい
2,3. アドベント最初の金曜
（2024年は11月29日）に、
フラウエン教会のバルコニー
で、金の衣装のクリストキン
トが開会宣言！ クリストキ
ントは幼子イエスを象徴する
存在。若い女性が選出される。

中央広場 Hauptmarkt

開催期間 11月29日〜12月24日

世界中から延べ200万人が訪れるといわ
れている。期間後半の週末は観光客と地
元の人でさらに大混雑するので要注意！

Map 別冊P.20-B2 中央広場

中央駅から徒歩15分

3

世界一の
マーケットへ
ようこそ！

Dresden
ドレスデン

本場のクリスマスマーケットへ

歴史を誇る世界最古の
クリスマスマーケット

1434年に始まった
歴史あるマーケット。なかでも
アルトマルクト広場の市がドイツ最古
といわれている。タワー状の
クリスマスピラミッドが
有名。

→ P.158

アルトマルクト
Altmarkt

開催期間 11月27日〜12月24日

アルトマルクトのクリスマス
マーケットはシュトリーツェル
マルクトStriezelmarktと呼ばれ240も
の店が広場に集まる。入口の世界一大き
なシュヴィップボーゲンSchwibbogen
（木製のキャンドルアーチ）も必見！

Map 別冊P.17-C2 アルトマルクト

🚋中央駅から徒歩15分、トラム8、9、11番

あのね
サンタさん

毎年
増やすのよ

巨大なクリスマス
ピラミッドとキャンドル
アーチは必見 📷

1. 歴史あるアルトマルクト。広いので迷子にならない
ように！ 2 イベントではサンタさんが登場 3 愛ら
しいパイプ人形のサンタさんはお香立てに 4 オーナ
メントのクリスマスボールはカラフルに輝く

どんどん
焼けるよ！

バウムシュトリーツェル
Baumstriezel

外はサクサク
＆中ふわふわ
♪砂糖をまぶ
した筒状の焼
き菓子

フラウエン教会
Frauenkirche

開催期間 11月27日〜12月24日

ノイマルクトNeumarktにある教会周辺
で行われる。アルトマルクトからも近
い。ライトアップされた教会が美しい。

Map 別冊P.17-C2 ノイマルクト

🚋中央駅から徒歩15分、トラム8、9、11番

再建と
なった教会を
バックに 📷

フラウエン教会
は戦災復興の
シンボルとしても
必ず訪れたい
スポット

1. シュトレンのパレードはアウグスト強王
ゆかりの「君主の行列」の壁画の前を通
る 2. 10mものシュトレンを切り分ける

切るの
たいへんだよ
ヨイショ！

12月7日
（第2アドベント
前の土曜）

シュトレン祭り
Stollenfest

シュトレンは白いおくるみを着たイエス
にたとえられる、ドレスデンの名物菓
子。アウグスト強王が1730年に巨大な
シュトレンを作らせ、来客に振る舞った
故事にちなんだイベント。4トンもの巨
大なシュトレンが焼かれ、馬車に載せら
れ町を練り歩き、市民に振る舞われる。

ジャンダルメンマルクト
Gendarmenmarkt

開催期間 **11月25日〜12月31日**

ドイツで最も美しいとされる広場。周囲のクラシックな建物と1000以上のライトで彩られる様子は入場料の価値あり!

Map 別冊P.16-A3 フリードリヒ通り周辺

€2 U2,6 Stadtmitte駅から徒歩5分

1. フランス・ドームとドイツ・ドームのライトアップが見どころ 2. プレゼントにもぴったりのハートのレープクーヘン 3. 木製のシュヴィブボーゲン(キャンドルアーチ)は、ドイツらしいクリスマスグッズ 4. サンタさん形のレープクーヘン 5. アーチをくぐって入場有料のマーケットへ 6. 冬景色がかわいいキャンドルホルダー

アーチに電飾が光る!

Berlin ☆

ベルリン

個性あふれる
ユニークなクリスマスマーケット
ベルリンでは大小数多くのマーケットが開かれている。旧東側、西側でも雰囲気が違うし、ライトアップされた象徴的な建物とのコラボもこの時期ならでは。

→P.124

神殿みたいな建物が映える

シャルロッテンブルク宮殿
Schloss Charlottenburg

開催期間 **11月23日〜12月26日(24休)**※

宮殿のライトアップが美しい。ほかの場所よりも混雑しないためゆっくりと楽しむことができる。

Map 別冊P.14-A2 市の西部

S41,42,46 Westend駅から徒歩10分

1. 木製のクリスマスオーナメント。小さなものなら€1ぐらい
2. 屋根に載せられた大きな看板
3. 城の前でのマーケットはメルヘンの世界!

白い宮殿は薄暮時に撮って!

テレビ塔と世界時計は必撮!

アレクサンダー広場
Alexanderpl.

開催期間 **11月23日〜12月26日**※

テレビ塔や世界時計を背景に、イルミネーションが輝く。敷地が広く観覧車やメリーゴーラウンドも大がかり。

Map 別冊P.16-B2 アレクサンダー広場

S5,7,U2,5 Alexander-pl.駅前

自慢の味ジューシーよ!

1. テレビ塔と世界時計とメリーゴーラウンド、これぞベルリン 2. 巨大なクリスマスピラミッドも名物 3. ソーセージ屋台もあちこちに

München ミュンヘン

新市庁舎は
迫力満点♪

どこかのんびりバイエルン
の雰囲気がいっぱい
お祭りを楽しむのが上手な
ミュンヘンっ子。ビールを片手
にすれば旅行者も地元っ子
の仲間入り。わいわい
楽しんで！

→ P.56

ファイリッチュプラッツ
Feilitzschpl.

開催期間 11月29日〜12月24日

学生の多いエリアで、若いアクセサ
リーデザイナーの出店やハンドメイド雑貨など
個性的な店が多い。掘り出し物があるかも。

Map 別冊P.5-D1外
市の北部

Ⓜ U3,6 Münchner Frei-
heit駅から徒歩1分

もみの木に飾る天使の
オーナメント　2ハンドメ
イドのペーパークラフトを
売る　3広場の装飾も手作
り感いっぱい

本場のクリスマスマーケットへ

プチ
ぼうけん
11

マリエン広場
Marienpl.

開催期間
11月25日〜12月24日

重厚な新市庁舎にも見守ら
れた歴史あるマーケット。
ミニコンサートなどのイベ
ントも盛りだくさん。

Map 別冊P.6-A3
マリエン広場

Ⓜ 中央駅から徒歩15分

ハンドメイド
の装飾を
見て！

1. ツリーがかわいくなるポップなイラスト　2.
いつも人でいっぱいの新市庁舎　3. 真っ赤な
ハートがインパクト大のレープクーヘン屋さん

Hamburg ハンブルク

1. 高さ112mの市庁舎とツ
リーの共演　2. らせんに巻
いた環境にやさしい蜜ろう
キャンドル　3. 炭火で焼く
ソーセージのおいしさった
ら！

クリスタルの
ように輝くツリーが
水面に映る

スタイリッシュでモダンな
クリスマスマーケット
ドイツ北部の中心ハンブルク。
アルスター湖やその周辺の
プロムナードが、港湾都市らしい
スタイリッシュなイルミネー
ションで彩られる。

→ P.150

おいしいよ！

市庁舎広場
Rathausmarkt

開催期間
11月23日〜12月23日※

市庁舎もさることなが
らアルスター湖のライ
トアップはハンブルク
ならでは。湖畔の
Jungfernstiegの露店は
12月末まで開催。

Map 別冊P.11-D2〜3
市庁舎

Ⓜ 中央駅から徒歩15分

Frankfurt フランクフルト

かわいい木組みの家が並ぶ
クリスマスマーケット
旧市街はこぢんまりとしている
フランクフルト。木組みの建物が並ぶ
レーマー広場を中心に、
ライン川沿いからハウプトヴァッヘ
まで屋台が並ぶ。

→ P.90

レーマー広場
Römerberg

開催期間
11月25日〜12月22日※

市庁舎のかわいい三角屋
根を背景に、高さ30mと
いう迫力あるツリーの共
演が見られる。ミニ遊園
地も子どもたちに人気。

Map 別冊P.9-D2
レーマー広場

Ⓜ 中央駅から徒歩15分

大聖堂と木組み
の建物を入れて
撮って！

1. ユニークなバレリーナのオーナメント　2. 中心のメリーゴーラウンドと歴
史的建物の対比がおもしろい　3. ステンドグラスのように光がこぼれるキャ
ンドルホルダー　※印の2024年の日程は4月現在発表されていません。　**51**

生誕の場面を再現
クリッペ

クリスマスシーズンになると教会や商店に生誕のシーンを再現したジオラマが飾られる。これがクリッペで、イエスがゆりかごにしていた飼葉桶にちなむ言葉だ。ベツレヘムの洞窟で生まれたイエス、羊飼い、お祝いに来た東方三博士などが表現される。毎年少しずつ人形を増やし、物語を完成させるのも冬の楽しみ。下は広場に飾られた大きなクリッペ、上は家庭用の小さなもの。

1

子どもが夢中に！ミニ遊園地

小さなメリーゴーラウンド、観覧車などが定番。大きなスケートリンクが作られる町もある。子どもだけでなく、おとなも大はしゃぎ！

懐かしいでしょ！

2

クリスマスマー

市民楽団やコーラスも登場！

期間中、ステージではコンサートや子どもの合唱などさまざまなイベントで盛り上がる。

3

大きいの買って！

毎年買わなきゃ！もみの木市

きらびやかなオーナメントを付ける「もみの木」は、クリスマスマーケットとは別の広場で売られている。小さな木は弱ってしまうので、25日直前に買う人も多いそう。田舎では、使い終わったツリーを庭に植えることもある。

♪Stille Nacht heilige Nacht♪

4

---

aruco おすすめ

まだある **クリスマスマーケット**

ドイツ全土で2500ヵ所以上あるともいわれているクリスマスマーケット。どこもすてきなイルミネーションだけど、特におすすめをピックアップ！

シュトゥットガルト *Stuttgart*

開催期間 11月27日〜12月23日

世界最大のクリスマスマーケットとして有名。ケーニヒスバウの柱廊が美しくライトアップされる宮殿広場からシラー広場、さらに市庁舎のあるマルクト広場まで道路にも露店が並ぶ。市庁舎の窓は期間中アドベントカレンダーになる。

Map 別冊P.2-A3 宮殿広場

☒フランクフルト中央駅からICEで約1時間30分。シュトゥットガルト中央駅からケーニヒ通りを徒歩10分で宮殿広場へ

ローテンブルク
Rothenburg →P.74

開催期間 11月29日〜12月23日

木組みの家が並ぶかわいらしい町並みが、イルミネーションでさらにロマンティックに。マルクト広場中央のツリーを囲むように露店が並ぶ。雪景色もメルヘンチック。

Map 別冊P.19-C1
マルクト広場

☒駅から徒歩約15分

ケルン *Köln* →P.108

開催期間 11月23日〜12月23日※

世界遺産の大聖堂前の市は迫力満点。広くて雰囲気がいい旧市街地もほしごたい。

Map 本誌P.109
大聖堂前

☒大聖堂まで中央駅から徒歩1分、旧市街市は大聖堂から徒歩5分のアルター・マルクトAlter Markt広場と隣接するホイマルクトHeumarkt広場で開催

デュッセルドルフ
Düsseldorf →P.106

開催期間 11月17日〜12月30日

旧市街アルトシュタットの市庁舎前には大きなクリスマスツリーが飾られる。ライン川沿いの遊園地も人気。

Map 本誌P.107
市庁舎

☒市庁舎までは中央駅から徒歩15分

ライプツィヒ
Leipzig →P.164

開催期間 11月26日〜12月23日

ルネッサンス様式のファサードが壮麗な旧市庁舎をバックに行われるマルクト広場がおすすめ。音楽の町ならではのミニコンサートもレベルが高い。

Map 別冊P.18-A2
マルクト広場

☒マルクト広場まで中央駅から徒歩15分

4週間分
4個のろうそく

24日を開けばフィニッシュ!

5

いつから始まるの?

11月最終日曜日頃から12月24日まで。イエス生誕（ドイツでは12月25日）までの4週間をアドベント（待降節）といい、キリスト教徒にとって大切な時期。クリスマスマーケットは、当日に向けて飾り付けの準備をしたり、プレゼントを用意するために始まった。露店のほか移動遊園地もできて、町が華やぐ。

1日ごとに夢が膨らむ
アドベントカレンダー

アドベントカレンダーとは、アドベント期間の日付が入ったカレンダー。日付のところにポケットや扉が付いていて、開けるとチョコなどの小さなプレゼントが隠れていたり、すてきな言葉が書いてあったり。シュトゥットガルトやマイセンでは市役所の窓に日付が現れ、大きなカレンダーに!

6

マーケット豆知識

7

クリスマス
ピラミッドって何?

もともとは小さな木工製品でキャンドルを灯すと上昇気流ができてくるくる回るというおもちゃ。マーケットに何段にも重なるビラミッドがそびえるのはドイツならではの風物詩。左はベルリンのクリスマスビラミッド、右はおもちゃのピラミッド。

8

ホットワインのマグは
持ち帰りOK

寒い時期のマーケットに欠かせないのがグリューワイン。アツアツのワインには砂糖＋シナモンやクローブなどの香辛料が入っていて体の芯まで温めてくれる。注文時にはマグ代として€3くらいのデポジットが含まれている。そのまま記念に持ち帰ってもOK!

マグが欲しくても飲み過ぎに注意よ!

年末年始
休暇に
間に合う!

長期開催
マーケット

クリスマスマーケットは、その名のとおり12月24日には終わってしまうことが多いけど、なかにはもう少し長いものも。年末休暇に行けそうな市をチェック!

ブレーメン
Bremen →P.156

開催期間
11月25日～12月23日

世界遺産になっている市庁舎のあるマルクト広場が何といっても盛大。運河のライトアップや路地のイルミネーションも見逃せない。

Map 本誌P.157
マルクト広場

🚃マルクト広場まで中央駅から徒歩15分

ハイデルベルク
Heidelberg →P.120

開催期間
11月25日～12月22日

マルクト広場などで行われる。山の中腹にあるハイデルベルク城がライトアップされ美しい。

Map 別冊P.19-D3
マルクト広場

🚃中央駅からビスマルク広場までバスやラムが多発。ビスマルク広場からマルクト広場まで徒歩15分

リューベック
Lübeck

11月25日～12月30日

ハンザ同盟都市として栄えた世界遺産の古都。（12/24・25休）

Map 別冊P.2-B1
🚃ハンブルクからRE快速で約45分

ゲッティンゲン
Göttingen

11月23日～12月29日※

グリム兄弟が教鞭を執った大学がある町。

Map 別冊P.2-A2
🚃フランクフルトからICEで約1時間40分

バーデン・バーデン
Baden-Baden

11月21日～1月6日

高級温泉保養地。クーアハウスでのマーケット。（11/24休）

Map 別冊P.2-A3
🚃フランクフルトからICEで約1時間20分

ドルトムント
Dortmund

11月21日～12月30日

ビールの本場。世界最大の45mツリーが登場する。

Map 別冊P.2-A2
🚃ケルンからICEで約1時間10分

ヴァイマール
Weimar

11月26日～1月5日

ゲーテやシラーゆかりの地。近代建築発祥のバウハウスでのマーケット。

Map 別冊P.2-B2
🚃フランクフルトからICEで約3時間20分（乗り換えあり）

ゴスラー
Goslar

11月27日～12月30日

雪深いハルツ地方のロマンティックなクリスマス。

Map 別冊P.2-B2
🚃ベルリンからICEで約3時間20分（乗り換えあり）

工房のテラスにも
大きな人形が
飾られている

窓辺を照らす
クリスマス飾り

鉱山の跡が残るエルツ山地

チェコとドイツの国境付近「エルツ山地」は、ヨーロッパ有数の銀やレアメタルの鉱山があったところ。ザイフェン近郊の鉱山を含め、両国にまたがる22の鉱山跡やその景観が2019年に世界遺産に登録されている。

交差点の案内板に
も木のおもちゃ！

職人さんの手仕事を訪ねて

木のおもちゃの里
ザイフェン
Seiffen
世界遺産

キャンドルを
灯すと回転する
天使の
お菓子屋さん

絵本のような町へようこそ

窓辺に置く
半円の飾り。
小さなものは
ツリーにつるして

クリスマスマーケットで
人気の木工細工や木のおもちゃのほとんどは
ここザイフェンで作られている。
クリスマスの時期は
町が絵本のようにあたたかい光に
包まれる。

小さくても
キャンドルが光る
クリストキント

工房見学で木工玩具の
伝統に触れてみよう！

ザイフェンの木工は、錫採掘の副業として始まったが、鉱山の衰退によりドイツを代表する産業にまで育った。ここはクリスマス飾り工房のなかでも最も規模が大きい工房兼ショップのひとつ。1932年開業で、現在約80人の職人と10人の見習いが働いている。工房見学では、作業風景を通じて小さな部品や道具などがわかる紹介の仕方をしている。

玄関先に飾られた
大きなくるみ割り人形

兵隊さん
くるみ割り人形

クリスマス飾りの意
味や昔ながらの飾り
方も教えてくれる

キスしたふたりがほほ笑ましい！

ドイツの
伝統工芸だよ

リヒャルト・グレーザー
Erzgebirgische Volkskunst
Richard Glässer GmbH

🏠Hauptstr. 80
☎037362-180　🕙10:00～17:00〔工房見学は12:00～13:00は中断〕 CardA.D.M.V.　🚉ザイフェンの観光案内所から徒歩5分　URLwww.glaesser-seiffen.de　※工房見学は有料（時期により異なる）

ザイフェンへの
行き方

🚃🚌ドレスデンからRBまたはREでフライベルクFreiberg (Sachs)へ、737番のバスに乗り換え計約1時間25分～2時間、€22.80～31。他の駅からもバスがあるが便数は多くない。Kurort Seiffen Mitte、Seiffen (Erzgebirge)で降車（観光案内所前）。

ザイフェンの ℹ️

🏠Hauptstr.73　☎037362-8438
🕙月～金10:00～17:00、土10:00～14:00　🈡日、12/24～26・31、1/1　URLwww.seiffen.de

ハンブルク
ベルリン
ドレスデン
ザイフェン
フランクフルト
ミュンヘン

Map 別冊P.2-B2

54

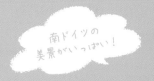
南ドイツの
美景がいっぱい！

ミュンヘンと
ロマンティック街道

何はともあれ、ノイシュヴァンシュタイン城に行かなくちゃ。
ロマンティック街道で訪れたいのは、木組みのかわいい家が並ぶ珠玉の町。
ミュンヘンでビール＆白ソーセージ、ローテンブルクで雪玉みたいなかわいいお菓子。
試してみたいグルメもいっぱい！　どこに行こうか迷っちゃうかも。

● フランクフルト

ローテンブルク→P.74

ホーエン
シュヴァンガウ→P.82
（ノイシュヴァンシュタイン城）

ミュンヘン→P.56

フュッセン→P.80

ヴィース教会
→P.86

ミュンヘンへのアクセス

フランクフルトから約1時間、ベルリンから約1時間10分
フランクフルトから3時間15分、1日20便程度運行、料金€89.90〜　　ベルリンから3時間50分〜4時間50分、1日20便程度運行、料金€149〜

55

旅のスタートは ミュンヘン ♪
マリエン広場周辺でアート探し

ミュンヘンの中心地マリエン広場から北へ。名画を鑑賞したら
バイエルンデザインのキュートな雑貨ハンティングを楽しもう！

TOTAL 4.5時間

マリエン広場から
北へおさんぽ
TIME TABLE

11:00	マリエン広場の新市庁舎で仕掛け時計を見る
↓徒歩2分	
11:15	フラウエン教会
↓徒歩1分	
11:40	セルヴス・ハイマート
↓徒歩7分	
12:10	ビーファイブでお買いもの
↓徒歩2分	
12:45	カフェ・ルイトポルトでお茶
↓徒歩5分	
13:30	ピナコテークで美術鑑賞(P.62)
↓徒歩10分	
15:00	ニア・プレタポルテをCheck！
↓徒歩3分	
15:30	ブライテングラートで雑貨探し

1 マリエン広場と新市庁舎
ミュンヘンの中心　11:00
Marienpl. & Neues Rathaus

32体の等身大人形に注目

ミュンヘンでひとときわにぎやかなマリエン広場に、荘厳なネオゴシック様式の新市庁舎が建つ。聖金曜日と諸聖人の日を除く11:00と12:00（3〜10月は17:00も）に中央部の塔に設けられた仕掛け時計の人形が動き出す。塔は85mあり、上ることもできる。

1568年のバイエルン大公の結婚式を祝うシーンが繰り広げられる

Map 別冊P.6-A2〜3

🏠Marienpl. 8　🕐塔の入場10:00〜20:00（入場は閉館20分前まで）　🈲カーニバルの火、5/1、11/1、12/25・26、1/1・6　💶€6.50　🚇マリエン広場から徒歩1分

2 フラウエン教会
丸屋根が並ぶ塔がシンボル　11:15
Frauenkirche

15世紀に後期ゴシック様式で建てられた教会。建築当時に現れたという伝説の「悪魔の足跡」の上に立つと、左右の窓が見えないから不思議。

この足跡のところに立つのね

「悪魔の足跡」と呼ばれる石は入口近くにある

Map 別冊P.6-A2

🏠Frauenpl. 1　🕐8:00〜20:00、礼拝内容の見学不可、南塔10:00（日・祝11:30）〜17:00（最終入場16:30）　🈲無休　💶教会は無料、南塔€7.50　🚇マリエン広場から徒歩3分

バイエルン模様のマグ

3 セルヴス・ハイマート
バイエルンモチーフの雑貨　11:40
servus.heimat

毎年日本に行くという日本ファンのオーナー、フロリアンさんはテキスタイルのデザイナー。鹿やプレーツェルといった伝統的なモチーフをモダンにアレンジしている。かわいいバイエルングッズは選ぶのに迷ってしまいそう！

Map 別冊P.6-A3

🏠Sendlinger str. 1　📞089-23702091　🕐10:00〜19:00　🈲日・祝、1/1、カーニバルの火、12/25・26　💳D.J.M.V.　🚇マリエン広場から徒歩2分　🔗www.servusheimat.com

1. 裏は本物のような色合いのプレーツェル型にぎにぎ €18.90
2. プレーツェル柄のエコバッグ €16.90
3. ピンクがかわいいビアマグ 各€34.90

地図

ノイエ・ピナコテーク（改修のため閉館中）
アルテ・ピナコテーク →P.63
Schellingstr.
Theresienstr.
Nia Bazar（ショップ）
モダン・ピナコテーク →P.63
Barer Str.
オベリスク
Brienner Str.
Odeonspl.駅
Karlspl.駅
レジデンツ →P.60
→P.88
ヘンケルス
Neuhauser Str.
Maximilianstr.
Marienpl.駅

新市庁舎では21:00に夜警と天使とミュンヘン小僧が「おやすみ」のあいさつをする。(山口県・花)

みんなで待ってま〜す♥

ニンフェンブルク城　英国庭園
ミュンヘン中央駅　マリエン広場
テレージエンヴィーゼ　イーザル川

Map 別冊P.5-C1〜D2

かわいい柄がいっぱいよ！

グムントが手に入る　12:10

4 ピーファイブ P5

180年の歴史を誇り、ノーベル賞授賞式の封筒を納入したことでも知られている、グムント製品の専門店。店内にはカラフルなカードやノートなど良質なものが並ぶ。名刺や招待状などオリジナル印刷も根強い人気だ。

Map 別冊P.6-A2

🏠 Prannerstr. 5　☎089-21020984　⏰12:00〜17:00　休土・日・月・祝、12/24〜1/7　Card M.V.　🚇U3,4,5,6 Odeonspl.駅から徒歩5分　URL p5pdm.de/

1. ブロックメモ €18.50　2. シンプルに並べられたディスプレイ　3. オリジナルデザインのカード、同デザインの封筒もある各€2　4. バイエルンの民族衣装ディアンドル柄のノート各€15.90。ノート柄は季節で変わる

植物園のような雰囲気です

1. 店の看板メニュー、ルイトポルト・トルテ 店内€7.60、持ち帰り€5.60。　2. 杏のコンポートをのせたケーキ€6.50（季節メニュー）

ハイソなマダム御用達　12:45

5 カフェ・ルイト ポルト Café Luitpold

モダンな店内の奥は観葉植物が生い茂る明るい空間。ビジネスランチや奥様同士のおしゃべりなどいろいろな人が訪れるが、ミュンヘンでは、ここでのランチやカフェはステイタス。チョコやペストリーのほか、バイエルンの郷土菓子もおすすめ。

Map 別冊P.6-A1

🏠 Brienner Str. 11　☎089-2428750　⏰月8:00〜20:00、火〜土8:00〜22:00、日9:00〜20:00　休1/1　⏰ドリンクとケーキで€10.40〜　Card A.J.M.V.　🚇U3,4,5,6 Odeonspl.駅から徒歩5分　URL www.cafe-luitpold.de

ヨーロッパの名画を鑑賞　13:30

6 ピナコテーク Pinakothek

詳しくは→P.62

ピナコテークとは美術館のこと。ここにはヴィッテルスバッハ家が集めた名画が収蔵されている。

ガーリーで手頃な値段が人気よ！

7 ニア・プレタポルテ

かわいいウェア　15:00

Nia. Prêt-à-porter

フランス系のファッションを扱うセレクトショップ。カジュアルで華やかなファッションが得意。斜め向かいにある姉妹店NIA.BAZARは花屋のような店構えだが、靴や小物雑貨にいいものが見つかる。

Map 別冊P.5-D1

🏠 Türkenstr 35　☎089-28673950　⏰11:00〜18:00（土・祝18:00）　休日・祝、12/25・26、1/1、カーニバルの火、イースターの数日　Card A.M.V.　🚇U3,6 Universität駅から徒歩5分　URL nia-bazar.de

1. ショルダーバッグ €42　2. ガーリーな小花模様のブラウス€199　3. 市松模様のヘアクリップ€9、紫は€8

かわいい小物を発掘！　15:30

8 ブライテングラート Breitengrad

オーナーのアンジェラさんの元気なキャラクターが人気で、学生がひっきりなしに入ってくる。雑貨はドイツものにこだわらず「楽しい」ものを集めている。

ごちゃごちゃが楽しい！

Map 別冊P.5-D1

🏠 Schellingstr. 29　☎089-2802325　⏰11:00〜19:00（土・祝18:00）　休日、1〜2月の月・火、12/25・26、1/1、聖金曜日、イースターの月曜、カーニバルの火　Card A.D.M.V.　🚇U3,6 Universität駅から徒歩5分　URL www.breitengrad-online.com

1. ハンブルクのブランドのパームオイルフリーソープ €14　2. 明るさの調節ができるデュッセルドルフ製充電式照明 €79　3. 手編みニットキャップ €79　4. ハンブルクのデザイナーが手がけたハンドメイド財布 €25

マリエン広場から北へおさんぽ

ミュンヘンのトレンド発信地
グロッケンバッハさんぽ

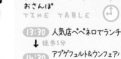

TOTAL 3時間

アーティストやデザイナーなど次代をリードするパイオニアが集うエリア。
小さな店にもキラリ★と光る逸品が！

グロッケンバッハをおさんぽ TIME TABLE

- **13:30** 人気店ペペネロでランチ
  ↓ 徒歩5分
- **14:30** アプゲフュルト＆ウンフェアパクトでコスメチェック
  ↓ 徒歩2分
- **15:00** ハイセリーベ
  ↓ 徒歩1分
- **15:30** ミルク
  ↓ 徒歩2分
- **16:00** アンナ・バーでブレイク

1 本格イタリアン　13:30
ペペネロ　Pepenero

もちもちのピザ生地が評判で、サラダもボリュームがある。「リラックスした雰囲気で本格イタリアンを適正な料金で」をコンセプトにおいしい料理を提供している。

Map 別冊P.5-C2

🏠 Hans-Sachs-Str. 12
☎ 089-24231613
🕚 11:30〜22:00
（12/26・1/1は時短）　休日・祝、12/24〜25
€6.95〜　Card A.M.V.　🚇 U1,2 Fraunhofer str.駅から徒歩7分　URL www.pepe-nero.de

1. トマトソースとチーズ€6.95
2. 羊のチーズ、トマト・オリーブ、パプリカ、アーティチョーク、レタスのサラダ€10.95
3. マリネした野菜のグリル€7.95
4. パルマハム、ルッコラ、パルミジャーノ・レッジャーノのピザ€14.95

2 持続可能なエコ雑貨　14:30
アプゲフュルト＆
ウンフェアパクト
abgefüllt & unverpackt

プラスチック不使用、フェアトレードのバスグッズやキッチン用品、ナチュラルコスメを販売している。店名は「リフィルと無包装」という意味で、ドイツを中心に世界中から厳選。

Map 別冊P.5-D2

🏠 Fraunhoferstr. 23　☎ 089-99122370
🕚 11:30〜19:00、土〜15:00　休日・祝
Card D.M.V.
🚇 U1,2 Fraunhoferstr.駅から徒歩約3分　URL www.aundu.net

エコで良質いいでしょ！

1. ワッフルの布巾はアップサイクル品€17
2. 地元の作家がデザインしたリネン19.90〜21.90
3. 蜜蝋のセラム€9.90
4. コーヒかすの油分をアップサイクルしたリップバーム€6

3 ちょっと奇抜？　15:00
ハイセリーベ　heißeliebe

店名は「ホットな愛」。その名のとおりハッピー＆スマイルをテーマに、ヨーロッパを中心に世界中のファッションや雑貨を取り扱っている。2023年8月にオープン。

Map 別冊P.5-D2

🏠 Reichenbachstr. 41
☎ 0176-84159416
🕚 11:00〜19:00、土〜18:00　休日・祝
Card A.D.M.V.　🚇 マリエン広場から徒歩10分
URL heisseliebe.store

4 ガーリーファッション
ミルク　15:30　Milk

レザーバッグだよ！

イギリスや北欧からのファッションを輸入するセレクトショップ。ガーリーな花柄からゆったりラクチンワンピまで幅広い品ぞろえでセンスのいいアイテムが並んでいる。

1. 編み込みの切り替えがかわいいセーター€69.95
2. ツートンカラーのセーター€104.95
3. 柄がかわいいスカート€69.9
4. 華やかなピンクのワンピース€89.9
5. ショートブーツ€199.95

Map 別冊P.5-D2

🏠 Reichenbachstr. 41
☎ 089-18954274　🕚 11:00〜18:00　休日・祝12/24〜26、1/1、カーニバルの火、イースター
Card A.M.V.　🚇 マリエン広場から徒歩10分　URL instagram.com/milk_concept

1. コーディロイ地のポシェット€129.90
2. 裏ボアで表地は異素材を接ぎ合わせたブルゾン€179
3. モヘアのベスト€279

💬 マリエン広場からグロッケンバッハ地区へ行く途中もショップが多くて楽しいです。（福島県・ソルティ）

グロッケンバッハさんぽ

グロッケンバッハ地区

若いデザイナーやアーティストが集まるエリア。セレクトショップやカフェも個性的。マリエン広場からヴィクトアーリエンマルクトを通り、南へ徒歩15分ぐらい。どの通りもおしゃれなショップが並ぶから、のんびり歩きたい。

イタリア食材もある 16:00 カクテルも充実♪

5 アンナ・バー
Anna Bar

2023年にオープンした気取らない居心地の良い雰囲気のカフェバー。ラザニアやサンドイッチ、フォカッチャなどイタリア料理も食べられ、イタリア食材も販売している。

1. オーナーのアンナさん 2. カプチーノ／€2.6

Map 別冊P.5-C〜D2

Map 別冊P.5-D2

🏠Fraunhoferstr. 24 ☎0176-23562544 ⏰11:00〜23:00 休日〜火・祝 軽食とドリンクで€20〜 Card M.V. U1,2 Fraunhoferstr.駅から徒歩8分

眺めのいいカフェバー 大きな窓から夕日が輝く 宿泊もおすすめ!

フラッシング・メドウズ・ホテル&バー
The Flushing Meadows Hotel & Bar

小さなアルミの扉を開け、黒いカーテンの向こうにあるエレベーターで4階へ。ホテルのフロントデスクで声を掛けて、カフェバーに行く。大きな窓のある見晴らしのいいテラスからは教会の塔がいくつも見える。寒い日は暖炉の前の心地よいソファでまったり過ごすのもいい。インテリアデザインに興味があるなら宿泊もおすすめ。

Map 別冊P.5-D2

🏠Fraunhoferstr. 32 ☎089-55279170 SW€110〜(朝食込) 16室 U1,2 Fraunhoferstr.駅から徒歩3分、マリエン広場から徒歩15分 URL www.flushingmeadowshotel.com Card A.M.V.

ホテルはすべて客室のデザインが異なる。3階にあるデザイナーズルームは世界的に有名なアーティスト11人によってデザインされた客室。どの部屋も個性的でかっこいい。各デザイナーズルームは定期的に客室をデザインした本人がメンテナンスにやって来るそう。

ウインドウショッピングが楽しい

🚇 Marienpl.駅

ヴィクトアーリエン・マルクト この通りもお店がいっぱい

Isartor駅

Karlspl.駅

① ② ③ ④ ⑤

ドイツ博物館

Fraunhoferstr.駅

イーザル川

フラッシング・メドウズ・ホテル&バー

居心地よいオープンカフェもあるよ!

世界的に有名なサーファーがデザインしたロフトとハンモック付きの304号室

ロスアンゼルスのミュージシャンがデザインした310号室

デザイナーのイニシャルがドアに! 310 ms

まばゆいばかりのゴージャスさ
レジデンツ&ニンフェンブルク城

ナポレオンが訪れ、その華麗さに驚嘆したというミュンヘンのレジデンツ。バイエルンを治めていたヴィッテルスバッハ家の居城。絵画に彩られ、金の装飾を施した美しさに、うっとり！

見どころ point
古代の彫像を飾るために造ったが、鮮やかな壁画のほうが目立っている

No.6

グロッテンホーフ
Grottenhof
貝殻をびっしりと埋め込んで洞窟グロッテを作ってある部屋は、異様な雰囲気

2F

No.98

ライヒェ・カペレ
Reiche Kappele
宝石や大理石で埋め尽くしたマクシミリアン1世専用の礼拝室

```
98
        58
              13
```

1F

クヴィリエ劇場入口
クヴィリエ劇場

諸聖人宮廷教会

お宝ざくざく！

```
6
5  4    7
```

庭園

宝物殿
▲入口 Schatzkammer
バイエルンの王冠と宝石をちりばめた聖ゲオルクの騎馬像は宝物館の至宝

No.7

アンティクヴァリウム
Antiquarium
ルネッサンス様式の華麗な丸天井が66mもの長さで続くホール

陶磁器のキャビネット
Porzellankabinett
金色に輝く・壁一面のキャビネットに、マイセンやセーブルの高価な陶磁器を収蔵

No.5

どの部屋も絢爛豪華
レジデンツ Residenz

14世紀後半に建築され、以降増築を重ねて現在の姿になった。王家の肖像画が121枚並ぶ祖先画ギャラリーや、壮麗なアンティクヴァリウムには圧倒される。王家の宝物などをていねいに見ていくと4時間くらいかかる。

Map 別冊P.6-A1〜B2　マリエン広場周辺

🏠Residenzstr. 1　🕐9:00〜18:00（10/21〜3/22は10:00〜17:00）入場は閉館1時間前まで。クヴィリエ劇場は夏期以外の平日14:00〜　🚫1/1、カーニバルの火、12/24・25・31　💰博物館€10、宝物館€20、クヴィリエ劇場€5、3つ共通券€10　🚇マリエン広場から徒歩5分　🌐www.residenz-muenchen.de

諸聖人宮廷教会
Allerheiligen-Hofkirche
ルートヴィヒ1世により19世紀前半に建設されたイタリア風の礼拝堂

　✉レジデンツは巨大です。本当に広いのでとにかく時間に余裕をもって！（和歌山県・梅っこ）

ヴィッテルスバッハ家とミュンヘン

ヴィッテルスバッハ家はヨーロッパの有力な諸侯の家系で、バイエルン王のほか、遠くスウェーデンやギリシャ王も一族から出している名門。ミュンヘンでは、1180年にオットー1世が統治したことに始まり、1918年まで約740年君臨した。バイエルン王国の成立は1806年、マクシミリアン1世のとき。ノイシュヴァンシュタイン城を築城したルートヴィヒ2世が有名だが、そのほかの諸侯も文化や芸術を育てた。第1次世界大戦後、1918年に君主制度が廃止され、最後の王ルートヴィヒ3世が退位した。

No.1 シュタイネルナー・ザール 大きなシャンデリアとロココ様式
Steinerner Saal の装飾が優雅な大広間

見どころ point
天井画には花の妖精（ニンフ）が描かれているので探してみて！

No.13 黒いホール
Schwarzer Saal
扉を縁取る黒大理石が印象的なことから「黒の間」と呼ばれる

No.58 緑のギャラリー
Grüne Galerie
緑色の壁面に、約70点の絵画が飾られたギャラリー。大きな鏡が印象的

美人画ギャラリー ルートヴィヒ1世が愛し
Schönheitsgalerie た36人の美女の肖像画

No.15

No.10 南のサロン
Südliches Salettl
バロック様式の天井画は城の建設初期のもので、水の妖精が描かれている

クヴィリエ劇場
Cuvilliés-Theater
フランソワ・クヴィリエの設計で、18世紀に建てられた華麗な劇場（別料金）

No.20

女王の寝室
Schlafzimmer
ルートヴィヒ2世誕生の部屋。弟のオットーと並んだ白い胸像がある

見どころ point
ルートヴィヒ2世の肖像画は、上のほうに飾ってあるから見落とさないようにね！

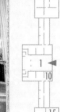

入口 ⇦

706年の歴史の重み！

No.4 祖先画ギャラリー ヴィッテルスバッハ家の肖像画が
Ahnengalerie 121枚も並ぶギャラリーは圧巻

美しい庭園にたたずむ

ニンフェンブルク城
Schloss Nymphenburg

Map 別冊P.4-A1　北西部

17世紀から19世紀にかけて建てられたヴィッテルスバッハ家の夏の離宮。その美しい姿から別名「妖精の城」とも呼ばれている。本城内にはロココ調の大広間、シュタイネルナー・ザールや、ルートヴィヒ1世が愛した美女の肖像画が並ぶ美人画ギャラリーなどがある。

うっとりしちゃった

🏠Schloss Nymphenburg, Eingang 19　☎089-179080　🕘9:00～18:00（10/16～3/27は10:00～16:00）　🈳1/1、カーニバルの火、12/24・25・31　🈯本城€8、馬車博物館などとの共通券€15（10/16～3/31は一部の施設が休業するため€12）　🚋トラム17番Schloss Nymphenburg下車徒歩5分　URL www.schloss-nymphenburg.de

ヴィッテルスバッハ家の現当主、バイエルン公フランツは現在もニンフェンブルク城に住んでいる。

美の殿堂3つのピナコテークで名画をチェック!

絵画や音楽を支援していたヴィッテルスバッハ家。
ダ・ヴィンチからムンクまで……、彼らの膨大なコレクションは、
絵画ファンならずとも見逃せない!

ALTE PINAKOTHEK
アルテ・ピナコテーク

宗教的な題材が多く、荘厳な名画が並ぶ。有名画家の小さな作品にも注目。

カフェは、セルフで飲み物や軽食を楽しむスタイル。入場券を買わなくても利用できる

2F
```
I
IIa
II   IV  V  VI  VII  VIII  IX  X
IIb  1 2 3 4 5 6 7 8 9 10 11  12  13 14 15 16 17 18 19 20 21 22 23
III
                                          XI
                                          XIIa
                                          XII
                                          XIIb
                                          XIII
```

1F
```
カフェ・クレンツェ
I                              XI
IIa            ショップ
                               閉鎖中
II        ホール   16          XII
IIb 1 2 3 4 5 6 7  9   17 18 19 20 21 22 23
III        入口                XIII
```

画家一族ブリューゲル家

ブリューゲル家は画家をたくさん輩出している。いちばん有名なのがペーター(ピーテル)で、作風から「農民画家」と呼ばれたり、(父)と添え書きされる。同名の長男ペーター、次男のヤンとその息子で同名のヤンも画家として名高い。

食べ物が落ちてくるのを待つ。ブタはナイフで刺さっている

16～17世紀オランダ | ブリューゲル他

2F「怠け者の天国」
III ペーター・ブリューゲル(父)
(1567年)

太った農夫、備兵、学者の3人が横たわる姿は、人間の怠惰の象徴

ドイツ初期 | デューラー他

2F「自画像」
II デューラー(1500年)

28歳の時の自画像。自信にあふれた表情で正面を見据えている

2F「4人の使徒」
II デューラー(1526年)

聖ヨハネはルターの聖書を持っている

アルテ・ピナコテークの至宝といえる作品。使徒の気質を見事に描き分けている

白の美しさにうっとり

世紀末 | クリムト、ムンク他

「マルガレーテ・ヴィトゲンシュタインの肖像」

1F
III グスタフ・クリムト
(1905年)

哲学者ヴィトゲンシュタインの姉がモデル。彼女の結婚を記念して描かれた

 ちゃんと見ると時間がいくらあっても足りない。1日で見るなら、見たいものを絞ったほうがいい。(愛知県・リラ)

Map 別冊P5-C〜D1
北部

宗教画の殿堂
アルテ・ピナコテーク

🏠Barer Str. 27　📞089-23805216
⏰10:00〜18:00
（火・水〜20:00）
休月、12/24・25・31、カーニバルの火、5/1
料€9、日曜€1

3館共通1日券€12
（常設展のみ）　🚇U2、8 Theresienstr.駅から徒歩10分
URL www.pinakothek.de

印象派の名画
ノイエ・ピナコテーク

🏠Barer Str. 29
2029年頃まで閉館中。掲載の★印主要作品はアルテ・ピナコテークで展示中

📞089-23805195

現代芸術
モダン・ピナコテーク

🏠Barer Str. 40　📞089-23805360
⏰10:00〜18:00
（木〜20:00）
休月、12/24・25・31、カーニバルの火、5/1
料€10、日曜€1

美の殿堂ピナコテークで名画をチェック！

15〜16世紀イタリア｜ラファエロ、レオナルド・ダ・ヴィンチ他

上の天使たちは、18世紀に上塗りされてしまったが、1983年に復元された！

2F IV「カンジアーニの聖家族」
ラファエロ（1507年）

カーネーションを持った初期の作品

マリアの柔らかな表情、ヨセフとエリザベスの対話、遊ぶ子どもたちの姿が三角形の構図に描かれている

2F IV「聖母子」
レオナルド・ダ・ヴィンチ（1478年）

マリアの服の柔らかく流れるような質感と、モナリザを思わせるスフマート技法に注目！

2F IV「受胎告知」
フィリッポ・リッピ（1443年）

天使とマリアの優雅な表情と体つきがこの画家ならではの気品を感じさせる

鳩は聖霊を表す

17世紀フランドル｜ルーベンス他

黒い雲の間から現れた天使の、すさまじい戦闘シーンが描かれている

2F 6〜7「セナケリブの敗北」
ルーベンス（1612〜14年頃）

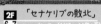

アッシリア王セナケリブがエルサレムを攻めた旧約聖書の物語を題材としている

2F 6〜7「天使」
ルーベンス（1614年）

ウィーンの美術史博物館にあるパルミジャーノの作品をもとにしている

フランス国旗を背負ったような天使の羽

印象派｜ゴッホ、モネ他

1F III「キリスト誕生」
ゴーギャン（1896年）
★

タヒチを舞台に描いたキリストの誕生。母と子には光輪が見える

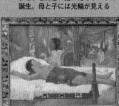

1F III「ひまわり」
ゴッホ（1888年）
★

ゴッホ自身のアトリエの壁面を飾るために描かれたという

PINAKOTHEK DER MODERNE

モダン・ピナコテーク

彫刻やオブジェ、グラフィックスなど現代アートの複合美術館。

第3のピナコテークとして、20世紀以降の現代アートから家具や生活用品も展示

ミュンヘン名物白ソーセージ
自家製にこだわる名店Best3

ミュンヘンの伝統的な味覚といえば、白ソーセージ＋プレーツェル＋白ビール。手作りの新鮮な味わいをぜひ試して！

白ソーセージはヴァイスヴルスト Weißwurstだよ！

WEIßWURST

白ソーセージ

ヴァイスヴルストの始まり
1857年、お祭りのシーズンに焼きソーセージを出していた店が、ゆでソーセージを出したのが始まりといわれている。マリエン広場の前にあったその店「Zum Ewigen Licht」の跡地にはビストロカフェ（下記）があり、そこのメニューには「白ソーセージ発祥店ゼップ・モーザーのオリジナルレシピの白ソーセージ」がある。

レストラン・カフェ・アム・マリエンプラッツ
Restaurant Cafe am Marienplatz

Map 別冊P.6-A3
マリエン広場周辺
🏠 Marienpl. 22
🕐 9:00〜23:00　無休
Card A.D.J.M.V.（€30〜）

地元で人気NO.1！

ガスト シュテッテ・グロースマルクトハレ
Gaststätte Grossmarkthalle

ミュンヘンっ子の半分はファンと言われるほどの実力店。毎日、店で出す分と市内のレストランに卸す分を手作りしている。白ソーセージ以外のランチメニューも評判がいい。

Map 別冊P.5-C3　南部
🏠 Kochelseestr. 13
📞 089-764531
🕐 7:00〜16:00（土〜13:00）、12/24、12/31、カーニバルの火曜日は土曜と同じ　日・祝、12/25・26・1/1
Card M.V.（€20〜）
Ⓤ U3,6　Implerstr. 駅から徒歩7分
URL www.gaststaette-grossmarkthalle.de

プレーツェル
€1.80/個
Brezel
プレーツェル

ビール
€5/500ml
Pauraner Hefe-Weißbier
パウラナー・ヘーフェ・ヴァイスビア

塩味：やや強い
柔らかさ：ソフト
香り：さわやか
講評：舌で崩れるほどのソフト感。ハーブが効いてフレッシュ感はベスト。

白ソーセージ
€7.20/2本
Wallners Hausgemachte Weißwurst
ヴァルナーズ・ハウスゲマハテ・ヴァイスヴルスト

白ソーセージの注文は2本から2本単位で。

拝見！
白ソーセージの作り方

① 新鮮な牛肉を厳選。豚脂もラードではなく塊肉から。ブレンドの比率もポイント。

② 氷水で硬さと温度を調節しながら混ぜる。

おいしさの秘密**1**
塩と4種の香辛料、玉ねぎ、フレッシュハーブ。保存料や発色剤を使わず、家庭と同じ材料を使う。

③ 詰めすぎてもゆるすぎてもダメ！腸詰の加減が食感にかかわる。

おいしさの秘密**2**
そのあと、氷で締めて鮮度を保つ。食べるときに温める。

60〜70度の湯で20分ほどゆでる。
手作りだからおいしいよ！

④ メレンゲ等を使わずに柔らかいのは水分と脂の絶妙な割合。白は発色剤を使わないゆで肉本来の色。

ビールも自家製

ツム・フランツィスカーナー
Zum Franziskaner

有名ブリュワリーのビアホール。いつも混んでいるが席数も多いから大丈夫。ローストポークなどボリュームいっぱいの肉料理もおいしい。

Map 別冊P.6-A2
マリエン広場周辺
🏠 Residenzstr. 9
📞 089-2318120
🕐 10:00〜24:00　無休
Card A.D.J.M.V.　マリエン広場から徒歩5分　URL www.zum-franziskaner.de

🍴 焼いてないのでサッパリしていて、女子でも2本は大丈夫です！（新潟県・ニクっ子）

白ソーセージのおいしい店

白ソーセージの食べ方
注文は2本から偶数本で

1 ふたつ1組なので、皿にあけて切り離す。1本は冷めないようにポットへ戻す

2 縦に切れ目を入れる

3 手で皮を一気にはがす

皮は食べないよ

4 縦に割ってから甘いマスタードを付けて食べる

おいしさの秘密 **3** 輪切りにすると丸い皮が上手に取れない

手でおさえて切ろう！

おいしさの秘密 **4** 甘いマスタードSüßer Senfと塩味のプレーツェルの相性バツグン！

1589年にヴィッテルスバッハ家の醸造所として始まった店。モーツァルトなどの著名人も訪れている。3000人収容できる大きな店。

Map 別冊P.6-B2〜3　マリエン広場周辺

⌂Platzl 9　☎089-290136100
⏰11:00〜24:00　休無休
CardA.D.J.M.V.　交マリエン広場から徒歩5分
URLwww.hofbraeuhaus.de

ドイツを代表する有名店

ホーフブロイハウス
Hofbräuhaus

プレーツェル
€2.10/個
Breze
プレーツェ

ビール
€10.80/1ℓ
Münchner Weisse
ミュンヒナー・ヴァイセ

塩味：塩分控えめでまろやか
柔らかさ：やや弾力あり
香り：少なめでクセがない
講評　もっともマイルドで万人うけする味わい。

白ソーセージ
€7.20/2本
Zwei Stück original Münchner Weißwürste
ツヴァイ・シュトゥック・オリジナル・ミュンヒナー・ヴァイスヴルスト

プレーツェル
€2.30/個
Ofenfrische Brezen
オーフェンフリッシェ・プレーツェン

塩味：少し感じる程度
柔らかさ：やや弾力あり
香り：少ない
講評　塩気がちょうどよく、クセがなく食べやすい。

ビール
€6.10/500mℓ
Franziskaner
Hefeweissbier Hel
フランツィスカーナー・ヘーフェ・ヴァイスビア・ヘレ

白ソーセージ
€8/2本
Original Franziskaner
Weißwürste
オリジナル・フランツィスカーナー・ヴァイスヴルスト

ココでも食べられるよ！
白ソーセージを手作りしている店は少ないが、名物だけあっていろいろなところで食べられる。軽食を出すところならカフェのメニューにあることも。

どこで食べようかな

ラーツケラー
新市庁舎にあるワインレストラン。2本で€7.80、プレッツェル€2

詳しくは→P.66

トラハテンフォーグル
南のグロッケンバッハ地区にあるカフェ。セットで€10.20

詳しくは→P.67

白ソーセージは日持ちしないので、昔は午前中しか売らない店も多かった。今でも売り切れ御免。

BAYERISCHE KÜCHE

バイエルンの郷土料理
ジャンル別の有名店はこちら！

ドイツのなかで郷土色の強いのがバイエルン州。その都ミュンヘンの地元っ子がこだわりをもって案内するイチオシのグルメをご紹介！

ビール
居酒屋

☑️ **イチオシメニュー**
レンズ豆、シュペッツレレ、ソーセージなど庶民的な素材を煮込んだバイエルン州南西部のシュバーヴェン地方の郷土料理

おすすめポイント
できたてビール
女性好みの
オシャレ店内

Eintopf-Klassiker Aus Schwaben
アイントプフ・クラッシッカー・アウス・
シュバーベン€16

Münchner Schnitzel
ミュンヘナー・シュニッツェル
€22

味は太鼓判
パウラーナー・アム・ノッカーベルク
Paulaner am Nockherberg

ミュンヘン6大ビール醸造所のひとつ、パウラーナーが直営するビアホール。店内で醸造したビールの飲み比べができる。もちろんビールに合うバイエルン料理もたくさん用意されている。

Map 別冊P.5-D3 ┃ 南東部

🏠 Hochstraße 77 ☎089-4599130
🕐 12:00〜24:00 ㊡無休 💴€30〜 **Card** A.M.V.
🚇U1,2 Kolumbusplatz駅から徒歩10分
🔗paulaner-nockherberg.com

Münchner Salatteller
ミュンヒナー・ザラート
テラー€7.50（小）€11（大）

☑️ **イチオシメニュー**
マッシュポテトやコールスローが入ってるのがミュンヘン風

☑️ **イチオシメニュー**
魚メニューの少ないドイツではマス料理は定番、あっさりしておいしい€17.50

ラーツケラー
Ratskeller München

ミュンヘンを象徴する新市庁舎の地下にあり、アーチを描いた室内は格調高い雰囲気。肉も魚もバイエルン料理がひととおり揃う。盛り付けもきれい。

Map 別冊P.6-A2 ┃ マリエン広場周辺

🏠 Marienpl. 8 ☎089-2199890
🕐 11:00〜23:00（食事は22:30まで）
㊡12/24・25・1/1、カーニバルの3日間 💴€14.50〜 **Card** A.J.M.V.
🚇マリエン広場から徒歩1分
🔗www.ratskeller.com

ワイン
居酒屋

重厚な天井アーチがクラシカル♪

老舗の味をどうぞ

町の中心だよ

歴史的建造物
高級感あり
メニュー豊富
交通至便

おすすめポイント

Forellenfilet
フォレレンフィレ
€17.50

64

✉️ サイドメニューはポテトが定番ですが、ピクルスや野菜もさっぱり食べられておすすめ。（和歌山県・ザワー好き）

郷土
料理店

回転させながら豪快に
焼きあげる

Original Münchener
Schweinshaxe
オリギナル・ミュン
ヒナー・シュヴァイ
ンスハクセ
€54

パリパリで
おいしいよ！

おすすめ
ポイント

焼きたての肉
便利な立地
シェアして楽しい

常連のルーディー君
もおすすめ

☑イチオシメニュー

豚すね肉のロースト。肉はスライスもあるが、
ホールかハーフがおすすめ。写真はホールで
€54。ザワークラウト、マッシュポテト、
パンのお団子、赤キャベツの酢漬けのサイド付き

Map 別冊 P.6-B2 マリエン広場周辺

☎Sparkassenstr. 6　☎089-244146580
🕐11:00～22:00　休無休　予€19.50～
CardA.D.J.M.V.　交マリエン広場から徒歩5分
URLwww.haxengrill.com

ハクセングリル
Haxngrill

バイエルン名物ハクセ（豚のす
ね肉）をグリルしている様子が
外から見える。ゆっくりと焼か
れた肉は、上の肉から滴り落ち
る脂で揚げ焼きに。外側がクリ
スピーで肉はふっくら。

黒パンにフムスと
ルッコラがマッチ
しておいしい

☑イチオシメニュー

ドイツ産のサラミやハム
のプレート「山の朝食」。
朝食の定番ゆで卵も！

カフェでも
料理自慢！

山羊のチーズと
軽く焼いたハル
ミチーズのサマ
ーサラダ

Hummus getrocknete
Tomate
€8.50
フムス・ゲトロッケ
ネ・トマーテ

Bergfrühstück€19.20
ベルクフリューシュトゥック

Sommersalat mit Ziegen &
Halloumikäse €18.60
ゾンマーザラート・ミット・
ツィーゲン＆ハロウミケーゼ
（夏メニュー）

おすすめ
ポイント

トラハテンフォーグル
Trachtenvogl

ソファもテーブルもバラバラなデザイン
の古道具なのに、なぜかスタイリッシュ。
店内が満席になると、常連さんは簡易椅
子を引っ張り出す。夏と冬でサラダなど
のメニューが少し変わる。ブランチとし
て朝食メニューがおすすめ。

Münchner
Schinkennudeln
€13.80
ミュンヒナー・
シンケンヌーデルン

週末のブランチ
ボリュームも
自慢

Map 別冊 P.5-D2 グロッケンバッハ周辺

☎Reichenbachstr. 47　☎089-2015160
🕐9:00～22:00（朝食のオーダーは～14:30、他の
食事は12:00～、L.O.21:00）　12/31 9:00～
15:30、1/1 15:30～22:00　休12/24～26
食事と飲み物で€9.20～　CardA.M.V.　交マリエン広
場から徒歩15分　URLwww.trachtenvogl.de

ミュンヘン名産のハムとチー
ズがたっぷりの手打ちパスタ

左:ストロベリーシェイク
€6.80　右:ミントたっぷ
りのレモネード€4.80

最初に飲み物を聞かれるので「炭酸なし（あり）の水ください＝ミネラールヴァッサー・オーネ（ミット）・コーレンゾイレ、ビッテ」と言おう。

料理の持ち込みOK！
ビアガーデンはミュンヘンスタイルで

天気のいい日は外でビール！が気持ちいい♪　ドイツならではのビール愛に満ちた
バイエルン州独自のスタイルで楽しんじゃおう！

晴れた日のビアガーデンは空いている席を見つけるのが難しいほど大にぎわい

これがミュンヘンスタイル

1

食べ物の持ち込みOK。収入にかかわらず誰もが楽しめる場とすること。

Mix Box
小 €6.49
大 €7.99

魚のミックスフライ

Seelachs-Ei-Baguette ゼーラックス・アイ・バゲット
€4.79

タラと卵のサンドヴィッチ

Weißbier ヴァイスビア
€5.10/500㎖

隣接する店から持ち込みOK！

学生だからコーラだよ

町の中心から近くて便利
ヴィクト アーリエンマルクトの ビアガーデン
Biergarten am Viktualienmarkt

マリエン広場や繁華街の近くで利用しやすい。常設市場の真ん中にある広場だから市場で軽食や食材を調達して食べよう。

Map 別冊P.6-A3　マリエン広場周辺

🏠Viktualienmarkt 9　☎089-297545
🕐9:00～21:00　㊡日、冬期、天候によって閉まる日もある　**Card**不可　🚇マリエン広場から徒歩5分　**URL**www.biergarten-viktualienmarkt.com　★広場にあるフィッシュサンドの店ノルトゼーNORDSEE　🕐10:00～18:00（4～10月の日曜12:00～17:00）㊡冬期休業あり、12/25・26、1/1・6、聖金曜日、イースターの日・月　**Card**A.D.J.M.V.

ビールと法律

ビール純粋令
1516年に制定され現在もドイツ全土で有効な法律。原料を大麦、ホップ、水のみ（のちに酵母が加わる）にし、品質を向上させた。

年齢制限
ドイツではビールやワインなら16歳以上で飲める。保護者のもとであればそれ以下でも可能。スピリッツ類は18歳以上。

ビアガーデン条例
1999年に施行されたバイエルン州独自のルール。内容は「これがミュンヘンスタイル」①～③を参照。

グラスの目盛
ドイツではビールやワインのグラスに目盛が入っている。この目盛まで泡を含まず液体を入れなければならない。

How to order

大(1ℓ)/小ビール/をひとつください
Eine Maß Bier/Ein kleines Bier/, bitte.
アイネ・マース・ビーア/アイン・クライネス・ビーア/・ビッテ

（指さして）これください
Das, bitte.
ダス・ビッテ

ビールを注文
料理とビールは別棟になっていることがある

ビールを受け取る
混んでいるときはすでに注がれて置いてあることも

カフェテリア方式で料理を取る
自分で取れるものを選ぶ

冬でも天気がよければオジサマたちは昼からビール！　ミュンヘンおそるべし！（長野県・ミケ）

ビアガーデンはミュンヘンスタイルで

Hofbräu Original Hell
ホーフブロイ・オリジナル・ヘル
€3.90/500ml

ガレリア・カウフホーフで紙皿を買い、ダルマイヤーでパン、果物、前菜などを揃えた。写真の料理で計€30ほど（紙皿に1/6盛り付け）

広くて緑いっぱい

英国庭園中国塔のビアガーデン

Biergarten am Chinesischen Turm

Map 別冊P.5-D1 北部

東洋風の東屋が印象的なビアガーデン。広々とした芝生があり子ども連れの利用も多い。塔の屋根の下でテーブルクロスのかかったエリアは持ち込み禁止。

🏠Englischer Garten 3 ☎089-38387319 🕐月～金11:00～17:00、土・日10:00～18:00 🈳冬期（気温天候により閉店）Card A.M.V. 🚇バス18,54,154番でChinesischer Turm下車1分 URL www.chinaturm.de

中国の塔の上階に楽団が入る。屋根のあるエリアは普通のビアレストラン

ミュンヘン・スタイル
これが
2
緑に囲まれた「庭」。都市に住む人の憩いの場とすること。

ミュンヘン・スタイル
これが
3
バンド演奏は22:00まで、ラストオーダーは22:30

外で飲むのは最高よ！

お惣菜はココで買えるよ！

高級食材店 **ダルマイヤー** Alois Dallmayr

日本にも出店している元王室御用達のデリカテッセン。マリエン広場近くの本店で食材を調達。

Map 別冊P.6-A2 マリエン広場周辺

🏠Dienerstr. 14 ☎089-21350 🕐9:30～19:00（金～19:30）、12/24・1/1は時短 🈳日・祝、12/25・26、1/2、カーニバルの火、聖金曜日、イースターの月曜 Card A.D.J.M.V. 🚇マリエン広場から徒歩5分 URL www.dallmayr.com

大型デパート **ガレリア** Galeria

マリエン広場に面したデパート。ピクニック用品のほか、デパ地下も充実しているので持ち帰りの料理も揃う。

Map 別冊P.6-A3 マリエン広場周辺

🏠Kaufingerstr.1-5 ☎089-231851 🕐10:00～20:00 🈳日・祝、12/25・26、1/1、カーニバルの火、聖金曜日、イースターの月曜 Card A.D.J.M.V. 🚇マリエン広場から徒歩1分 URL galeria.de

半分の量にしてください
Bitte machen Sie eine halbe Portion.
ビッテ・マッヘン・ズィー・アイネ・ハルベ・ポルツィオーン

（複数人いるときに）私がまとめて払います
Ich zahle alles zusammen.
イッヒ・ツァーレ・アレス・ツザメン

（ジョッキを見せて）これを返却したいのですが
Den möchte ich zurückgeben.
デン・メヒテ・イッヒ・ツリュックゲーベン

食器はどこへ返却するのですか？
Wo soll ich das Geschirr zurückgeben?
ヴォー・ゾル・イッヒ・ダス・ゲシア・ツリュックゲーベン？

料理を注文

サーブしてくれる料理もある

フォークとナイフはどこにあるの？
Wo ist Besteck?
ヴォー・イスト・ベシュテック？

カトラリーを取る

調味料もここにある

会計

トレイを見せれば値段を言ってくれる。レジにも表示される

返却

ドイツのセルフレストランでは食器の返却は自分で。グラス代にはデポジットが入っているので渡されたメダルとともに返却

ビアガーデンでもクロスがかかったテーブルはセルフではないので持ち込み禁止。

凡例
━━ 鉄道
━━ ロマンティック街道
━━ 路線バス

ロマンティック街道
Romantische Straße

おとぎの国のような町をつなぐ

ミュンヘンの西側を南北に走るロマンティック街道は、
ヴュルツブルクから南のフュッセンまで全長400kmあまりの道。
木組みの家が並ぶかわいい町や、赤い屋根が連なる村、古城など
ドイツらしい風景が続く、人気のルートだ。

URL www.romantischestrasse.de

Map 別冊P.2-B3

ハンブルク
ベルリン
フランクフルト
ミュンヘン

フランクフルト
Frankfurt P.90

おすすめPoint
木組みの家並みが
かわいい人気の町

70分

ヴュルツブルク
Würzburg P.71

おすすめPoint
マイン川沿岸、
規模の大きい
古都

45分

シュタイナハ
Steinach

15分

ローテンブルク
Rothenburg
P.74

20分

アンスバッハ
Ansbach

ニュルンベルク
Nürnberg
P.116

40分

ドームビュール
Dombühl

60分

30分

おすすめPoint
ディンケルス
ビュール
Dinkelsbühl P.73

35分

トロイヒトリンゲン
Treuchtlingen

おすすめPoint
観光客が少なく
落ち着いた
木組みの家並み

20分

ネルトリンゲン
Nördlingen
P.73

30分

ドナウヴェルト
Donauwörth

おすすめPoint
隕石落下跡地に
できた円形の
珍しい町並み

20分

アウクスブルク
Augsburg
P.72

30分

ミュンヘン
München P.56

30分

ブーフローエ
Buchloe

おすすめPoint
ローマ由来の
規模の
大きい町

50分

ロマンティック街道

おすすめPoint
世界遺産の教会。
内部は驚嘆の美しさ

ヴィース教会
P.86

おすすめPoint
白亜の城は
ドイツ屈指の絶景スポット

70分

おすすめPoint
ノイシュヴァンシュタイン城
の起点となる町

フュッセン
Füssen
P.80

ノイシュヴァンシュタイン城 P.20

ロマンティック街道を回る交通手段

🚉 鉄道
ヴュルツブルクはフランクフルトから、アウクスブルクはミュンヘンから直通で行ける。それ以外の町はローカル線の乗り換えとなる。P.71〜87に掲載した町をすべて見学するなら3泊は欲しい。

🚌 ロマンティック街道バス
現地のバス。フランクフルト〜ローテンブルクのA便（5/5〜9/22の日曜運行、片道€66）とローテンブルク〜ミュンヘンのB便（4/3〜10/30の水・土・日運行、片道€67）がある。経由地での観光時間はない。
URL www.romanticroadcoach.com/de_de

🚌 マイバス・ヨーロッパ
ミュンヘン発で、ノイシュヴァンシュタイン城＋リンダーホーフ城＋ヴィース教会を回る1日観光ツアー。日本語観光ガイド付き。公共交通ではこの3ヵ所を1日で回ることはできないので利用価値は高い。ツアーなので城入場の待ち時間もなく効率的。€119 URL mybus-europe.com

🚌 みゅうバス
ミュンヘン発、ノイシュヴァンシュタイン城と世界遺産ヴィース教会の1日観光。日本語観光ガイド付き。城の待ち時間なし。4〜10月はフュッセンの町も訪れ、あらかじめ希望すればフュッセンでツアーを離れることも可能。€69〜122 URL www.myushop.net

🚗 レンタカー
春は一面の花畑、秋にはブドウ畑ののどかな道をドライブするのは気持ちがいい。街道沿いには「Romantische Straßeロマンティック街道」と日本語付きの標識が立っている。交通量は多くないが道幅は狭く、大型観光バスがけっこうなスピードで行き交うので注意すること。

ローカル線の旅も地元の高校生が乗っていたり、のんびりしていて楽しい！（広島県・チエ）

ヴュルツブルク
Würzburg

これが大聖堂なんだね

ロマンティック街道の北の起点で、マイン川の両岸に開けた教会の多い古都。8世紀に司教座が置かれ、その後町はおおいに発展した。フランケンワインの産地としても有名。

アルテ・マイン橋から市の中心部を望む。左右対称の2本の塔は大聖堂

ヴュルツブルクへの行き方

🚄 フランクフルト中央駅からICEで約1時間10分。€19.90〜。ミュンヘン中央駅からICEで約2時間。

マルクト広場の ℹ️

📍Falkenhaus, Marktpl.
☎0931-372398 🕙10:00〜16:00（5〜11月上旬は→18:00）、土と5〜11月上旬の日曜は→14:00 🌐www.wuerzburg.de

観光ポイント

1 マリエンベルク要塞
Festung Marienberg

1253〜1719年に使われていた歴代の大司教の居城兼要塞。

📍Festung Marienberg 240 🌐www.schloesser-bayern.de

2 世界遺産 レジデンツ
Residenz

1720〜44年に建てられた大司教の宮殿。

📍Residenzpl. 🌐www.residenz-wuerzburg.de

🍴 川に張り出したテラスが人気
アルテ・マインミューレ
Alte Mainmühle

17世紀に建てられた水車小屋を改装した、れんが造りのシックな内装のレストラン。川に張り出したテラス席からアルテ・マイン橋越しにマリエンベルク要塞が眺められる。カワマスなど魚料理が豊富で人気も高い。

定番の焼きソーセージ

ビール €3.70
ソーセージ €16.90

Map 本誌P.71

📍Mainkai 1 🕙11:00〜23:00（料理12:00〜21:00）🚫1/1 💰€15〜 💳A.D.J.M.V. 🚶大聖堂から徒歩5分 🌐www.alte-mainmuehle.de

---

館内は歴史ある雰囲気

🍴 市庁舎地下で郷土料理を
ラーツケラー
Würzburg Ratskeller

市庁舎の地下にあるワインレストラン。重厚なインテリアだが値段は良心的。夏ならばテラス席で広場のにぎわいを眺めながら食べるのもおすすめ。

ニシンのマリネ€17 フランケン地方産のゆで牛肉€21

Map 本誌P.71

📍Langgasse 1 ☎0931-13021 🕙10:00〜23:00（金・土→24:00）、料理提供時11:00〜21:30 🚫12/24, 12/31 💰€13.20〜 💳A.D.M.V. 🚶大聖堂から徒歩2分 🌐www.wuerzburger-ratskeller.de

---

ヴュルツブルク中央駅
Hauptbahnhof

N

0 150 300m

ラーツケラー R P.71
アルテ・マインミューレ R P.71
アルテ・マイン橋
Alte Mainbrücke
マルクト広場 R Markt
レジデンツ Residenz P.71
大聖堂 H Dom
ツム・ヴィンツァーメンレ P.71
レープシュトック H P.71
マリエンベルク要塞 P.71
Festung Marienberg

ヴュルツブルク
Würzburg

⏰ 部屋はモダンテイスト
レープシュトック Hotel Rebstock

ロココ調のファサードが美しい4つ星ホテル。1階にあるレストラン、KUNO1408は歴史的な雰囲気を残しながらも、モダンなテイストを大胆に加えたインテリアが美しく、受賞歴のある人気店だ。

Map 本誌P.71

📍Neubaustr. 7 ☎0931-30930 💰S€127〜、W€189〜、朝食€22 💳A.D.J.M.V. 🛏72室 🚶大聖堂から徒歩5分 🌐www.rebstock.com

---

⏰ ロケーションのいい手頃な宿
ツム・ヴィンツァーメンレ
Hotel Zum Winzermännle

大聖堂近くにある好立地。ピンクの外観がとりわけ印象的。改装したばかりできれい。ウェブサイトで部屋が選べる。タッチパネルによるセルフチェックイン（英語あり）。

Map 本誌P.71

📍Domstr. 32 ☎0931-54156 💰S€89、W€139、朝食€16 💳J.M.V. 🛏22室 🚶大聖堂から徒歩5分 🌐www.winzermaennle.de

---

大聖堂からアルテ・マイン橋の間の道にはワインスタンドが並ぶ。

アウクスブルク
Augsburg

ローマ皇帝アウグストゥスの治世期、紀元前15年にローマ人によって建設された町。15〜16世紀にはフッガー家やヴェルザー家といった豪商や銀行家たちの財力により、町にはルネッサンス文化が花開いた。

アウクスブルクへの行き方

🚄ミュンヘンからICEで約30分。

アウクスブルクの ℹ️

🏠Rathauspl. 1
☎0821-502070 ⏰4〜10月8:30〜17:30（土・日10:00〜17:00、日10:00〜15:00）、11〜3月9:00〜17:00（土・日10:00〜17:00）🚫無休 URLwww.augsburg-city.de

双頭の鷲が描かれている

観光ポイント

① 市庁舎 Rathaus

繊細な彫刻や金の装飾で輝く黄金のホール Goldener Saal が見られる。

🏠Rathauspl. 1

② 大聖堂 Dom

11世紀後半の作とされる世界最古のステンドグラスがある。

🏠Fronhof 4

アウクスブルクの中心、ドイツ・ルネッサンスの最高傑作といわれる市庁舎

若い個性が光る
ス・ファヘル 's Fachl

雑貨や食品など地元アーティストやクラフト作家、加工食品の生産者に販売スペースを提供する店。棚によって作風がガラリと変わるのが楽しい。90%がドイツプロダクツ。

Map 本誌P.72

🏠Am Perlachberg 5 ☎0176-70931404 ⏰10:00〜18:00 🚫日・祝 CardA.D.J.M.V. 🚶市庁舎から徒歩4分 URLwww.fachl.at/de-at/Standorte/Deutschland/s-Fachl-Augsburg

1.手作りのアイピロー各€15 2.本物の貴石を使ったカチューシャ€37.90 3.バイエルンらしい鹿モチーフのエコバッグ €30

アーティストの個性を楽しんで

オーナーのアンケさん

隠れ家のようなヴィーガン・カフェ
ドライツェーン Dreizehn

ノスタルジックな居心地のよい空間。朝食、ブランチ、軽食など1日中何かしら食べることができる。ケーキやお茶だけでもOK。ランチは日替わり、スイーツは季節ごとに変わる。

Map 本誌P.72

🏠Barfüsserstr. 4 ☎0821-99950011 ⏰9:00〜22:00 🚫無休 💰ドリンク€2.60〜 CardA.D.J.M.V. 🚶市庁舎から徒歩4分 URLmuehle-dreizehn.de

1.ショウガ、シナモン、クローブ、ナツメグで体が温まるパンプキン・スパイス・ラテ€5.30（冬メニュー）2.さっぱりの甘いチェリーチーズケーキ€4.30

のんびりしていってね！

併設のレストラン「マクシミリアンズ」も人気
マクシミリアンズ Hotel Maximilian's

マクシミリアン通りに面したアウクスブルクでいちばん高級なホテル。創業から400年という歴史があり、館内に飾られた美術品も興味深い。

Map 本誌P.72

🏠Maximilianstr. 40 ☎0821-50360 💰S€260〜、W€271〜 CardA.D.J.M.V. 🚶観光案内所から徒歩7分 URLwww.hotelmaximilians.com

---

アウクスブルク AUGSBURG

大聖堂へ500m

郵便局
市庁舎前広場 Rathausplatz
エーバー
ス・ファヘル S P.72
ベルラッハ塔 Perlachturm
ドライツェーン P.72
市庁舎 Rathaus
Jakobsplatz
聖アンナ教会 St.Anna
マクシミリアン博物館 Maximilianmuseum
フッゲライ Fuggerei
駅へ約500m
モーリッツ広場 Moritzplatz
ケーニヒ広場 Königsplatz
フッガーハウス Fuggerhaus
Vogeltorplatz
P.72 マクシミリアンズ H
シェッツラー宮殿 Schaezlerpalais
ローマ博物館 Römisches Museum

Grottenau Karlstr. Karolinenstr. Hoher Weg Am Eisenberg Herrenstr. Karlstr. Fuggerstr. Annastr. Oberer Graben Vorderer Lech Am Spanischen Winters Oberer Lech Bgn. Fischer-Str. Zeuggasse Katharinengasse Hallstr. Moritzstr. Maximilianstr.

N 0 50 100m

✉️ アウクスブルク駅から東へ500mほど歩くとケーニヒ広場。さらに進めば市庁舎のある旧市街に15分ほどで着く。（山口県・タカ）

ネルトリンゲン
Nördlingen

隕石のクレーターにできた円形の町。城壁はほぼ完全な形で残され、中世そのままの雰囲気がある。ダニエル塔から旧市街を眺めると赤れんがの屋根を眺めることができる。

ネルトリンゲンへの行き方
🚃 ミュンヘンからREまたはRBでドナウヴェルトDonau-wörth乗り換え、約2時間。

ネルトリンゲンの ℹ
🏠 Marktpl. 2　☎09081-84116
🕐 夏期9:00～18:00（金～16:30、土・祝10:00～14:00）、冬期月～木9:00～17:00（金～15:30）🚪イースター～6・9・10月の日曜、11月～イースターの土・日　URL www.noerdlingen.de

観光ポイント

1 マルクト広場の聖ゲオルク教会の塔
愛称ダニエルで親しまれる塔からはオレンジ屋根が並ぶ広場が見下ろせる。

2 バイエルン鉄道博物館
Bayerisches Eisenbahnmuseum
駅の使わなくなった操車場を利用し、150もの古い車両を動態保存している。
（夏期のみ）　URL bayerisches-eisenbahnmuseum.de

『進撃の巨人』のモデルって本当？
円形の城壁の中に中世の町並みが保存されたネルトリンゲン。近年この町は、『別冊少年マガジン』で連載していた漫画『進撃の巨人』のモデルではないかと噂されている。コミックでは城壁の高さは50m、本物は約10mだが、オレンジの切り妻屋根が印象的な町並みは作品のイメージそのまま。旧市街を歩きながらファンタジーの世界に浸ってみてはいかが？

⏰ いちばん大きな高級ホテル
クレースターレ Hotel Klösterle
13世紀まで遡る歴史ある修道院の教会部分を利用したホテル。部屋は茶を基調としたシックな雰囲気。
🏠 Beim Klösterle 1　☎09081-87080
SW€189～　Card A.M.V.　観光案内所から北へ徒歩3分

ディンケルスビュール
Dinkelsbühl

ディンケルスビュールは帝国自由都市として、手工業や交易で繁栄した。外敵からの攻撃に備えて築いた城壁に囲まれている。毎年7月になると町は子ども祭りで大いににぎわう。

しっとりしたいい風情ね

小さな路地に入ると緑で飾られた一角に出くわす

ディンケルスビュールへの行き方
🚃 ニュルンベルクからICでアンスバッハAnsbach乗り換え、バス805番。またはドームビュールDombühl乗り換え、バス813番。所要約2～3時間。

ディンケルスビュールの ℹ
🏠 Altrathaupl. 14
☎09851-902440
🕐 10:00～17:00（土・日・祝～16:00）🚪無休
URL www.dinkelsbuehl.de

観光ポイント
独語だけど楽しめる！
1 中世の町並みを歩く
2 夜警ツアー
中世の頃に町を守っていた夜警を再現し、夜の町をウオーキングで回る。
🕐 5～10月は毎日21:00、11～4月は金・土のみ21:00、聖ゲオルク教会前集合　🈚無料（チップは気持ち次第で）

子ども祭り

三十年戦争（1618～48年）の際に子どもたちが敵の将軍に向かって慈悲を乞うた逸話にちなみ、毎年7月「キンダーツェッヘ（子どものもてなし）」を開催。kinderzeche.de

昔の洋服を着てるよ

⏰ 古い木組みの宿
ドイチェス・ハウス
Deutsches Haus
1440年代の建物を改装して宿泊施設にしている。黒光りした階段や手すりにも年代を感じる。ドイツ料理レストランもおいしい。
🏠 Weinmarkt 3　☎09851-6058　S€98～、W€164～　Card A.J.M.V.　観光案内所から徒歩1分　URL www.deutsches-haus-dkb.de

夏の土・日曜、天気がよければ聖ゲオルク教会の塔に上れる。階段は222段だけど上る価値あり！

中世の面影を色濃く残す

ローテンブルク・オプ・デア・タウバー

Rothenburg ob der Tauber

木組みの家が並ぶおとぎの国のような町並みは
ロマンティック街道のハイライト。
のんびりと歩いてみよう。

Map 別冊P.2-A3

1 町の中心 12:00

市庁舎と市議宴会館 Rathaus und Ratstrinkstube

Map 別冊P.19-D1

マルクト広場の西側にある大きな建物が市庁舎。左端に高さ60mの鐘楼があり、220段ほどの階段を上ると360度の眺めが楽しめる。北に隣接するのが市議宴会館で、時計の両側の窓から10:00～22:00の毎正時にマイスタートルンクにちなんだ仕掛け時計が動く。

🏠Marktpl. ●4～10月9:30～12:30、13:00～17:00、1～3・11月12:00～15:00、クリスマスマーケット開催中10:30～14:00、14:30～18:00 ●1～3月・11月の月～金 ●€2.50 🚶マルクト広場から徒歩1分

TOTAL 1.5時間

旧市街さんぽ TIME TABLE

12:00	仕掛け時計を見たら市庁舎に上って町並みを展望
↓ 徒歩1分	
12:30	アレグラ・ショコラーデ
↓ 徒歩2分	
12:45	聖ヤコプ教会
↓ 徒歩5分	
13:15	マルクス塔へ
↓ 徒歩2分	
13:30	マルクト広場に戻りプレーンラインへ

ローテンブルクへの行き方

🚃フランクフルトからICEでヴュルツブルクWürzburgへ、REに乗り換えシュタイナッハSteinachでさらに乗り換え。2時間30分～3時間、€47.90～65.10。ミュンヘンからニュルンベルク、アンスバッハ、シュタイナッハ乗り換え、約2時間30分～3時間、€69.90～87.70。トロイシュトルデン、シュタイナッハ乗り換え、約3時間30分、€29～82.90。

1. 左が塔の入口がある市庁舎、右が市議宴会館 2. 窓からワインを飲む人形の姿が見える 3. 市庁舎の塔からは緑豊かな表情も 4. 塔の上は360度見晴らせる

2 観光局スタッフもおすすめ 12:30

アレグラ・ショコラーデ Allegra Schokolade

Map 別冊P.19-D1

ショコラティエのアレックスさんはスイスで長年修行した後、ローテンブルクにお店をオープン。地元産ビール入りのチョコレートは甘党、辛党から大人気。量り売りで好きなものをチョイスするのもおすすめ。

🏠Georgengasse 9 ☎09861-6880293 ●10:00～18:00（土～17:00、日・祝11:00～17:00）●12/25・26、1月 🚗バラ売りJ.C0.35～ Card J.M.V. 🚶マルクト広場から徒歩2分 URL www.allegra-schokolade.de

ボックス入りローテンブルクチョコレート€9.90

ビールとビールチョコ1枚のセット€7.50

✉駅のコインロッカーは午後にはいっぱい。朝早い列車がいいかも。（東京都・ララ）

3 聖ヤコプ教会

祭壇の彫刻は必見

`12:45`

St. Jakobs-Kirche

中世ドイツを代表する彫刻家リーメンシュナイダーが1500～1505年頃に彫った傑作「聖血の祭壇」があることで名高い。

Map 別冊P.19-D1

🏠Kirchpl. 91541 ☎098
61-700620 🕙10:00～
18:00（冬期11:00～14:00）
土・日の午前の礼拝中は見学
不可 🚫無休 💴€3.50
🚶マルクト広場から徒歩2分
(URL)rothenburg-evangelisch.
de/pfarrei-st-jakob

祭壇の場面、左は
エルサレム入城の
イエス、右はゲッ
セマネのイエス、
中央は最後の晩餐

聖ヤコプの
シンボル
ホタテ貝を
持ってます

4 マルクス塔

`13:15`

カフェやショップをのぞきながら

Markusturm

夏に来る
コウノトリ

Map 別冊P.19-C1

12世紀頃にレーダー門とともに建られた塔。マルクト広場からマルクス塔方面へ東へ向かう通りはカフェが多いエリア。西へ向かうとクリスマスショップのケーテ・ヴォールファールト（→P.76）やぬいぐるみのテディランド（→P.76）などのショップがある。

5 プレーンライン

`13:30`

パンフレットによく登場する撮影スポット

Plönlein

プレーンラインは木組みの家が並ぶ坂の三差路とシュピタール門が美しい撮影ポイント。日中は逆光になるので真夏は少し遅い時間がおすすめ。**Map** 別冊P.19-C2

クリンゲン門
Klingengasse
Klostergasse
Klosterweth
郷土博物館
Schmiedsgäßchen
Försterhäuschen
Judengasse
Hirtengasse
Galgengasse
ガルゲン門
N
0　　100m
テディランド
→P.76
Herrngasse
ケーテ・
ヴォール
ファールト
→P.76
ティルマン・
リーメンシュナイダー →P.77
マルクト広場
Marktpl.
ヴァルター・フリーデル →P.78
ラーツシュトゥーベ →P.77
Hafengasse
ツッカー
ベッカライ
→P.78
ディラー・
シュネーバレン
ロイメ →P.79
ブロート&ツァイト →P.77
Rödergasse
Stollengasse
Wenggasse
ブルク門
Oberer Schmiedgasse
中世犯罪博物館
Röderschütt
グロッケ
ヴァインシューデン
→P.76
Mühlacker
Spitalgasse
レーダー門
Ansbacher Str.
ローテンブルク駅
ローテンブルクの 🛈
Map 別冊P.19-D1

🏠Marktpl. 2 ☎09861-404800 🕙11～4月 月～金
9:00～17:00、土10:00～13:00（クリスマスマーケット期間
中の日曜10:00～17:00）5～10月 月～金9:00～17:00、
土・日・祝10:00～17:00（クリスマスマーケット期間を除く
11～4月の日曜）(URL)www.rothenburg.de

ローテンブルク 夜警ツアー
Der Rundgang mit dem Rothenburger Nachtwächter

中世に実在した町を見回る夜警に扮したガイドが、昼間とはまた違った町の表情を案内してくれる。

Map 別冊P.19-D1

🕙20:00～（英語）、21:30～
（ドイツ語）所要約1時間30分
🚫12/24、12/31～3/31
🚏C9（英語）🚶マルクト広場
の市庁舎前集合。観光案内所
から徒歩1分 (URL)www.night
watchman.de

ライトアップ
された町も
美しいよ

市議会議員館の窓
左が将軍、右が市長

小花が素朴な
焼物はいかが

レーダー門などから町を市壁に登って東側を半周できる（無料）

シュピタール門

店内にある大きなホワイトツリーには約1万2500個のライト、約1700個のオーナメントが飾られている。数年に1度2〜3日かけてスタッフ総出で飾り付けをする。

記念撮影は
マストね

1. クリスマス飾りのくるみ割り人形
2. クリスマスアーチのランプ

くるみ
割ります！

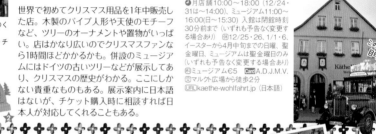

3. 店の前にあるクラシック車のミニカー€89.95　4. 買い物がごいっぱいにオーナメントショッピング　＊クリスマスアーチやくるみ割り人形は30cm程度の€80ぐらいから。形や柄でも値段は異なる。

1年中クリスマス
ケーテ・ヴォールファールト ①
Käthe Wohlfahrt

世界で初めてクリスマス用品を1年中販売した店。木製のパイプ人形や天使のモチーフなど、ツリーのオーナメントや置物がいっぱい。店はかなり広いのでクリスマスファンなら1時間ほどかかるかも。併設のミュージアムにはドイツの古いツリーなどが展示してあり、クリスマスの歴史がわかる。ここにしかない貴重なものもある。展示案内に日本語はないが、チケット購入時に相談すれば日本人が対応してくれることもある。

Map 別冊P.19-D1

🏠Herrngasse 1　☎09861-4090
🕐月店舗10:00〜18:00（12/24・31は〜14:00）、ミュージアム11:00〜16:00（日〜15:30）入館は閉館時刻30分前まで（いずれも予告なく変更する場合あり）
🚫12/25・26、1/1・6、イースターから4月中旬までの日曜、聖金曜日、ミュージアムは聖金曜日のみ（いずれも予告なく変更する場合あり）
💰ミュージアム€5　Card A.D.J.M.V.
🚶マルクト広場から徒歩2分
URL kaethe-wohlfahrt.jp（日本語）

1. 地下にあるワイン蔵では試飲会（要予約）が行われる　2. 赤はドライでフルーティー、白は最上級の甘口　3. ワイン52%のオリジナルジャム。クラッカーにのせて食べるのがおすすめ。各€3.80/225g、€1.50/50g
4. アウスレーゼのジャム€5.40/225g

Tauberzeller Bacchus Auslese
タウバーツェラー・バックス・アウスレーゼ
€5.50 〜/375ml

Rothenburger Eich Regent
ローテンブルガー・アイヒ・レゲント €5.50 〜/375ml

フランケンワインの店
グロッケ・ヴァインラーデン ②
Glocke Weinladen am Plönlein

自家所有の畑で採れたブドウからフランケンワインを製造するヴァイングートホテル・グロッケのワイン直営店。ワインを使った菓子など関連のおみやげも見つかる。

飲みやすいワインよ

Map 別冊P.19-C2

🏠Plönlein 1　☎09861-958990
🕐4〜12月10:00〜18:00、1〜3月14:00〜18:00　🚫1〜3月の日曜、12/25・26・31、1/1　Card A.J.M.V.
（€30〜）　🚶マルクト広場から徒歩3分
URL www.glocke-rothenburg.de

テディベア専門店
テディランド Teddyland ③

店の前の大きなテディベアが目印。店内には5000を超えるくまのぬいぐるみがあるが、メインはもちろんシュタイフ社のテディベア。店のオリジナルバージョンも人気がある。キーホルダーからアンティークなどのレアアイテムまで目移りしそうな品揃え。

Map 別冊P.19-D1

🏠Herrngasse 10　☎09861-8904
🕐月〜土9:00〜19:00、日10:00〜18:00（シーズンによる営業時間の変更あり）　🚫12/25・26・31、1/1、冬期の日曜、1/8〜1月末　Card A.D.J.M.V.
（€10〜）　URL www.teddyland.de

1. テディランドオリジナルベア（シュタイフ社）€49.90　2. 店のキャンドルハウス€39.95　3. ローテンブルクのセーターを着たキーホルダー 赤€9.50 青€5.95　4. バイエルンの衣装を着たテディベア各€189

　🔖道路の表示が読みにくい書体なので、人に聞いたほうがわかりやすかったです。（滋賀県・ケーキ好き）

ターキーハムサンド
€4.24

朝食セット
€9.95

充実！
おいしい！

Restaurant
ローテンブルクの
おいしい店

地元の人でにぎわうパン屋さん
ブロート＆ツァイト　Brot und Zeit

朝から焼きたてのパンを持ち帰る人で大にぎわい。パン4種、チーズ、ハム、サラダ、卵、フルーツ、バター、ジャムがつく朝食セット€4.55〜13.95、卵料理€3.45〜などがある。

Map 別冊P.19-C1

🏠Hafengasse 24 ☎09861-9368701 ⏰月〜土6:30〜18:30、日・祝7:30〜18:00 🚫12/24〜26、12/31〜1/1 💰コーヒーとパン€4.70〜 Card M.V. 🚇マルクト広場から徒歩3分

甘めのパンに
ゆで卵
€4.51

ファラフェルサラダ€8.75
エスプレッソ€2.55

伝統的な雰囲気
ラーツシュトゥーベ
Ratsstube

1474年にはデンマーク国王が滞在した由緒ある議会室をレストランとして利用している。料理は本物と自負するフランケン料理。女性の店員さんが民族衣装を着ていて中世気分を盛り上げてくれる。簡単な日本語メニューがある。

Map 別冊P.19-D1

🏠Marktplatz 6 ☎09861-5511 ⏰11:00〜21:30（12/31〜19:00）🚫水、12/25・26 💰€10〜 Card J.M.V. 🚇マルクト広場から徒歩1分 URL ratsstube-rothenburg.de

バイエルン風肉団子、茹でじゃがいも添え
€10

ミニサラダ、€3でアップグレードできる

マスの塩茹で、サラダ付き€19.80

デザートも充実

たくさん食べてね！

ローテンブルクのおすすめスポット

ローテンブルク Rothenburg

Hotel
ローテンブルクのおすすめホテル

メルヘンチックな宿
ティルマン・リーメンシュナイダー
Hotel Tilman Riemenschneider

1559年に建てられたビール醸造所の古い建物を利用している。ドイツらしいカントリースタイルの調度でローテンブルクの滞在を盛り上げてくれるはず。ダイニングルームにはリヒトホイザー（陶器のライトハウス）が飾られている。

Map 別冊P.19-D1

🏠Georgengasse 11-13 ☎09861-9790 💰S€110〜、W€150〜180 Card A.D.J.M.V. 🚇マルクト広場から徒歩5分 URL www.tilman-riemenschneider.de

シュネーバルもあります！

1. 窓辺を陶器のミニチュアハウスで飾ったダイニングルーム
2. 中庭も中世の雰囲気バツグン 3. ハネムーンツインの202号室
4. 花いっぱいのカフェ

マイスタートルンクの祭りは6/6〜9（'25）、帝国自由都市祭りは9/6〜8（'24）。

Schneeball

ローテンブルクのシュネーバル
名店の味を食べ比べ

いろんな種類食べてみてね!

シュネーバル（スノーボール＝雪玉）は古くから親しまれてきた素朴なスイーツ。
町に何軒もあるお菓子屋さんからおいしいと評判のお店をイザ調査！

種類が豊富な手作りの店
ツッカーベッケライ
Zuckerbäckerei

Kaffee
コーヒー
€1.95

小さいシュネーバルが
6個入る缶
€4

Kakao
ビターチョコ（小）
€2.40

Nussglasur
ナッツクリーム（小）
€2.40

Vanilleglasur
ホワイトチョコ（小）
€2.40

Erdbeer
ストロベリー（大）
€4.20

手作りの
甘さよ

講評
バリエーション
多彩
味＆食感
しっかりした甘さと
食べ応えのある
食感

一歩入ると甘い香りが漂う。店の奥
で製造しているので品質には自信が
あり、種類の豊富さにも定評がある。
バラ売り、袋入りはおやつに、町の
風景が描かれた缶入りはおみやげに
どうぞ。

Map 別冊P.19-D1

🏠 Obere Schmiedgasse 10
☎09861-934112　🕘9:00
～18:00（12月10:00～）🏠①
～3月の月～木、12/24～26・
12/31～1/1　Card D.J.M.V.
🚇マルクト広場から徒歩2分
URL brot-haus.de

店舗の工房で手作り
ヴァルター・フリーデル

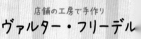

講評
バリエーション
非常に多彩
味＆食感
卵など素材の味。
口の中でホロホロと
崩れるような口当たり

TauberKugel
Zartbitter
ダークチョコ
€3

Kaffee
コーヒー
€2.70

サクサク感が
長く続くよ

1882年に日常的な菓子として初めてシュ
ネーバルを売り出した老舗。以来、町の菓
子屋であることにプライドをもち、手作り
を続けている。ローテンブルク銘菓とし
て、オリジナルレシピと品質を守るべく、
いくつかのブランドを商標登録している。

others

Nougat
Creme
ヌガークリーム＋
ヘーゼルナッツ
€3.80

Nuß
ナッツ
チョコレート
€3

Rum
Marzipan
ラムとマジパン＋
ダークチョコ
€3.80

what's Schneeball?
シュネーバルとは

大は1個で
満腹~!

シュネーバルは300～400年前ぐら
いから結婚式など特別なときに食
べられていたお菓子。日持ちする
から贈り物にもなった。日常食とし
て初めて売り出したのはヴァルタ
ー・フリーデル。今ではローテンブ
ルク名物として広く愛されている。

小サイズ

大サイズ

1個ずつ揚げる
道具もあるよ

約3.5cm

約8～10cm

✉ 小さいサイズはいろんな味が選べるから2～3個は食べられちゃいます。（秋田県・さわ）

How to make

材料
小麦粉
卵
砂糖
塩
サワークリーム

生地をしっかりと平らにのばす

外側を残して切り込みを入れる

空気を含ませてふんわり軽く丸める

ジュワジュワ～
丸い専用の揚道具で揚げる

粉糖がけがポイント。これが雪玉!

できあがり

シュネーバル名店の味を食べ比べ

Bäckerei Konditorei Cafe Walter Friedel

TauberKugelt Krokant
ミルクチョコ+
クラッシュヘーゼルナッツ
€3.20

Vanille
ホワイトチョコ
€3

Map 別冊P.19-D1

🏠Markt 8　☎09861
-7818　🕐月～土6:00
～18:00、日・祝10:00
～18:00　🚫12/24～
1/1、2月と8月に2週間
程度閉まることもある
Card不可　🚶マルクト広場から徒歩1分
URLwww.original-rothenburger-schneeballen.de

others

Kokos
ダークチョコ+
ココナッツ
€3.20

Eierlikör
Marzipan
アドヴォカートの
マジパン
€3.80

Mandel
ダークチョコ+
アーモンド
€3.20

大手の確かな味
ディラー・シュネーバレントロイメ
Diller Schneeballenträume

Original Schneeballen
柑橘ピールとスパイス入り+
粉糖がけ
€2.50

Kaffee
コーヒー
€2.60

Ballen mit
Erdbeerfüllung
イチゴ風味のホワイトチョコがけ
€4

講評
バリエーション
多彩
味&食感
カリッと歯応えを感じる生
地。フレーバーの
味が立っている

わたしが
お出迎え

Mandelballen
ダークチョコレート+
アーモンドスプレー
€3.50

季節商品も含め、常時約30種類
のシュネーバルが楽しめる専門
店。バイエルン州に複数店舗が
あるので一括生産をしているが、
店頭で昔ながらの製法を見せて
くれる。

Map 別冊P.19-D1

🏠Obere Schmiedgasse 7
☎09861-938563　🕐5～
12月9:00～20:00(金・土
～21:00)、1～4月11:00～
17:00　🚫無休　CardA.M.V.
🚶マルクト広場から徒歩2分
URLwww.schneeballen.eu

Amaretto-
Marzipan
アマレットの
マジパン入り+チョコ
€4

Zimt
シナモンシュガー
€2.70

Champagner-
Trüffel
トリュフの
フィリング入り
€4

Nuss-
Nougat
ナッツヌガー入り
€4

Apfel
つぶつぶリンゴの
コンポート入り
€3

シュネーバルは缶入りのおみやげ用もある。賞味期限は1ヵ月程度。

町の目抜き通り、ライヒェン通り

ロマンティック街道の終点
フュッセン Füssen

ヴュルツブルクから南下したロマンティック街道は
南のフュッセンで終点となる。白鳥のように美しい
ノイシュヴァンシュタイン城にもうすぐ会える！

フュッセンでやりたい 3つのこと

1 ロマンティック街道の終点に行く

2 ホーエス城でだまし絵を見る

3 パステルカラーの町並みをぶら〜り

ロマンティック街道の終点に行く

1 「ロマンティック街道の終点」と書かれた
門が、聖シュテファン教会の西側にある。

「ロマンティック街道の終点」の文字とフュッセン市の紋章

● 見学自由 ◎ 観光
案内所から徒歩6分

フュッセンへの行き方

ミュンヘンから直通のBRBで約2時間。RBでブーフローエBuchloe乗り換えBRBで2時間〜2時間20分、€26〜56.50。アウクスブルクからは直通のBRBで約1時間55分〜2時間10分、ブーフローエBuchloe乗り換えのBRBで1時間55分、€26〜46.20。

フランクフルト

ハンブルク

ベルリン

ミュンヘン

フュッセン

Map 別冊P.2-B3

フュッセンの ⓘ

⌂ Kaiser-Maximilian-Pl. 1　☎08362-93850
● 9:00〜17:00（土〜12:00）⊗ 日
URL www.fuessen.de

ホーエス城でだまし絵を見る

2 アウクスブルク司教の夏の居城として
建てられ、現在の形になったのは16
世紀頃。窓の縁飾りのだまし絵が楽し
い。城の北棟はバイエルン州立映画館
分館および市立絵画館になっている。

出窓に見えても実はだまし絵

中庭がおもしろい
ホーエス城 Hohes Schloss
⌂ Magnuspl. 10　● 中庭には自由に入れる
◎ 観光案内所から徒歩6分

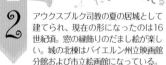

パステルカラーの町並みをぶら〜り

3 ノイシュヴァンシュタイン城観光の
起点の町として、ツアー客もたくさ
ん訪れるだけにショップやレストラ
ンが充実。かわいらしいパステルの
家を眺めながら散策したい。

✉ 町の南のバウムクローネンヴェクは歩いていくと、途中からオーストリアに入る楽しい遊歩道。（沖縄県・美樹）

Shop
フッセンのおみやげ

Tiroler Latschen-Kiefern Muskel und Gelenk Einreibung
歩き疲れたときの消炎鎮痛、関節痛の緩和に
€10.50/250ml

自然素材のコスメ
シュタット・アポテーケ
Stadt-Apotheke

この土地で採れたハーブを使ったオリジナルの基礎化粧品やハチミツがある。だまし絵の描かれた建物も風格がある。

Füssener Klosterlikör
フッセン修道院伝統のレシピで作られたリキュール
€3.50/40ml

まかせて！

⌂ Reichenstr. 12, ☎08362-6252
⏰月～金8:00～18:30、土8:00～16:00、12/31 8:00～14:30 ⓗ日・祝、1/1、12/25・26・31
Card A.M.V. ⓢ観光案内所から徒歩4分
URL www.stadtapotheke-fuessen.de

Restaurant
フッセンのおいしい店

素朴で明るい雰囲気
バイム・オリーヴェンバウアー
Beim Olivenbauer

積み荷の積み替えが行われたかつてのローマの中継の市場をイメージしたインテリアがユニーク。使う食材は塩や水、ハーブなどスパイスにもこだわりがあり、真空調理法を利用した料理も多い。

⌂ Ottostr. 7 ☎08362-6250 ⏰11:30～21:30 ⓗ12/25 ⓟ€14.40～ Card M.V.
ⓢ観光案内所から徒歩7分 URL beim-olivenbauer.de

1. バイエルン伝統のパスタ、シュペッツレのチーズソースあえ Allgäuer Kässpatzen 2. 付け合わせのミニサラダも手抜きなし 3. 牛肉でベーコンやピクルス、オニオンを巻いた料理 Rindrouladen €19.90

Cafe
フッセンのおいしい店

バリスタの店
カフェー・ルッカ　Caffe Lucca

一日中ひっきりなしに客足が絶えないセルフサービスの人気店。バリスタ有資格者のオーナー、ルカさんのコーヒーのほか、スイーツも楽しめる。

やさしい甘さのミルクムースの上にベリー、カボチャやひまわりの種などがのったグルテンフリーのベーレBeere €3.90（奥）、甘いピスタチオのクリームがたっぷり詰まったカンノーロCannulicchi €2（手前）。ラテ€3.80（右）、ダブルエスプレッソ€3.60（右奥）

⌂ BrRitterstr. 9 ☎08362-3001030
⏰8:00～18:00（冬期～17:30）、冬期の日曜9:00～16:00 ⓗ無休 ⓟドリンク€1.80～ Card M.V. ⓢ観光案内所から徒歩4分 URL lucca-fuessen.de

フッセン駅
Bahnhof
ホテル・シュロスクローネ P.81
スーパーマーケット REWE
バス停 ホーエンシュヴァンガウ行きなど
ガレリア・S・バヴァリア
リラ・ハウス
Reichenstr.
バイム・オリーヴェンバウアー P.81
シュタット・アポテーケ P.81
カフェー・ルッカ P.81
フランツィスカーナー修道院 Franziskanerkloster
ホーエス城 Hohes Schloss P.80
時計塔 Uhrturm
フッセン博物館 Museum der Stadt Füssen
ロマンティック街道終点の門 P.80
聖マング市教区教会 Stadtpfarrkirche St.Mang

フッセン
Füssen

Hotel
フッセンのホテル

メルヘンな夢を
ホテル・シュロスクローネ
Hotel Schlosskrone

日本人にはうれしい、ほぼ全室バスタブ付き。皇妃エリーザベトの名を冠したトルテや新作ケーキなどティータイムを彩るスイーツも充実。

⌂ Prinzregentenpl. 2-4 ☎08362-930180
ⓟ（朝食込）S€79～、W€99～ Card A.D.M.V.
ⓢ観光案内所から徒歩1分
URL www.schlosskrone.de

かわいいピンクでまとめられた143号室、ハネムーンスイート

ノイシュヴァンシュタイン城の起点の町②

ノイシュヴァンシュタイン城が見える
ホーエンシュヴァンガウ
Hohenschwangau

白亜の城に一番近く、朝から晩までその姿を楽しめる。
ルートヴィヒ2世ファンならずともこの村のステイは魅力的。

ノイシュヴァンシュタイン城が見えるよ！

ホーエンシュヴァンガウの❶
🏠 Alpseestr. 2
☎ 08362-819840
🕐 月・木〜日10:00〜16:30
🈲 火・水
🔗 www.schwangau.de

ホーエンシュヴァンガウへの行き方
🚌 フュッセンから73、78番のバスで所要約10分、€2.60、往復€5.20。タクシー協定料金€14。

ハンブルク
ベルリン
フランクフルト
ミュンヘン
ホーエンシュヴァンガウ
Map 別冊P.2-B3

ホーエンシュヴァンガウから
ノイシュヴァンシュタイン城へ

ノイシュヴァンシュタイン城とホーエンシュヴァンガウ城内部の見学は、英語かドイツ語のガイドツアーで回る。事前に日時指定のチケットをオンラインで購入してない人は当日券をここで買う。日時指定のチケットをオンラインで買ったっ人は直接城へ行く。

2 当日券はチケットセンターで

1 ウェブでチケットを予約する

城の入場チケットは現地で当日買えるが、6〜10月は長い列ができるので事前にウェブで日時を指定して予約しよう。

🔗 shop.ticket-center-hohenschwangau.de ❗予約料は城ひとつにつき€2.50

チケットがない人は必ず立ち寄る
チケットセンター
Ticket-Center-Hohenschwangau

オンラインチケットがある人は寄らなくていい

Map 本誌P.83

🏠 Alpseestr. 12 🕐 4/1〜10/15 7:30〜17:00、10/16〜3/31 8:00〜15:30 🈲1/1、12/24・25・31
🚶 ホーエンシュヴァンガウの観光案内所から徒歩5分
🔗 www.hohenschwangau.de

✉ 7月初旬のシャトルバスは30分待った。見学希望時間の指定は余裕をもって。（神奈川県・2世）

3 ノイシュヴァンシュタイン城へいざ出発！

行き方は次の3つから選ぶ。なお、レンタカー、乗用車、タクシーなどは乗り入れ禁止となっている。予約したツアー開始時間の15分前には城門の前に着いておくこと。

シャトルバス+徒歩 【所要 5分】

ホーエンシュヴァンガウ城の麓にあるみやげ店ミュラー近くの駐車場とマリエン橋近くのバス停をシャトルバスが結んでいる。下車後、マリエン橋まで徒歩2分、城まで徒歩15分。

🚌上り€3、下り€2、往復€3.50
🚫路面凍結、積雪時運休

バスのチケットも並ぶよ！

馬車+徒歩 【所要 10分】

みやげ店ミュラー前から城の約300m手前まで馬車で行ける。城までさらに徒歩5分。

🚌上り€8、下り€4

徒歩 【所要 40分】

ハイキングをするつもりなら、坂道を40分ほど。冬期は地面が濡れていたり凍結することもあるので注意。

郊外を回るなら

タクシーチャーター

フュッセンかホーエンシュヴァンガウでタクシーを手配し、ヴィース教会(→P.86)やテーゲルベルク山(→P.21)などバスでは行きにくい郊外の見どころを回るのも効率的。ヴィース教会なら往復€60、待機応相談。

タクシードライバーのマリアさん

至テーゲルベルク山
ロープウエイ
Tegelbergbahn P.21

N

Colomanstr.

ロマンティック・ペンション
アルブレヒト

P.81 フュッセン駅

シュヴァンガウ

ヴィラ・ルートヴィヒ H P.21

Schwangauer Str.

🏫 学校

🚈 レストラン・カインツ P.83

シュロスブリック H

フュッセン行き アポロ S
テーゲルベルク山 P.83
ロープウエイ乗り継ぎ行き
バス停

ホーエンシュヴァンガウ城
行き馬車乗り場

チケットセンター P.82

みやげ物店・ミュラー S
ノイシュヴァンシュタイン城
行き馬車乗り場

ノイシュヴァンシュタイン城
行きシャトルバス S

ホーエンシュヴァンガウ城
Schloss Hohenschwangau
P.84

ノイシュヴァンシュタイン城
Schloss Neuschwanstein P.22

P.20
マリエン橋

シャトルバス
停留所

H アメロン

Alpseestr.

Neuschwansteinstr.

ホーエンシュヴァンガウ
Hohenschwangau

4 ノイシュヴァンシュタイン城を撮影&見学！

見学時間に合わせて外からの写真を撮るか、先に内部を見学するか決める。なお城の中は撮影禁止。

お城のベストショット→ P.20
撮影ポイントは→ P.20

お城の内部は→ P.22

城に行く前や後に 立ち寄りたいレストラン&ショップ

🍴 城の見えるテラスが自慢
レストラン・カインツ
Restaurant Kainz

山小屋風の店内は220席と広いので、グループツアーも多い。テラス席はノイシュヴァンシュタイン城が見える。

Map 本誌P.83

🏠 Alpseestr. 5 　☎08362-505234
🕐10:00～18:00 　🚫12/23～1/31
💰€20～
Card M.V.
🚶観光案内所から徒歩1分
URL restauadmin.
live-website.com

👛 センスのいい小物が見つかる
アポロ
Apollo Duty Free

観光案内所前にある、立地のよいみやげ店。バラエティに富んだ品揃えで錫製品なども多数取り扱っている。

Map 本誌P.83

🏠 Schwangauer Str. 1a 　☎08362-9242970
🕐9:00～18:00(冬期～17:30) 　🚫冬期不定休
Card A.D.J.M.V. 　🚶観光案内所前から徒歩0分

1. 表裏がきちんと彩色された錫細工　2. オルゴール　3. アルプスの風景を描いたランチョンマット

Ludwig II.

ルートヴィヒ2世
(1845~1886)

1845年

8月25日 生誕

ミュンヘン郊外にあるヴィッテルスバッハ家の夏の離宮であるニンフェンブルク城で生まれた。3歳の時、祖父の死により父マクシミリアン2世が即位。

A ヴィッテルスバッハ家の夏の離宮
ニンフェンブルク城　Schloss Nymphenburg

1664年にフェルディナント・マリア侯が建築し、19世紀半ばまで増改築が進められ「妖精の城」の名にふさわしいたたずまいとなった。

詳しくは →P.61

B 子ども時代を過ごした
ホーエンシュヴァンガウ城
Schloss Hohenschwangau

Map 本誌P.83　●ホーエンシュヴァンガウ

マクシミリアン2世が夏の狩猟館として整備。シュヴァンガウの地は、『ローエングリン』で有名な白鳥伝説ゆかりの地。ルートヴィヒ2世が呼び寄せワーグナーが演奏したピアノがある。

🏠Alpseestr. 25a ●3/23~10/15 9:00~17:00、10/16~3/22 10:00~16:00 ●1/1、12/24・25・31 ●€21（チケットはノイシュヴァンシュタイン城と同じ場所で購入する→P.82）🚌馬車（上り€5.50、下り€3）で5分、または徒歩20分

1855年頃

幼少時代

バイエルン王として多忙な父にかまってもらえず弟オットーとホーエンシュヴァンガウ城で子ども時代を過ごした。中世の騎士伝説や神話を好んでいた。16歳でワーグナーのオペラ『ローエングリン（白鳥の騎士）』を鑑賞し、心酔する。

Hohenstaufenzimmer/音楽室。ルートヴィヒ2世やワーグナーも演奏した、美しいピアノが置かれている。

1864年

3月10日 即位 (18歳)

父王マクシミリアン2世の死去にともないバイエルン王に即位。傾倒していたワーグナーを宮廷に呼び寄せ支援する。芸術・文化事業に力を入れヨーロッパから称賛を得る。

Autharizimmer/アウターリーの部屋。ワーグナーはいつもこの部屋に泊まった。

Arbeitszimmer/書斎。革張りのソファはルートヴィヒ2世のお気に入り。

1867年

婚約破棄 (22歳)

オーストリア皇后エリーザベトの妹と婚約するも破棄。王家や政治に興味を失い、耽美的な中世という夢の実現を追うべく城の建築に没頭する。

Schwanrittersaal/白鳥の騎士ローエングリンの一場面を描いた壁画がある。

黄色に輝くお城♪

©Wittelsbacher Ausgleichsfonds München. Foto:Kienberger, Lechbruck.

ミヒャエル教会のルートヴィヒ2世の棺の前には花束がたくさんあって人気を実感。(岩手県　ココ)

の王
2世の生涯

を愛したルートヴィヒ2世。
の死を遂げた生涯から、
る思いが伝わってくる。

C 王の"夢の城"
ノイシュヴァン
シュタイン城
Schloss Neuschwanstein

ルートヴィヒ2世の
居城。1886年に建築
途上ながら住み始め、
ベルク城に幽閉され
るまで使われた。

詳しくは → P.22

D ルイ王朝に心酔して建築
リンダーホーフ城 *Schloss Linderhof*

ルートヴィヒ2
世が建築し、唯
一完成した城。
ルイ14世への憧れからフランス風のロ
ココや後期バロック様式を取り入れてい
る。人間嫌いの王は召使に会わなくて済
むよう、テーブルごと2階へ配膳させる
「魔法の食卓」を作った。

Map 別冊P.2-B3 オーバーアマガウ

🏠Linderhof 12 ☎08822-92030
⏰3/23〜10/15 9:00〜18:00、10/16〜
3/22 10:00〜16:30 休12/24・25・31、
1/1、カーニバルの火 💰€10（10〜
3月冬期館のみ€9）🚃鉄道駅オーバーアマ
ガウOberammergauから9622番のバスで
Schloss Linderhof下車、所要30分
🔗schlosslinderhof.de

E 未完に終わった最後の城
ヘレンキームゼー城 *Schloss Herrenchiemsee*

ルートヴィヒ2世が建てた最後の城で、
王の死により未完成のまま終わってい
る。ルートヴィヒ2世博物館も併設。

Map 別冊P.2-B3 キーム湖

🏠Herrenchiemsee ☎08051-68870 ⏰見学はツアーのみ 4月〜10月下旬9:00〜18:00、
10月下旬〜3月10:00〜16:45 休12/24・25・31、1/1、カーニバルの火
💰€11 🚃キーム湖に浮かぶヘレンイゼル島にある。遊覧船プリーンPrienから1.5km離れた桟橋や
遊覧船に乗り20分 🔗www.herrenchiemsee.de

F 謎を残す最後の地
ベルク城とシュタルンベルク湖
Schloss Berg und Starnberger See

ルートヴィヒ2世が幽閉されたベ
ルク城は個人所有のため見学で
きないが、シュタルンベルク湖
には遺体発見現場近くに十字架
と記念教会が建てられている。

Map 別冊P.2-B3 シュタルンベルク

🚃シュタルンベルクStarnberg駅前の桟橋から
ベルクBerg行きの遊覧船で12分 🔗www.
seenschifffahrt.de（シュタルンベルク湖の遊
覧船）

G ヴィッテルスバッハ家の墓所
ミヒャエル教会 *Michaelskirche*

1583〜1597年に建てられたルネッサンス様式の
教会。正面祭壇から地下へ下りたところにヴィッ
テルスバッハ家の地下墓所がある。ルートヴィ
ヒ2世の棺の前は現在も花束が絶えることがない。

Map 別冊P.5-C2 ミュンヘン

🏠Neuhauser Str. 6 ⏰月〜土7:30〜19:00、日
10:00〜22:00 ヴィッテルスバッハ家の地下墓所
月〜土10:00〜12:30、13:00〜17:30（土〜16:30）
🏠ヴィッテルスバッハ家の
地下墓所は日・祝 休無
料。地下墓所€2 🚃カー
ル広場から徒歩5分

1869 年
ノイシュヴァンシュタイン城建築開始（24歳）

少年の頃に憧れた騎士伝説やワーグナー
の世界観を表現する、理想の城の建築美
を開始する。高名な建築家を使わず舞台美
術家を登用するなど、細部へのこだわり
が発揮されたが未完成に終わった。

1878 年
リンダーホーフ城完成（33歳）

ヴェルサイユ宮殿内の大トリアノン宮殿
に憧れ、リンダーホーフ城建築。ルイ
14世やマリー・アントワネットの像に
話しかけるような夢想的な生活を好む。

ヘレンキームゼー城
建築開始（33歳）

ヘレンキームゼー城の建築に着手、鏡の
間にルイ14世の肖像を25も配するなど
傾倒はますます進む。王の死により未完
成となった。

1886 年
ベルク城に軟禁（40歳）

居住部分ができたことから、建築途上の
ノイシュヴァンシュタイン城に移る。
政治的にはプロセン戦争での賠償を抱
え、城の建築により財政は破綻、周囲から
「狂王」といわれる。6月には形だけの
精神鑑定によりベルク城に軟禁される。

6月12日 シュタルンベルク
湖で謎の死（40歳）

拘束からわずか数日後、侍医とともに湖
にて水死体となって発見される。

埋葬

ルートヴィヒ2世の棺はミュンヘン市内
のミヒャエル教会に安置されている。

ここで
眠ってます

緑豊かな草原にひっそりとたたずむ小さな教会。内部に一歩入れば、その豪華な装飾と美しいフレスコ画に誰もが驚く。奇跡を呼んだ不思議な空間を体感しよう。

青い柱は天から降る神の慈愛

開かれる時を待つ閉じられた天国の門

十字架を指している

虹の玉座に座る復活したイエス

天国の鍵を持つペテロ

大天使ミカエル

救い主を待つ空席の玉座

8 福音者ヨハネ
イエスが鞭打たれる場面の福音書を開いている。

9 福音者マタイ
左のヨハネと対をなす。ルカとマルコも主祭壇を囲んでいる。

天井を見上げると…

柱の赤はキリストの犠牲の血

すごい迫力！

アルプスを望む周囲の牧歌的な風景にも感動しました。(京都府・さや)

華やかなロココ装飾
ヴィース教会 Wieskirche

「鎖で繋がれた奇跡のキリスト像」の評判が知れ渡り、巡礼者が多くなったことからツィマーマン兄弟の手により1754年に完成した。

Map 別冊P.2-B3 シュタインガーデン

🏠Wies 12 ☎08862-932930 ⏰5～8月8:00～20:00、3・4・9・10月8:00～19:00、11～2月8:00～17:00（日曜午前ほかミサの間は見学不可）🛑無休 🚌教会前のバス停から徒歩3分 🔗www.wieskirche.de

ヴィース教会への行き方
フュッセンから73、9606、9651番のバスがシュタインガーデンSteingaden経由で教会入口まで行く。直通で45分、シュタインガーデン乗り換えの場合もある。平日1日6便、学校休校日は本数が減る。

Map 別冊P.2-B3

地図: ハンブルク、ベルリン、フランクフルト、シュタインガーデン、ミュンヘン、フュッセン、ヴィース教会

ヴィース教会の奇跡

その昔、聖金曜日の聖体行列のために木製の受難像が作られた。すでに使われなくなっていたこの像を近所の農夫が引き取って礼拝をしていたところ、1738年6月14日、木製の主の像の目から涙が流れた。この奇跡はヨーロッパ中に広まり、巡礼で病気が治ったという者も現れ、大勢の人が訪れるようになった。

究極の愛を体現

2 ペリカン
ペリカンは餌がなくなると自らの心臓を子に差し出すという伝説からキリストを象徴している。

4 高挙された子羊
子羊はイエス自身。イエスの犠牲性と神性を表す。

1 鎖で繋がれた奇跡のキリスト像
巡礼の起源となった主祭壇にある像。

6 説教段上部
聖霊降臨を表す。輪の中央に神の目が、下に十戒を授かる天使が見える。

7 説教壇下部
魚（イルカとも）と少年の友情に題材をもつギリシア神話がモチーフ。水は洗礼による神との結びつきを表す。

3 中央祭壇画の聖家族
イエスが伸ばした手は磔刑を暗示し、天上の天使の衣は王者の緋色をしている。

5 天使
フレスコ画に、左足だけ立体的なスタッコ（化粧漆喰）を組み合わせている。ヴィースならではの技法。

名物スイーツを試してみて！

絶品の揚げパン
ガストホーフ・シュヴァイゲル Gasthof Schweiger

ヴィース教会前のカフェレストラン。窓から丸い揚げパン、ヴィース・キュヘルWies Kücherlを揚げているのが見える。テイクアウトで1個€3。バターで揚げるので風味よくシナモンシュガーとの相性もバツグン！

🏠Wies 9（ヴィース教会の向かい）☎08862-500 ⏰9:00～18:00（ドーナツの揚げはじめは10時頃）🛑11月中旬～3月 💰€4.80 💳不可 🚌ヴィース教会から徒歩1分 🔗www.gasthof-schweiger-wieskirche.de

毎週水・土・日曜などに行われるミサの最中は見学ができないことがあるので注意。

ヘンケルス
Henckels

1731年にゾーリンゲンで生まれた双子マークでおなじみのブランド。フランスの鋳物メーカー、ストウヴを傘下におき、直営店では両ブランドのショッピングが楽しめるのもポイント。

柄の色がカラフルなペティナイフ　€9.95

ネイルやフェイスを整えるグッズもシャープな刃先でストレスなし

ツメ切り€43.95など、6種ほどポーチに入ったグルーミングセットで€159.95

直営店
Map 別冊P.9-C〜D2	フランクフルト
Map 別冊P.6-A2	ミュンヘン
Map 別冊P.14-A3	ベルリン

ウインドブレーカー€70、Tシャツ€23、スパッツ€38、いずれも約30%オフ。シューズは半額の€95

3本線にハイビスカスの模様がかわいいTシャツは30%オフの€21

アディダス
adidas

1920年にニュルンベルク近郊でダスラー兄弟商会を設立した。1948年に弟がアディダス社として継承し、兄はプーマ社を設立した。現在もアディダス社とプーマ社の本拠地は同地にあり、アウトレットショップをはしごできる。

アディダスアウトレット
adias outlet
Map 別冊P.2-B3

ニュルンベルク北西約20kmにある。ニュルンベルクからREでエルランゲンErlangenまで行き、バス200番で€20分

冬物のニットキャップは半額の€9

便利＆長持ち＆高性能

おうちに連れて帰りたい♥
ドイツ
プロダクツ

ドイツが世界に誇る質のいいグッズからaruco女子におすすめのブランドをご紹介！

定番マーカーBOSSの妹分MINIが人気。パステルラブセットなどラインアップは多彩。3本セット€4.99〜

スタビロ
STABILO

ニュルンベルクに本社をおくスタビロは世界に展開する筆記具メーカー。スワンのマークとオレンジのボーダー柄のサインペンは、カラーバリエーションが豊富で使いやすく、日本にもファンが多い。1971年に世界で初めて蛍光ペン"STABILO BOSS"を開発、現在でも蛍光ペンの売り上げはNo.1！
URL www.stabilo.com

ガレリア → P.69

その他のドイツプロダクツ
● シュタイフ→P.32
● ニベア→P.147
● マイセン→P.162

ファルケ
Falke

1895年に誕生したレッグウエアブランド。人間工学に基づいて左右非対称のデザインのスポーツラインが人気。普段使いのソックスも素材や機能により多種多様なシリーズ展開をしている。

編み込みの入った薄手のソックスセール品で€7.99

ソックスでグラデーションができるほどの多色展開。€15〜

ガレリア
→ P.69

1930年創業、ハイデルベルク発の筆記具メーカー。バウハウスをテーマにした使いやすく機能的なデザインは、何十年たっても古びることがなく、手になじんで書きやすいと日本でも人気。

ラミー
LAMY

ボールペン（モデルTipo）
各€12
ガレリア → P.69

イチゴの模様がかわいい！

ヴェック
Weck

ドイツ人に長年愛用されてきたキャニスター。ゴムパッキンで密閉できて、瓶ごと煮沸すればジャムやピクルスが超長持ち！ リサイクルガラスが使われているのもエコなドイツならでは。全国展開のインテリア雑貨店BUTLERSなどで見つかる。

キュチノット → P.137

Mold Shape モルド・シェイプ
80ml €2〜
（店舗によって異なる）

朝食用のゼリーを入れて冷蔵庫へ

ドイツのカフェではこんなふうに使ってます

古城が続く
絶景の旅へ！

フランクフルト、ライン川周辺の町と古城街道

ゲーテゆかりのフランクフルトで、芸術三昧のステイ。
ライン川沿いのすてきな町の郷土料理やスイーツを堪能♪
世界遺産のブドウ畑でできたワインの試飲もマストかな。
ハイデルベルクの絶景に、時間を忘れてしまいそう。

デュッセルドルフ→P.106

ケルン→P.108

フランクフルト→P.90

リューデス
ハイム→P.104

ニュルンベルク
→P.116

ハイデルベルク→P.120

フランクフルトへのアクセス
✈ ミュンヘンから約1時間、ベルリンから約1時間
🚄 ミュンヘンから3時間15分～3時間50分、1日20便程度運行、€89.90～134.50。
　 ベルリンから4時間～4時間50分、エアフルトErfurt Hbfで乗り換える便もある。€129.90～211.90。

レーマー広場周辺をぐるり
基点の町フランクフルトの
王道&トレンドをチェック！

フランクフルト観光の中心は市庁舎のあるレーマー広場。
まずはここからスタートして
かわいい雑貨探しやおしゃれなカフェへ！

挙式する
カップルも！

この大きいのが
市庁舎だよ

TOTAL 約4時間

レーマー広場周辺さんぽ
TIME TABLE

9:30	市庁舎と正義の女神を鑑賞
↓徒歩2分	
10:10	ヘッセン・ショップで おみやげ探し
↓徒歩2分	
10:30	新・旧市街をぶらり
↓徒歩3分	
11:00	カフェバー・イム・クンスト フェラインでブレイク
↓徒歩5分	
12:00	ナッシュマルクト・アム・ ドームでキッチン雑貨
↓徒歩10分	
12:30	アイゼルナー橋を渡って 対岸から大聖堂の雄姿を見る
↓徒歩12分	
13:00	マルガレーテでランチ

1 3軒並びの真ん中　9:30
市庁舎レーマー　Römer

神聖ローマ帝国の皇帝が戴
冠する際、祝宴が行われた
由緒ある建物。レーマー広
場の中央には正義の女神ユ
スティシアの噴水がある。

Map 別冊P.9-C〜D2

🏠Römerberg 27　⏱皇帝の広間カイ
ザーザール10:00〜17:00（時短あり）
🚫行事の行われている日　💰無料
🚉レーマー広場から徒歩1分

2 ローカル商品の店　10:10
ヘッセン・ショップ
Hessen Shop

すべてフランクフルトメイド
の商品が並ぶ店。家族経営の
小さなメーカーの製品を重点
的にセレクトしている。

Map 別冊P.9-D1

🏠An der Kleinmarkthalle
☎069-21937950　⏱10:00〜
18:00（土〜16:00）　🚫日・祝、
12/25・26、1/1、イースターの数
日　💳D.J.M.V　🚉レーマー広場
から徒歩5分　🌐www.hessen-
shop.com

1. ベンベルというリンゴ酒用ピッチャー€20　2. フラ
ンクフルト名物グリーンソースマスタード€3.99

3 フランクフルトの新名所　10:30
新・旧市街　Neue Alte Stadt

レーマー広場と大聖堂の近くにできた旧市街
の町並み。戦災前の姿を取り戻そうと建築さ
れたので「新・旧市街」。2018年の公開以来、
観光名所としてレストランなども増えてい
る。往時の姿を想像しながら歩こう。

Map 別冊P.9-D2

👁見学自由　🚉レーマー広場から徒歩1分

1. 中心となるヒュ
ーナーマルクト
2. 18世紀半ばの
ハウス・アム・
レーブシュトック
を再現

デパートの並ぶ
ツァイル通りを
お散歩

レーヴェ → P.103

Ⓤ Hauptwache駅

市内どこからでも
高層ビルが見える

カタリーナ教会

Holzgraben

Tönggasse

ゲーテハウス → P.94

ヘンケルス

Kornmarkt

ノイエ・クレーメ通り
Neue Krame

ベルリナー通り Berliner Str.
シュウゥルーヴェル
ペーター博物館

→ P.88

パウルス
教会

レーマー広場
から観光用の
ホップオンバ
スに乗れる

5

Bethmannstr.

レーマー広場
Römerberg

Ⓤ Römer駅

4 7
1
6

マイン川

アイゼルナー橋

愛を誓って
かけた南京
錠がズラリ

✉クリスマスマーケットは、マイン川沿いからレーマー広場、ノイエ・クレーメ通り、カタリーナ教会まで屋台が並んで壮観！（佐賀県・S）

Map 別冊P.9-C〜D2

天井が高くて居心地がいい　11:00

4 カフェ・イム・クンストフェライン
Café im Kunstverein

歴史あるシュタイナーネスハウスにある。レストランで使う食材はすべて地元産で持続可能なもの。路地裏の雰囲気が楽しめるテラス席もおすすめ。

素朴なスイーツおいしいよ

Map 別冊P.9-D2

♠Markt 44　☎非公表
⏰10:00〜20:00（木〜21:00、金・土〜22:00）　休月、祝　予飲み物とスイーツで€10.50〜　Card A.M.V.
URL cafeimfkv.de

1. 大麦のスイーツラズベリーソース €10　2. ワインに合う料理も充実

ウィッチ ディッヒ リーベ

名物でおいしいですよ！

12:00

メルヘン♪な雑貨がいっぱい

5 ナッシュマルクト・アム・ドーム
Naschmarkt am Dom

ドイツをメインにヨーロッパからセレクトしたキャンディやキッチン雑貨が並ぶラブリーなショップ。カフェも併設。

Map 別冊P.9-D2

♠Domstr. 4
☎0170-5229380
⏰12:00〜18:30　休月・日・祝、12/25・26・31、1/1、イースターの数日
Card A.D.J.M.V.
交レーマー広場から徒歩5分
URL www.naschmarktamdom.de

1. キノコのソルト＆ペッパー容器€29.95　2. チョコ各€4.50　3. ティータオル€8.95　4. フランクフルトのお菓子ベートメンヒェン（ホームメイド）8個入り€7.40、20個入り€14　5. アップルワインキャンディ レッドサイダー入り€3.99　6. アップルワインジェリー€5.95　7. アップルワイングミ€3.99

マイン川越しの姿が美しい　12:30

6 大聖堂 Dom

16世紀半ばから神聖ローマ帝国の皇帝の選挙や戴冠が行われ、「カイザードーム（皇帝の大聖堂）」と呼ばれている。マイン川越しの姿を見るならアイゼルナー橋を渡って。橋に掛けられた「愛の錠前」も必見。

Map 別冊P.9-D2

♠Dompl. 14　☎069-2970320　⏰9:00〜20:00　休無休（行事や礼拝が行われているときは見学不可）　料無料（寄付歓迎）　交レーマー広場から徒歩2分

内陣右の礼拝堂で皇帝選挙が行われた

1. 鹿肉のタルタル€19.50
2. タラのグリル€37
3. フィレステーキ€46

4. スタイリッシュな店内
5. コックのヨーザさん

ネオ・ドイチェ料理を　13:00

7 マルガレーテ Margarete

フランクフルトのトレンドスポット。文化交流のスペースとしても利用される。オーナーのジモンさんは、料理本も出す実力派。メニューは季節にあわせ3〜4ヵ月ごとに変わる。

Map 別冊P.9-D2

♠Braubachstr. 18-22　☎069-21999903　⏰12:00〜23:00、ランチ12:00〜14:15（土〜16:00）、ディナー18:00（土17:00）〜21:30　休月、日、12/24〜26　予ランチメニュー€12.50〜　Card A.D.J.M.V.　交レーマー広場から徒歩2分　URL www.margarete-restaurant.de

もじゃもじゃ頭の正体は

フランクフルトみやげの絵柄として、ちょくちょく目に入る「もじゃもじゃ頭」のキャラクター。これはフランクフルト出身のハインリッヒ・ホフマンが書いた童話、Struwwelpeterシュトゥルーヴェルペーター（もじゃもじゃペーター）の登場人物。世界各国語に翻訳され、フランクフルトには博物館（MAP 別冊P.9-D2）もある。

金・土曜のツァイル（目抜き通り）**Map** 別冊P.9-D1 は人がいっぱい。スリや置き引きに注意。

週末は**リンゴ酒電車**で
市内観光&人気の居酒屋へ！

フランクフルトの地酒といえばアプフェルヴァイン。
真っ赤な路面電車を改造したエッベルヴァイ・
エクスプレスに乗って町の名所とグルメを一度に楽しもう。

ミニ・ブレーツェルと
ドリンク各1点が料金に
含まれている

リンゴ酒

リンゴは市場にも食卓にもいつも並ぶ人気の果物。リンゴ酒はフランクフルド近郊でドイツ全土の70%が消費され、醸造所も多い。シードルほど炭酸が強くなく、酸味と甘味のあとから苦味が広がる。アルコール度数は5%前後。8〜9月にはアプフェルヴァイン祭りも行われる。

2

しょっぱいブレーツェルとリンゴの風味が合うのよね

リンゴ酒電車のメニュー

瓶入りのリンゴ酒
Flasche Apfelwein
Or
ミネラルウォーター
Mineralwasser
Or
リンゴジュース
Apfelsaft

ブレーツェル型のスナック菓子
Tüte Brezeln

定番のお菓子よ

1

ようこそ！

こちらが週末に運行されるリンゴ酒電車よ

真っ赤なペイントのかわいい路面電車
リンゴ酒電車 Ebbelwei-Expreß

アンティークの車両をポップな赤に染め上げた特別な路面電車。ツォー駅前からレーマー広場の北、中央駅前を通り、メッセタワーで折り返し、マイン川の南側を通ってツオー駅前まで戻るコース。リンゴ酒（ミネラルウォーター、リンゴジュースも可）とブレーツェルの小袋が付いている。

乗り方

人気があるので始発のツォー駅で20分ぐらい前に並ぶといい。停留所での途中乗車もできるが座れない可能性大。途中下車も可能。切符は1回限り。

Map 別冊P.8〜9

⊕土・日・祝（除外日あり）の午後に1日10便程度運行、冬は減便
⊕€8 URL www.ebbelwei-express.com

ザクセンハウゼン
地区のリンゴ酒居酒屋

リンゴ酒は庶民が気軽に楽しむお酒。マイン川の南側にあるザクセンハウゼン地区には、リンゴ酒を出す居酒屋がたくさん並んでいるので、こちらでどうぞ。どこも店内は広くて気軽に入れる雰囲気。ベンベルというピッチャーから注ぎ、菱形にカッティングされたリブテスという専用グラスで飲む。つまみはソーセージなどの居酒屋メニューに。

フランクフルト・ソーセージ€6.90 シュニッツェルにグリーンソースを添えたもの€16.90など。リンゴ酒は€2.50/0.3ℓ

郷土料理が自慢
シュトゥルーヴェルペーター
Struwwelpeter

フランクフルトっ子なら誰でも知っているキャラクター、"シュトゥルーヴェルペーター（もじゃもじゃペーター）"の名を冠した店。

Map 別冊P.9-D2 ザクセンハウゼン

🏠Neuer Wall 3 ☎069-611297
🕐水・木16:00〜22:00、金〜日12:00〜22:00 🚫月・火、12/24・25・31、1/1
💳M.V. （€15〜、€25〜）
🚋トラム16番、18番Textorstr.下車徒歩2分
URL www.struwwelpeter-frankfurt.de

✉ ザクセンハウゼンで出てくるリンゴ酒はコップ1杯で女子にちょうどいい量でした。（愛知県・ワン美）

3

リンゴ酒電車は1周1時間！

アルコール入ってるのと、ないのどっちにする？

たっぷりと飼育スペースをとった150年以上の歴史ある動物園

動物園

始発はツォー駅から！

→P.94
ゲーテ・ハウス

Karmeliterkloster
Römer/Paulskirche

Messe-Münchener Str.

Willy-Brandt-Pl.

フランクフルト歌劇場

レーマー広場
→P.90

大聖堂 →P.91

Börneplatz/Stoxeistr.

Allerheiligentor

S-Bahn-Station Ostendstr.

Hospital zum Heiligen Geist

● メッセ・タワー

Festhalle/Messe

Hohenstaufenstr.

Pl. der Republik

Hauptbahnhof
Münchener Str.

アイゼルナー橋

Frankensteiner Pl.

Lokalbahnhof

フランクフルト中央駅

Hauptbahnhof

Baseler Pl.

シュテーデル美術館 →P.94

Lokalbahnhof/Textorstr.

このあたりがザクセンハウゼン地区

Brücken-/Textorstr.

→P.90

→P.96

Stresemannallee/Gartenstr.

Otto-Hahn-Pl.

Schweizer-/Gartenstr.

Schwanthaler Str.

Südbahnhof

4

対面の席でおしゃべりも弾む。プロースト！（乾杯）

記念切符はかわいいイラスト入り。おみやげにどうぞ

楽しい日の記念だわ

5

170年以上続く老舗の酒場
フィヒテクレンツィ
Fichtekränzi

創業は1849年。フランクフルトで老舗のリンゴ酒居酒屋のひとつ。ていねいに調理された郷土料理やアルザス料理が評判で家族3代で通う常連も多い。

1. 手打ちパスタのチーズオーブン焼き€15.90（サラダ別盛り付き）、ゆでビーフソーセージ€7.90 **2.** ゆで卵のグリーンソース€13.80

Map 別冊P.9-D3　ザクセンハウゼン

🏠 Wall Str. 5　☎069-612778
🕐 17:00～23:00
休12/25・26・31、1/1・2　€15～
Card M.V.　交トラムTextorstr.下車徒歩3分
URL www.fichtekraenzi.de

文豪ゲーテっ
フランクフルトで文

『若きウェルテルの悩み』や『ファ
ゲーテの生家と、銀行家シュ
フランクフルトの

ドイツ古典主義を代表する文豪ゲーテの生まれた家

名作が生まれた
ゲーテハウス
Goethehaus

ゲーテの生家。第2次世界大戦の空襲で完全に破壊されたが、忠実に復元された。調度品は疎開させており無事だった。執筆の部屋や妹と自作の人形劇を楽しんだ部屋が残る。

Map 別冊P.9-C2　レーマー広場周辺

🏠 Großer Hirschgraben 23-25
☎ 069-138800　🕐 10:00〜18:00（木〜21:00）
🚫 月、1/1、聖金曜日、12/24・25・31　隣接の博物館と共通€10　🚶 レーマー広場から徒歩7分　🌐 frankfurter-goethe-haus.de

ヨハン・ヴォルフガング・フォン・ゲーテ
Johann Wolfgang von Goethe

1749年8月28日フランクフルトに生まれた。父は皇帝顧問、母はフランクフルト市長の娘で、屈指の名家として知られた。幼少時より語学に長け、ライプツィヒ大学法学部やストラースブルク大学に学ぶ。25歳のときに『若きウェルテルの悩み』が話題となり、本をなぞって自殺者が増加するほどの社会現象となった。1831年、ライフワークとして書き続けた『ファウスト』が完成、翌年没。「もっと光を！」が最後の言葉とされる。

丸いテーブルで一家が食事をした姿が目に浮かぶ。「青の間」ともいう

ゲーテの時代に使われていたリネンの収納棚

2F
音楽室
南の間　中央の間　北の間

1F
中庭
台所
食堂　玄関の間　客間

ピアノやリュートを演奏して楽しんだ部屋

明るい客間は「黄色の間」と呼ばれた

ゲーテの肖像画！

『女性のシルエットを眺める青年ゲーテ』はゲーテ27歳の肖像画

18世紀の上流家庭の台所の典型。かまどは食堂の暖房も兼ねていた

中国風の壁紙が印象的な広いサロン

銀行家シュテーデルの寄付により設立された絵画館

ゲーテの肖像も展示
シュテーデル美術館
Städelmuseum

ボッティチェリやラファエロといったイタリア絵画、ルーベンスやフェルメール、レンブラントなどの巨匠の作品、ルノワールやモネなどの印象派など幅広く収集している。

Map 別冊P.9-C3　マイン川沿い

🏠 Schaumainkai 63　☎ 069-605098200
🕐 10:00〜18:00（木〜21:00）
🚫 月、時短や特別開館あり　💶 €16、火€9
🚇 U1,2,3番 Schweizer Pl.駅から徒歩7分、トラム16番 Otto-Hahn-Pl.下車徒歩5分　🌐 www.staedelmuseum.de

『カンパーニャのゲーテ』
ティッシュバイン

政治家として活動していたゲーテが1786年にイタリアに行ったときの肖像

📩 フェルメールの『地理学者』はみんな写真を撮ってました。（千葉県・かせい）

てどんな人？
化芸術をチェック！

ウスト』など数々の名作を著した
テーデルの残した美術館で
文化を知ろう！

階段ホールにある大きな天文時計。精緻な仕組みでゲーテも気に入っていた

『ファウスト』や『若きウエルテルの悩み』などの名作を執筆した部屋

恋人ロッテとゲーテのシルエット▶

父がコレクションした絵画を展示した部屋

ゲーテが洗礼を受けたという記録。1749年のことだった

4F
陳列室
陳列室
陳列室
詩人の部屋
人形観劇の部屋

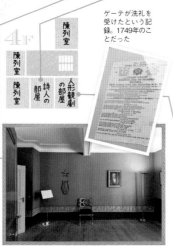

壁に飾られた金の星と竪琴は詩人のシンボル

3F
妹の部屋
ゲーテ誕生の部屋
母の部屋
絵画の間
父の部屋

母の趣味がうかがえる家具や調度、食器が並ぶ

ゲーテ4歳の誕生日プレゼントだった！

妹と一緒に自作の人形劇を上演して遊んだという人形劇場

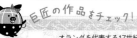

書棚には父の所蔵本がぎっしりと並ぶ

巨匠の作品をチェック！

ゆっくり見てね！

『地理学者』
フェルメール

オランダを代表する17世紀の画家。鮮やかなブルー、巧みな光の表現で人気が高い。三十数点の寡作として知られる。

『オーケストラの楽士たち』
ドガ

フランス印象派の巨匠。舞台や踊り子を好んでモチーフにした。

『朝食の終わり』
ルノワール

人物を多く手掛けたフランス印象派の画家。

『ザーン川沿いの家』
モネ

睡蓮やポプラ並木の連作で知られるフランス印象派の大家。

ゲーテはライプツィヒ大学に行く16歳までをフランクフルトで過ごし、その後もワイマール公に迎えられた26歳の頃までたびたびこの町で暮らした。

Wursthelden
ヴルストヘルデン

ソーセージ

URL www.wursthelden.de

ドイツ語では！

ちょこっと食べたいときはココへ！

aruco調査隊が行く②‼

フランクフル
おいしい駅ナカ

鉄道路線が発達しているドイ
超充実！　いろんなジャ
列車に乗らなくて

24本のプラットホームがある商都の玄関口
フランクフルト中央駅
Frankfurt Hauptbahnhof

フランクフルト構内にある軽食の屋台
をご紹介。実は、大きい駅ならミュンヘンでもベルリンでも同じような品揃え。駅で何が食べられるか覚えておくとイザというとき心強い。

ジュウジュウ焼けたソーセージをパンに挟んでもらおう。
マスタードはセルフで。

定番

€3

焼きソーセージ（パン付）
シンプルイズベスト
Bratwurst mit Brot
ブラートヴルスト・ミット・ブロート

どのソーセージにする？

Asia Gourmet
アジア・グルメ

中華・アジア

URL www.asiagourmet.de

Thank you

チャーハンや焼きそばなど定番が揃う。
中華は全般に甘め。ベトナムのフォーがある店も。

焼きそば
プレーンな具の少ないタイプ
Gebratene Nudel (klein)
ゲブラーテネ・ヌーデル（クライン）

一人前 €11〜

お皿に盛ってみました

サンドイッチ

ヴィーガン菜食

生春巻き
みずみずしい皮もおいしい
Sommerrolle ゾンマーロレ

オススメ

Traffic Snack
トラフィック・スナック

URL www.traffic-snack.de

2本 €4.60

一度食べたらやみつきさ！

具がはみだすぐらい入っているのが
ドイツ流。パンの種類も豊富だから
マイ定番が見つかるはず。

ハムとゆで卵サンド
卵1個分！
Mailand Ciabatta mit Schinken Ei
マイラント・チアバッタ・ミット・シンケン・アイ

€5.90

Dean & David
ディーン・アンド・デーヴィッド

URL deananddavid.com

ドイツでは肉を食べないベジタリアンや、さらに乳製品や卵も食べないヴィーガン食を選ぶ人が少なくない。各店舗では通常メニューに加え豆腐や豆のメニューがあることが多い。ディーン・アンド・デーヴィッドは、野菜中心のメニューが豊富だ。

€10.75

ファラフェルサラダ
Falafel Tahini
ファラフェル・ターヒニ

ファラフェルは豆のコロッケ、タヒーニというゴマペースト付き

鶏ハムと野菜
ゴマパンがおいしい
Athen Mehrkorn
アテン・メーアコルン

€5.40

巻きずし、握り寿司の店もあるけど魚介ネタはサーモンぐらい。おにぎりも流行中だったけど1個€5ぐらいしてビックリ。（静岡県　ライダー子）

ト中央駅の
グルメはどれ？

ツの駅はチョイ食べグルメが
ンルの料理が揃うから
も利用価値大！

Map 別冊P.8-B2　中央駅周辺

🚉駅は24時間開いていて、切符がなくても構内に
入れる。駅ナカグルメの営業は10:00～20:00ご
ろ。店舗によって
は平日は6:00か
ら営業しており、
夜も22:00まで開
いている。

駅構内の
フードコート

駅ナカによくあるパン屋さんは、ブレーツェルがトレー
ドマークのDitsch URL www.ditsch.de、安めの値段設定
のBack Werk URL www.back-werk.de、大手のKamps
URL kamps.de、パンのほかコンビニ的な品揃えの
Yormas URL www.yormas.de を覚えておくといい。

シーフード

Nordsee
ノルトゼー
URL www.nordsee.com

いろんな
フライを試してね！

酢漬けのニシンや生の青魚も意外にパンに合う。
グリルやフライはできたてを単品で注文することもできる。

酢漬けニシンのサンド
さっぱりした味わい
Brot mit Matjes　€4.79
ブロート・ミット・マティエス

パンと魚は
意外によく合うよ！

白身魚フライのサンド
淡白な白身魚のフライ
Brot mit Backfisch　€6.49
ブロート・ミット・バックフィッシュ

アジア

Thai Wok
タイウォック
URL thai-wok.net

タイ風カレーや炒麺などが人気。熱々の炒めものをイー
トインで食べる旅行者で行列ができる時間帯も。ボ
リュームたっぷりの野菜もうれしいポイントだ。テイクアウ
トでは、汁気の多いカレーを別盛りにしてくれる。ご飯は
長粒米、辛さはマイルドで万人向けの味。

チキンカシューナッツ炒め
野菜いっぱい
Hunn mit Cashewnüsse
フーン・ミット・カシュヴヌュッセ
€9.50

タイ風チキンレッドカレー
甘辛エスニック
Rotes Thai Curry mit Huhn
ローテス・タイ・クリー・ミット・フーン
€9.50

ベジ＆フルーツ

Mr. Clou
ミスター・クロウ
URL www.mrclou.com

カットフルーツや野菜のラップサンド、ジュースやヨーグルトなど、
カップタイプで手軽なビタミン補給にぴったり！

クスクスサラダ
挽き割り小麦のヘルシーサラダ
Couscous Salat
クスクス・ザラート
€4.50

€7

イタリアンラップ
チーズとトマトをラップでくるり
Italia Wrap イタリア・ラップ
€4.40

カットフルーツ
新鮮なフルーツ盛り合わせ
Obst-Salat オープスト・ザラート

赤えんどう豆とビーツのサラダ
Rote Beetesalat
ローテ・ベーテザラート
€1.85/100g

グリルドチキン
Hähnchen gegrillt
ヘンヒェン・ゲグリルト
€3/100g

地中海風パスタサラダ
Mediterraner Nudelsalat
メディテラーナー・ヌーデルザラート
€2.15/100g

ミニトマトのチーズ詰め
Gefüllte Tomate, Champignion, Peppadew
ゲフュルテ・トマーテ・シャンピ
ニオン、ペパデュー€2.99/100g

Ⓐ

100g
€1.85
Ⓐ

セットで
€6.50
Ⓑ

ソーセージ
Wurst
ヴルスト

ソーセージやハムはパンに挟んでもらっても
€3.70

キャベツのサラダ
Krautsalat
クラウトザラート
酢のきいたサッパリとした千切りキャベツ

100g
€1.70
Ⓑ

1本
€3.20
Ⓑ

aruco
スタッフ
イチオシ!

キュウリのサラダ
Gurkensalat
グルケンザラート
薄切りのキュウリに
ディルのドレッシング

ソーセージとサラダのセット
Bratwurst mit Salat
ブラートヴルスト・ミット・ザラート
焼きソーセージに好き
なサラダをチョイス

aruco
スタッフ
イチオシ!

お肉屋さんのテイクアウト
メッツゲライ・インビスで家庭の味にトライ!

ママの味!

ドイツのお肉屋さんにはソーセージだけじゃなく
お惣菜も置いてあることが多い。ポテトやキャベツ
などのサラダも充実。人気店の味を試してみよう!

便利な会話

バランスよく!

ドイツのお肉屋さん
Metzgerei Imbiss
メッツゲライ・インビス

毎日の食卓にちょっとプラスするサラダ
や、ランチに食べるハンバーグなど気取ら
ないメニューが揃ううお肉屋さん。テイクア
ウトはもちろん、ベンチやテーブルを用意
している店ではイートインもできる。

täglich
neues
Mittag
menu

こんにちは
Hallo./Tag.
ハロー またはターク

(指をさして)これを100gください
Hundert gramm, bitte.
フンダート・グラム・ビッテ

シュニッツェルをパンに挟んでください
Schnitzel mit Brötchen, bitte.
シュニッツェル・ミット・ブレートヒェン・ビッテ

ここで食べます
Ich esse hier, bitte.
イッヒ・エッセ・ヒーア・ビッテ

持って帰ります
Zum Mitnehmen, bitte.
ツム・ミットネーメン・ビッテ

(注文は)これで全部です
Danke, alles.
ダンケ・アレス

いくらですか
Was kostet das?
ヴァス・コステット・ダス

じゃあね
Tschüß.
チュス

肉屋さんの惣菜は意外にもサラダが充実していて旅のビタミン補給に便利でした。(静岡県・ジュビ子)

フランクフルト Frankfurt

お肉屋さんでテイクアウト

左:山羊チーズ入りハンバーグ/右:ハンバーグ
Frikadelle mit Schafskäse/Frikadelle
フリカデッレ・ミット・シャーフケーゼ/フリカデッレ
€3/€2.10/個

チキンのコルドンブルー
Hähnchen Corden-Bleu
ヘンヒェン・コルドン・ブルー
€2.40/個

シャンピニオン入りハムなど各種
Champignon Aufschnitt
シャンピニオン・アウフシュニット
€1.75〜/100g

aruco スタッフ イチオシ！

ホームメイドサラミなど各種
Hausgemachter Salami
ハウスゲマハター・ザラーミ
€2.30〜/100g

豚のシュニッツェル
Schweinschnitzel
シュヴァインシュニッツェル
€2.60/100g

100g €2.25 Ⓐ

100g €1.85 Ⓐ

ポテトサラダ
Kartoffelsalat
カルトッフェルザラート
じゃがいもを煮崩して
ドレッシングであえた
サラダ

皮なし焼きソーセージ
Wurstklops
ヴルストクロプス
本数は選べる。パンか
付け合せのじゃがいも
料理が付く

3本 €3.50 Ⓑ

100g €1.70 Ⓑ

ギリシャ風サラダ
Griechischer Salat
グリーヒッシャー・ザラート
フェタチーズとトマト、
キュウリ、オリーブオ
イルとレモンで味付け

ニンジンとじゃがいものサラダ
Rohkostsalat
ローコストザラート
大ぶりにカット
した野菜のマリ
ネ、シブレット
でアクセントを

Ⓐ ハイニンガー

イートインもOK

heininger

創立100年を超える老舗。自
社の精肉工場で地元産の肉
をソーセージなどの加工品に
している。店の奥には40席
ほどのイートインスペースが
ある。弁当のように詰め合わ
せてもらうこともできる。

Map 別冊P.9-C1　レーマー広場周辺

🏠Neue Kräme 31　📞069-284577
🕐7:00〜18:30、土8:30〜18:00
🚫日・祝　💳A.J.M.V.
🚇レーマー広場から徒歩4分
🔗metzgerei-heininger.de

テイクアウトの
パッケージ

Ⓑ マイン・ヴルシュトゥル

家庭的な味で人気

Main Würschtl

ホームメイドのお惣菜
のなかでも、フリカデ
レFrikadelleというハン
バーグが自慢。日替わ
りのパスタやシチュー
でのクイックランチに
もおすすめ。

Map 別冊P.9-D2　レーマー広場周辺

🏠Braubach Str. 37　📞069-282217
🕐9:00〜16:00　🚫土・日・祝、12月
下旬〜1月上旬、イースターの数日
💰€2〜　💳不可
🚇レーマー広場から徒歩1分
🔗www.main-wuerschtl.de

テイクアウトの
パッケージ

上記2店舗はランチタイムに行列ができる人気店。14:00過ぎならゆっくり選べる。

かむほどに味わいが増す
ドイツパンにやみつき！

ドイツのパン屋
Bäckerei
ベッケライ

ドイツパンは最高だぜ！

ドイツには300種とも、数え方によっては1000種ともいわれる種類のパンがある。パン屋さんの数も多く、どの店も店頭にサンドウィッチや甘い菓子パンを並べている。チェーン店でも最後の焼き上げは店でやるのが当たり前。香り高いできたてを味わいたい。

黒くて固いライ麦パン。ハートの形をしたかわいいブレーツェル。パンの種類はたくさんあるけど、どれもが風味があって、噛むほどに味わいを増してくる。知れば知るほどおいしくなるドイツのパンワールドへようこそ。

便利な単語

全粒粉	Vollkorn
	フォルコルン

ライ麦パン
（ライ麦の配合が多いほど黒くなる）

ライ麦90〜100%配合	Roggenbrot ロッゲンブロート
小麦とライ麦各50%配合	Mischbrot ミッシュブロート

オーガニック/有機認証（Bio〜）

有機全粒粉パン	Bio-Vollkornbrot ビオ・フォルコルンブロート
有機材料を使用したパン屋	Bio-Bäckerei ビオ・ベッケライ

ツィムト・シュネッケ
Zimt Schnecke

€3.80

渦巻パンをシュネッケ（カタツムリ）という

€2.30

ロジーネン・クノーテン
Rosinen Knoten
甘酸っぱいレーズンが小麦の風味によく合う

何が入っているの？
（サンドウィッチの材料を聞く）
Was ist drin ?
ヴァス・イスト・ドゥリン

€4.10

ケーゼ・シュトゥレ
Käse Stulle
トマトやルッコラ葉などが入ったイタリア風

定番

€4.10

ブッターケーゼ・シュトゥレ
Butterkäse-Stulle
辛子バターとチーズ、トマトとレタス。厚切りチーズのねっとりとした食感が黒パンに合う

オリーヴェン・サンドウィッチ
Oliven Sandwich
クリームチーズとオリーブの風味が絶品

（指さして）
これをください
Das, bitte.
ダス・ビッテ

€1.30

ディンケル・ブレートヒェン
Dinkel Brötchen
歯ごたえがあって香りも豊か

€4.60

エッグバーガー
Egg Burger
目玉焼きにクリームチーズ、ハニーマスタード、パンプキンシードとボリューム満点

€5.80

パン工房が見える
ツァイト・フュア・ブロート Zeit für Brot

材料はすべてビオ認証。豆腐や豆などサンドウィッチの具もヘルシーだから、女性に人気。イートインもできて、ホットドリンク€2.30〜、水€2.50、ジュース€3。

Map 別冊P.9-C1 エッシェンハイマー塔周辺

🏠Oeder Weg 15 ☎069-56998150 🕐月〜金7:00〜20:00、土7:30〜20:00、日7:30〜19:00 12/24、12/31、1/1は時短 🏖祝、12/25・26 💶€0.90〜 Card M.V. 🚇U1,2,3,8 Eschenheimer Tor駅から徒歩3分 URLzeitfuerbrot.com

持ち帰りでよろしく！

袋もスタイリッシュ！

ZEIT FÜR BROT

100　黒パンはチーズやハムとの相性バツグン！ すっかりハマりました。（石川県・すず）

※左ページのパンはすべて「ツァイト・フュア・ブロート」、右ページは「ビオカイザー」で購入

ドイツパンいろいろ

黒パン
Roggenbrot

ライ麦をサワー種で発酵させて作る、酸味のあるパン。目が均一に詰まっているので固いがかんでいくうちにほどよい甘さが出てくる。

おすすめの食べ方
＋バターやクリームチーズを塗って
＋サーモンをのせて

ブレーツェル
Brezel

ミュンヘンやシュトゥットガルトなど南部が本場だが、全国で食べられる。生地を一度ゆでてから焼くのでモチモチした口当たり。白い粒の塩は適宜落として食べる。

＋バター＆シブレット（ネギの一種）をサンド
＋ビールのつまみに

テーブルパン
Brötchen

朝のテーブルに欠かせない白いパン。南では丸型、北では楕円形が好まれる。屋台でソーセージや総菜を挟む基本のパン。

＋ソーセージにマスタード
＋硬質チーズと野菜

フランクフルト *Frankfurt*

ドイツのパン

€5.20

ベーグル・トマーテ・モッツァレッラ
Bagel Tomate Mozzarella

チーズ、トマト、ベビーほうれん草のサンドィッチ。酸味のあるしっかりした食感のパンにハーブソースがよく合う

ヴァルヌス・ヴェッケン
Walnusswecken

少し焦げたくるみが香ばしくておやつに最適

€1.95

クラフト・バラスト・ブレートヒェン
Kraft-Ballast-Brötchen

雑穀やケシの実のプチプチ感もやみつきに！

€1.15

Schmeckt das Brot süß ?
このパンは甘いですか
シュメクト・ダス・ブロート・ズュース

カイザー・バーガー
Kaiser Burger

香辛料のきいた豆で作られたヴィーガンパティがおいしい

€5.85

ショコ・クヴァーキ チョコチップの入った
Schoko-quarki 小さなおやつパン

€1.90

クヌスパーヴルツェル・オリーヴェ グリーンオリーブの酸
Knusperwurzel olive 味と塩味が香ばしく焼けたパンによく合う

€2.29

定番

アプフェルプルンダー・フォルコルン・ヴィーガン
Apfelplunder vollkorn Vegan

食べごたえのある全粒粉で作ったアップルデニッシュ

€2.50

Haben Sie Sandwich für Veganer ?
ヴィーガン（完全菜食）のサンドウィッチはどれ？
ハーベン・ズィー・サンドウィッチ・フア・ヴェガーナー

ディンケル・ツヴィーベルクーヘン
Dinkel zwiebelkuchen

玉ねぎをふんだんに使ったキッシュのようなパイ

€2.90

素材に自信あり
ビオカイザー Biokaiser

ウェブにスタンダード商品の材料をすべて公開するほど、こだわりのビオ素材に自信をもっているベーカリー。イートインのスペースも広くランチタイムにはサラダも出す。

Map 別冊P.9-C1 ハウプトヴァッヘ

🏠 Börsenpl. 1 ☎069-15342489
🕐月～金7:00～17:00、土8:00～16:00 🚫日・祝、12/25、1/1、イースターの数日 💰€0.90～
💳M.V. 🚇レーマー広場から徒歩6分
🌐 www.biokaiser.de

外でも食べられるよ！

ドイツでは北に行くほどライ麦比率の高いパンがよく食べられている。

mit **Wurst**

ソーセージの
お供

Süßer Senf
ズーサー・ゼンフ
€1.39
バイエルン地方の
白ソーセージに付ける
甘いマスタード

WÜRZIG SÜSSER SENF MIT GROBEN SENFKÖRNERN

THOMY SEIT 1954

Löwensenf
レーヴェンゼンフ
€1.39
ライオン印の
定番マスター
ド（中辛）

Curry Gewürz Ketchup
カリー・ゲヴュルツ・ケチャップ
€2.29
カリーヴルスト
用のケチャップ
（小）

Rot Weiß
ロート・ヴァイス
€2.19
ケチャップ＆マヨネー
ズがストライプになっ
て出てくる！

ROT-WEIß MIT KETCHUP UND MAYONNAISE FREILANDEIERN

THOMY SEIT 1954

ストライプに
絞り出せる！

Pommes scharf Gewürzsalz
ポンメス・シャルフ・
ゲヴュルツザルツ
€2.19
フライドポテト
専用の味付の塩

Ostmann **Pommes** scharf Gewürzsalz

Kartoffelbrei mit Fleischklößchen
カルトッフェルブライ・ミット・
フライシュクレスヒェン
€0.75
湯を入れて5分、ミー
トボールが入った
マッシュポテトが完
成！

5 MINUTEN TERRINE KARTOFFELBREI mit Fleisch klößchen

Dinkel Mini Brezel
ディンケル・ミニ・
ブレーツェル
€2.49
歯ごたえがある
プレッツェルスナック

Milka darkmilk
ミルカ・ダークミルク
€0.66
創業120年、ドイツの
代表的なチョコ…

ケチャップの
種類が豊富

Super

スーパーマ
ドイツの味を

ソーセージに欠かせない
日本でも人気のハ
スーパーマーケットでプチ

やめられない
止まらない…・

Milka **darkmilk**

ハリボーは
国民的菓子

HARIBO Mega-Roulette
Minis

HARIBO

Das Original seit 1922

Bio Gourmet **Dinkel Mini Brezel**

Lindt **HELLO**
VEGAN PRETZEL & NUTS

Süßigkeiten

スナック
＆菓子

独特の食感があるグミは誰もが好きな菓子

Goldbären
ゴルトベーレン
果汁25%
ジュースのグ
ミ、パッケー
ジのバリエー
ションもいろ
いろある
€2.49

100 JAHRE

Goldbären

Pretzel & Nuts
プレッツェル・アンド・ナッツ
€3.49
動物性の油脂などを使わな
いヴィーガンチョコ

コイン式カート
大型スーパーに置いてある
カートは、€1を入れて鎖を
外し、使用後は他のカート
と連結させる。きちんと連
結させればコインが戻るの
で忘れない
ように！

Alpenbauer
INGWER-LIMETTE INGWER-ORANGE
€1.89

Brause-Bonbons
ブラウゼ・ボンボンス
シュワシュワ
キャンディ

Ahoj-Brause

€0.99

Alpenbauer Das Bonbon
アルペンバウアー・ダス・ボンボン
ショウガ＋ライム、
ショウガ＋オレンジ味
のキャンディ

BRAUSE-BONBONS

Yogurette
ヨーグレッテ
€1.39
ヨーグルト
味のチョコ
レート

Yogurette
100g

スーパーでは入口からは出られず、買うものがなくてもレジの横から出ないといけないことが多かった。（宮崎県・コッコ）

Teig für Kartoffelknödel
タイク・フュア・カルトッフェルクネーデル
じゃがいも団子の生地

€2.79

Pfanni Teig für Kartoffel-Knödel

€1.69

€1.49

Spargelcremesuppe
シュパーゲルクレーメズッペ
ホワイトアスパラガスのクリームスープ。マギーとクノール食べ比べ

€1.49

Leberknödelsuppe
レバークネーデルズッペ
肉団子のスープ

€0.99

Sauerkraut
ザワークラウト
有機キャベツを使用しマイルドな酸味

Rotkohl mit Preiselbeeren
ロートコール・ミット・プライゼルベーレン
クランベリーの入った赤キャベツの酢漬け

€1.19

€2.29

Stangen Spargel
シュタンゲン・シュパーゲル
ホワイトアスパラガスの瓶詰め。柔らかくゆでてある

ドイツ料理が再現できちゃう魔法の素

Deutsche Küche
定番料理

フランクフルト

Frankfurt

プチプラ天国スーパーマーケット

LEIMER
Paniermehl
Aus extra gebackenem Weizenbrot

ドイツ版のトンカツ！

€1.49

Paniermehl
パニアメール
シュニッツェル用のとても細かいパン粉

markt
ーケットで
まるごとGet！

ドイツならではの調味料やリボーHARIBOなど。
プラみやげハンティング！

庶民的なスーパーマーケット
レーヴェ Rewe

ドイツでも有数の店舗数を誇るスーパーマーケット。ドイツの一般家庭で使うようなものが揃う。陳列もわかりやすくて探しやすい。

レジ袋は有料ですよ！

Wir Lebensmittel.

ドイツのスーパーマーケット
ドイツにはたくさんのスーパーマーケットがあるが最大手がエデカEdekaとレーヴェRewe。ディスカウント系のネットNettoやリドルLidl、郊外型のメトロMetroなども人気がある。

Map 別冊P.9-C1 ハウプトヴァッヘ

マイ・ツァイル地下の店舗 ✆Zeil 106-110 ✆069-21936546 ⏰7：00～24：00 日・祝 💳M.V. 🚇U1,2,3,6,7,8 Hauptwacheから徒歩3分 🔗www.rewe.de

ミューズリーは種類豊富で迷いそう

zum Frühstück
朝食にピッタリ

ジャストサイズだね！

Superchocmuesli ミューズリーは
ズーパーショクミューズリ チョコ味が人気

€1.99

€1.99

SUPERCHOC
mymuesli

Beerenmuesli
ベーレンミューズリ
ベリー味のミューズリー。85gのカップ入りで1食分にぴったり

Schnitt Vollmilch-Nuss
シュニット・フォルミルヒ・ヌス

トースト用チョコプレート。ミルクナッツ味（左）とビタースイート味（下）。チョコがトローリ溶けてパンとなじむ

Schnitt Zartbitter シュニット・ツァートビター

€1.20
（特価品）

ESZET Schnitten

€1.99

Köy Yoğurdu
キョイ・ヨールドゥ
ヨーグルトの種類は豊富。これはトルコの田舎風。アイスランドのスキール、ギリシアヨーグルトなどもある

YAYLA KÖY YOĞURDU

Meßmer Kamille
25 Beutl

Kamillentea
カミレンティー
カモミールティー

€1.79

レジ袋がほしいときは精算が終わる前に「アイネ・テューテ・ビッテEine Tüte, bitte」と言おう。

103

ブドウ畑に囲まれたワイン醸造の町

リューデスハイム

Rüdesheim

世界遺産

"ラインの真珠" とも呼ばれる美しい小さな町。
ワインの名産地で、町のまわりにはブドウ畑が広がる。
「つぐみ横丁」でおいしい白ワインを試してみて！

リューデスハイムへの行き方

🚄 フランクフルト中央駅から私鉄VIAが1時間に2便、所要1時間10〜20分。€14.80。

Map 別冊P.2-A2

ハンブルク
ベルリン●
フランクフルト●
リューデスハイム
ミュンヘン●

リューデスハイムでやりたい3つのこと

1 ニーダーヴァルトの丘から町とブドウ畑を見下ろす

2 ブレムザー城でワイン博物館を見学

3 つぐみ横丁でワインをテイスティング

TOTAL 3.5時間

リューデスハイムおさんぽ

TIME TABLE

- 14:30 ニーダーヴァルト展望台へ
  ↓ ゴンドラリフト5分+徒歩2分
- 15:30 ブレムザー城でワイン博物館見学
  ↓ 徒歩5分
- 16:00 エンゲルでブランデーコーヒー
  ↓ 徒歩3分
- 17:30 つぐみ横丁をぶらり
  ↓ 徒歩3分
- 18:00 ラーツシュトゥベでディナー

ブドウ畑を見下ろす 14:30

1 ニーダーヴァルト展望台 *Niederwald*

ブドウ畑を見守るわ！

この町に着いたら、まずはゴンドラリフトに乗って展望台を目指そう。リューデスハイムの町とブドウ畑が一望できるビュースポット。

詳しくは → P.28

1871年ドイツ統一のシンボル、ゲルマニアの女神像

リューデスハイムの ℹ️

🏠Rheinstr. 29a ☎06722-906150 🕐4/1〜10/29 10:00〜17:00(土・日・祝10:00〜16:00)
10/30〜3/31 10:00〜16:00
🚫一部の祝、冬期の土・日(クリスマスマーケット時は11:00〜15:00)
🔗ruedesheim.de

内部はワイン博物館 15:30

2 ブレムザー城 *Brömserburg*

ローマ時代からここには城があったという説もあるが、現在の城は11〜12世紀に造られたものが基盤となっている。現在、内部はワイン博物館となっており、ワイン造りで使用していた古い道具や貴重なワイングラスなどが展示されている。

寒いドイツでブドウの栽培に苦心した先人の知恵を学ぼう

ワイン醸造の歴史が学べる

🏠Rheinstr. 2 ☎06722-2348 改修のため2024年現在閉館中 🚶観光案内所から徒歩7分 🔗www.rheingauer-weinmuseum.de

Weinlerpfa

Oberstr.

Burgstr.

2

リューデスハイム駅

ビンゲン行きフェリー船着場

✉️ 高台のブドウ畑を走る観光ミニトレインからの眺めもおすすめですよ！(福岡県・めん)

ワインの町を散歩

クリスマスマーケットで入手できるグリューワインの器は、ぽってりとしてかわいい

見渡す限りのブドウ畑が黄色く色づく

四季折々のリューデスハイム

リューデスハイムは、ライン川と谷の斜面を覆うブドウ畑の景観で人気の町。世界遺産「ライン渓谷中流上部」の最上流地帯として登録されている。夏の観光シーズンともなれば行き交う船と青い空、そしてグリーンの絨毯という絶景が望める。秋もまた丘一面が黄金に輝き、さらに魅力を増す。冬のクリスマスマーケットのにぎわいも名高い。

さあどうぞ！

---

3 16:00

クラシカルな正統カフェ
エンゲル Engel

地元のメーカーのブランデーを使ったリューデスハイマーカフェを注文するとテーブルで実演してくれる。アイスパフェの種類も豊富。2024年5月まで改装中。つぐみ通りの坂の上に同系列のカウンターバー店エディーズ・エッケ Eddis Eck Cocktail bar がある。リューデスハイマーカフェは€8（現金のみ）。

ブランデーを入れ火をつけてフランベ　コーヒーを注ぐ　クリームをのせる

ブランデー小瓶入り！

🏠Drosselgasse ☎06722-4024780 ◐10:00～18:00 ❹月、12/24、1・2月 💶€2.80～ Card D.J.M.V ◉観光案内所から徒歩5分

リューデスハイマーカフェは町のカフェならたいてい飲める

ブドウの看板が目印だよ

4 17:30

世界で最も愉快な小路
つぐみ横丁 Drosselgasse

つぐみ横丁は、ライン川の桟橋と高台の山側のオーバー通りを結ぶ150mあまりの小さな道。沿道のワイン酒場からは生演奏が流れ、陽気で活気にあふれている。年間300万人以上もの観光客が訪れるリューデスハイムで、誰もが訪れる名所になっている。

町一息な坂ひと休みしよ♪

0 — 100m
N

① へ

ニーダーヴァルト行きゴンドラリフト乗り場

Schmidtstr.

Löhrstr.

⑤ マルクト広場 Marktpl.

Drosselgasse つぐみ横丁 ④ デスⓇ通

市庁舎

観光案内所 Rheinstr.

③ ライン通り

KDライン観光船 船着場

マルクト広場ではクリストキントの誕生セレモニーが！

食べ歩きがクリスマスマーケットの楽しさ！

---

5 18:00

伝統的ドイツ料理
ラーツシュトゥベ Restaurant Ratsstube

マルクト広場そばのドイツ料理レストラン。イタリアンやエスニックのテイストを取り入れたサラダもおいしい。ハンバーガーやステーキも人気。

🏠Marktstr.26 ☎06722-3461 ◐17:00～21:00、土・日12:00～21:00 ❹月・祝、クリスマスマーケット期間以外の冬期に長期休業あり 💶€12.90～ Card D.J.M.V. ◉観光案内所から徒歩4分 URLwww.ratsstube-ruedesheim.de

1. ぷりぷりの食感が口いっぱいに広がるエビとガーリックのオリーブオイル炒め€14.90
2. シュニッツェルのレモンとクランベリージャム添え€16.50。ソースはキノコクリームやウィスキー風味のペッパーソースも選べる

対岸のビンゲンBingenとの間にはフェリーFähreが運航、数分の船旅を楽しめる。

活気ある商業タウンの3大名物を制覇!
デュッセルドルフ *Düsseldorf*

Map 別冊P.2-A2

デュッセルドルフ
への行き方

🚄 フランクフルト中央
駅からICEで所要約1時
間30分〜2時間50分、
€53.90〜103.70。

デュッセルドルフ
旧市街の ℹ

🏠 Rheinstr. 3
☎ 0211-17202840
🕐 10:00〜18:00
📅 12/25、1/1
🚇 市庁舎から徒歩1分
URL www.
visitduesseldorf.de

ライン川沿いに位置する商工業がさかんな町。
日系企業も多く、ドイツのなかで最も日本人在住者が多い。
駐在員もイチオシの老舗マスタードや名物スイーツはマストバイ!

デュッセルドルフでやりたい
3つのこと
1 名物マスタードを
手に入れる!
2 人気スイーツを
Get!
3 ご当地ビール、アルト
ビーアにトライ!

定番

ORIGINAL
Löwensenf
gegr. 1905
DÜSSELDORF

オリジナル・マスタード
Original Löwensenf
€9.95/250g

オリジナル・マスタード
Original Löwensenf (Extra)
€1.50/100ml

名物の**マスタード**を手に入れる!

大手メーカー「レーベンゼンフ」の
本拠地だけに直営店の品揃えは豊富。
観光インフォメーションの
品揃えも侮れない!

1. 陶器の容器も人気
2 デュッセルドルフでよく
見かけるキャラクター側転
マンのパッケージ 3. ド
レッシングも豊富

マスタード
Düsseldorfer
Radschläger
€6.95/250g

4. 店の奥では古い広告や工場の歴史を展示している 5. 古いレジスター
や香辛料を入れていた引き出しに老舗のプライドがうかがえる

インフォメーション
でゲット!

マスタードシードオイル
Düsseldorfer Ölmanufaktur
€14.90

DÜSSEL DORFER MANU FAKTUR
SENFÖL

MOHEM

オリジナル・スパイス
Düsseldorfer Senfbraten Gewürzmanufaktur
€14.90

1.マスタードと混ぜて、
肉の上にたーっぷりと
塗るデュッセルドルフ
名物の肉料理に使うス
パイス。辛くはない
2マスタードシードオ
イル。くせがなくサッ
パリとした風味 3.
ゆっくりできる広い観
光インフォメーション、
おみやげも各種揃う

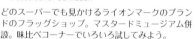

レーベンゼンフ直営販売店
デュッセルドルファー・
ゼンフラーデン
Düsseldorfer Senfladen

どのスーパーでも見かけるライオンマークのブラン
ドのフラッグショップ。マスタードミュージアム併
設。味比べコーナーでいろいろ試してみよう。

Map 本誌P.107

🏠 Bergerstr. 29 ☎ 0211-8368049 🕐 10:00〜14:00、15:00
〜19:00(金・土10:00〜17:00) 📅 12/24〜26・31、1/1・2、
カーニバルの数日 💳 不可 🚋 トラム780,785番 U70,78
Heinrich-Heine-Allee駅から徒歩5分 URL www.loewensenf.de

人気スイーツをGet!

国際空港の免税売店で人気のシャンパントリュフのほかにも人気スイーツがいっぱい！

シャンパントリュフ
Champagne-Trüffel
€12.95/100g
(商品によって異なる)

1968年に発売され、今ではハイネマンの代名詞

クリスマスバージョンのパッケージ
€24.40 (287g)

パッケージは季節により変わる

エコバッグもいかが？

社長のハイネマンさん

駐在員のクチコミで人気
ハイネマン
Konditorei Chocolatier Café & Restaurants Heinemann

ラインラント地方の有名菓子店。シャンパントリュフはドイツでいちばんおいしいと評判。13店舗の各工房で作る生菓子は新鮮さも自慢。

Map 本誌P.107

🏠Martin-Luther-Pl. 32 ☎0211-132535
🕐月〜金9:00〜19:00、土9:00〜18:30、日・祝10:00〜18:00 🚫€3.45〜 💳A.D.J.M.V. 🚇U70,78 Steinstr./Königsallee 駅から徒歩3分 🌐www.konditorei-heinemann.de

お店で手作り

ビールを運ぶ陽気なダニエルさん

シューマッハー・アルト
Schumacher Alt
€2.20/250ml

グリル肉の盛り合わせ

シューマッハーズハウスブレット(4人以上向け)
Schumachers Housbrett (ab 4P)
€24 (1人分)

老舗の醸造元ビアホール
シューマッハー・シュタムハウス
Brauerei Schumacher Stammhaus

1838年にアルトビーアを醸造した草分け。琥珀色のシューマッハーアルト(4.6%)は、今も伝統製法を忠実に守り醸造されている。

アルトビーアAltbierにトライ!

上面発酵ビールの軽い味わいの名物ビール。250mlという小さなグラスで飲めるのもうれしい。

Map 本誌P.107

🏠Oststr. 123 ☎0211-8289020
🕐火15:00〜23:00、水11:30〜23:00、木・金11:30〜24:00、土11:00〜24:00、日11:00〜22:00、12/24・31は時短、温かい料理の注文は火〜土22:00まで、日21:00まで 🚫月、12/25・26、1/1〜1/9 💳M.V.(€20〜) ☕ビール小€2.75〜 🚇中央駅から徒歩8分 🌐www.schumacher-alt.de

市庁舎のある旧市街は、石畳の両側に飲食店が並ぶ。通称「世界で最も長いバーカウンター」。ライン川沿いは緑地が多く、市民の憩いの場となっている。

デュッセルドルフ Düsseldorf

デュッセルドルフの町歩き
商工業の町として知られるデュッセルドルフ。地区によって異なる町の表情を楽しみながら歩いてみよう。まず、日系の店が多いのがインマーマン通り。書店からラーメン屋まで日本語の看板が並ぶ。その南側はビジネスパーソンが行き交う界隈。ケーニヒスアレーは南北に流れる運河の木陰が心地よい空間。ブランドショップもこのあたりに集中している。

世界最大のゴシック聖堂がそびえる町
ケルン Köln

ケルン中央駅前にそびえる大聖堂はドイツ人観光客も多数訪れるマストスポット！　フランス語で「ケルンの水」を意味するオーデコロン発祥の地としても知られている。

ケルンでやりたい3つのこと

1 大聖堂の聖遺物を見て、全貌をカメラに！
2 老舗の香水店でオーデコロンを買う
3 伝統料理とご当地ビールを試す

Map 別冊P.2-A2

ハンブルク
ベルリン●
●ケルン
フランクフルト
ミュンヘン●

ケルンへの行き方

フランクフルト中央駅からICEで約1時間5分〜2時間30分。ケルン・ドイツ駅着。€47.90〜96。

ケルンの🛈

Kardinal-Höffner-Pl. 1
☎0221-346430 ◉9:00〜18:00 ㊡日・祝
URL www.cologne-tourism.com.

まずは
ケルン大聖堂を見に行こう

世界遺産 ゴシック建築の最高峰
ケルン大聖堂
Der Kölner Dom

1248年に着工し600年以上の歳月を費やして造られた。高さ157m、2本の塔がそびえる姿は圧巻。外壁に施された彫像やファサードのレリーフも美しい。南塔には階段で上れる。

Map 本誌P.109

🏠 Domkloster 3
◉6:00〜20:00、塔　5〜9月9:00〜18:00、3・4・10月9:00〜17:00、11〜2月9:00〜16:00
宝物館　10:00〜18:00
㊡無休 ◉塔€6、宝物館€7、塔と宝物館の共通券€10 ◉中央駅から徒歩1分 URL koelner-dom.de

鉄道と大聖堂のコンビネーション

ホーエンツォレルン橋の近く

ケルン・ドイツ駅の北口を出て、ホーエンツォレルン橋の手前で、列車と大聖堂のツーショットが撮れる。

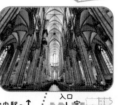

ケルン大聖堂のお宝拝見
Treasures of Köln

内部には東方三博士の聖遺物が入った黄金の聖棺がある。ほかにも祭壇や絵画などがたくさんあるのでゆっくり見て回りたい。

身廊
天井までの高さは43.5mあり、奥行き以上の広さが感じられる

東方三博士の聖棺
三博士の頭蓋骨が入った世界最大の黄金の棺

中央駅へ↑

入口
↓宝物館
聖具室
内陣
身廊
聖歌隊席　祭壇
入口
バイエルン窓
翼廊
南塔入口（地下）

0　20m

バイエルン窓
ルートヴィヒ1世が寄進したステンドグラス

ろうそくを奉納する家族。カトリックの大聖堂として現役の祈りの場だ

　✉大聖堂周辺で記念撮影を呼びかける人は法外なモデル料を請求するので注意！（秋田県・1番）

ケルン大聖堂の
Best View of Köln
ベストビュー

高い尖塔をもつ大聖堂は、近づき過ぎると全景がよく見えない。おすすめはライン川の対岸から。ドイツを象徴する高速列車とのツーショットもぜひカメラに収めて。

橋の向かいのビルの上から

高いところから全貌を見れば大聖堂の大きさがよくわかる

ここから見られるよ！

見応え満点の世界遺産！

メッセ地区の高層ビル
トリアングルパノラマ展望台 KölnTriangle Panorama
Map 本誌P.109

🏠Ottopl. 1 ☎0221-355004100 🕐11:00～20:00
(12/24～16:00) 休12/31、カーニバル期間、悪天候時閉鎖 料€5 🚶ケルン・ドイツ駅から徒歩2分
URL www.koelntrianglepanorama.de

愛を誓うホーエンツォレルン橋

ホーエンツォレルン橋は、恋が実る錠前の橋として有名なところ。ふたりで一緒に鍵をかけ、外れないように鍵を川に投げ捨てるのがお約束。橋にはふたりの名前を彫った幸せの錠前がいっぱい！

好きな人とずっと一緒に

右下がホーエンツォレルン橋♪

大聖堂の見えるカフェ
ライヒャルト Cafe Reichard

夏期は大聖堂に面したテラスがオープン。ホームメイドのりんごパイ€7.90、バウムクーヘン€5.90がおすすめ。

🕐8:30～19:00（金・土・日～20:00）、12/24・25・31、1/1は時短 休無休
Card M.V.

P.111 ヒルトン・ケルン
P.111 エクセルシオール・ホテル・エルンスト
ケルン大聖堂 P.108
Der Kölner Dom
ローマ・ゲルマン博物館（改装中）
ルートヴィヒ美術館 P.110
Museum Ludwig
ハウス・オブ・4711
P.110
ブラウハウス・ジオン P.111
旧市庁舎
Altes Rathaus
アルター・マルクト Altes Markt
ファリナハウス
P.110 ヴァルラーフ・リヒャルツ美術館
KDライン川観光船 船着場
ビアハウス・アム・ライン P.111
ワインハウス・ブルングス P.111
チョコレート博物館 P.110
Schokoladenmuseum
トリアングルパノラマ展望台
Köln Triangle Panorama
P.109
ホーエンツォレルン橋
Hohenzollernbrücke
ケルン・ドイツ駅
Bf. Köln-Deutz
ドイツァー橋
Deutzer Brücke
メッセ会場
Messe
ケルン中央駅
Hauptbahnhof
コンタスブラジル P.112
シーモン・ウント・レノルディ P.112
ザロン・シュミッツ P.112
ヴェヴィ P.112
ブリュッセラー広場
オペラハウス
Opernhaus

ケルン Köln

ケルン西駅
Köln West

Friesenpl.
Magnusstr.
Hohenzollern Ring
Breite Str.
Brückenstr.
Hohe Str.
Appellhofpl.
Hahnenstr.
Rudolfpl.
Brüsselerstr.
ライン川 Rhein

タイムライド TimeRide
各地で人気のVR体験アトラクション。

🕐10:40～18:30（木～土10:00～20:00）
料€16.90（所要約45分）URL timeride.de

N
0 100 200m

いい香りよ！

オーデコロン発祥の地で
好みの香りを
見つけて！

イタリアの
調香師伝統の
レシピよ

パッケージが
かわいい

ドイツを代表するブランド
ハウス・オブ・4711
House of 4711

オーデコロン発祥の店のひとつ。店内にはオーデコロンの泉がわき出るしかけがあって楽しい。英語でのガイドツアーや香りセミナーはウェブから問い合わせを。

Map 本誌P.109

🏠 Glockengasse 4
☎0221-27099911
🕐9:30～18:30（土～18:00、12/24・31～13:00）休日・祝、カーニバルとイースターの数日
Card J.M.V.
🚇大聖堂から徒歩3分
URL www.4711.com

ここからオーデコロンが出てくるの

香りはすべて同じシトラス系　1. スパークリングワイン（発売休止中）€7/25mℓ　2. 懐中時計フォルムの瓶€28/150mℓ　3. 昔から使われてきた定番のモラヌス瓶€28/150mℓ

オーナーは名誉市民
ファリナ・ハウス
Farina-Haus

4711より100年早い、と主張するライバル店。小さな博物館があり、45分のガイド付きツアー（€8～）で香水の歴史が学べる。

Map 本誌P.109

🏠 Obenmarspforten 21
☎0221-3998994　🕐月～土10:00～19:00、日11:00～17:00（12/24・31～16:00）休祝、カーニバルとイースターの数日
Card A.J.M.V.
🚇大聖堂から徒歩3分
URL farina1709.com（ショップ）
farina.org（博物館）

1. シトラスの香りのミニボトル€29/30mℓ　2. 古い製造器具や宣伝用ポスターが展示　3. 店舗カラーは赤

ケルンのおすすめ
博物館＆美術館

モザイクが美しい
ローマ・ゲルマン博物館
Römisch-Germanisches Museum

2世紀頃のモザイク画がこの場所で見つかり、博物館の目玉となっている。2025年まで長期修復閉館中。所蔵品の一部はベルギッシェス・ハウスBergisches Haus内で随時公開している。

Map 本誌P.109

🏠 Roncallipl. 4
URL roemisch-germanisches-museum.de
ベルギッシェス・ハウス
🏠Cäcilienstr. 46　🕐水～月10:00～18:00　料€6

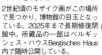

宗教画の名作を収蔵
ヴァルラーフ・リヒャルツ美術館
Wallraf-Richartz-Museum

14世紀から16世紀の、ケルン派と呼ばれる画家たちの宗教画を中心に、クラーナハ、デューラー、レンブラント、ルーベンス、ゴッホ、ルノワール、マネなど、ヨーロッパの各時代の名画を所蔵している。

Map 本誌P.109

🏠 Obenmarspforten　🕐10:00～18:00（第1・3木～21:00）休月、1/1、カーニバル期間、11/11、12/24・25・31、1/1　料€8
URL www.wallraf.museum

人気チョコの秘密がわかる
チョコレート博物館
Schokoladenmuseum（Imhoff-Stollwerk-Museum）

ケルンの有名チョコレートメーカーImhoff-Stollwerkの工場兼博物館。ライン川にせり出したガラス張りの船のような建物も印象的。大聖堂前広場から工場までSL型の観光車両（片道€5）が運行。

Map 本誌P.109

🏠 Am Schokoladenmuseum 1a
🕐10:00～18:00（土・日・祝11:00～19:00）　休11・1～3月の月曜、冬期休業あり、カーニバル期間、12/24・25、1/1　料€14.50、週末€16
URL www.schokoladenmuseum.de

©Schokoladenmuseum Köln

現代アートの殿堂
ルートヴィヒ美術館
Museum Ludwig

ドイツ表現主義からピカソ、ウォーホル、リキテンシュタインをはじめとするアメリカのポップアートなど、20世紀美術コレクションを誇る。ケルン・フィルハーモニーのコンサートホールも同じ建物に入っている。

Map 本誌P.109

🏠 Heinrich-Böll-Pl.　🕐10:00～18:00（第1木～22:00）　休月、カーニバル期間、12/24・25・31、1/1　料€12　URL www.museum-ludwig.de

大聖堂裏のライン川沿いにはレストランが並ぶ。夏は外の公園にまでテーブルが！（東京都・パンダ）

1318年創業の老舗
ブラウハウス・ジオン
Brauhaus Sion

ケルシュビール醸造所直営パブで、広い店内は活気にあふれている。各種伝統料理が食べられ、ビールに合う各種ソーセージが名物。渦巻き型や長いソーセージが人気。

Map 本誌P.109

🏠Unter Taschenmacher 5-7　☎0211-2578540
🕐12:00～24:00　🍺ケルシュビール（0.2ℓ）€2.30
💳D.J.M.V.　🚶大聖堂から徒歩3分
🌐www.brauhaus-sion.de

€18,40
目玉焼き付きカツ煮
Bierkutscher Kotelett
ビーアクッチャー・コテレット

並んでいても広いので意外に待ち時間は少ない

1/4メートルの
焼きソーセージ
ジャガイモ付き
1/4 Meter Bratwurst
フィアテル・メーター・
ブラートヴルスト

€15.40

地元料理を楽しめる
伝統的な
レストランへ

ライン川を眺めて乾杯！
ビアハウス・アム・ライン
Bierhaus am Rhein

ライン川沿いのかわいいデルフト（オランダ）風の建物。テラス席があり、内装もかわいらしい。料理は古きよきビアハウスのスタンダード。女性2人なら1皿でもシェアOK。

部屋はいくつかあり
雰囲気が違う

€15,80
アルザス風
フラムクーヘン
**Flammkuchen
Elsässer Art**
フラムクーヘン・
エルゼッサー・アート

ケルシュ
ケルシュKölschという地ビールは、軽い口当たりで、ほどよい苦味のある味わい。200mℓの細長いグラスだから量も見た目も😊。ただしグラスが空になる頃合いでおかわりが来るわんこ方式。「いりません！」のサインはグラスにコースターで蓋をする。

女子好みの
ライトな
のど越し

Map 本誌P.109

🏠Frankenwerft 27　☎0221-8001902
🕐夏期11:00～23:00　冬期水・木16:00～
翌1:00、金・土12:00～翌1:00、日11:00
～22:00　🈳祝、冬期の月・火、1/1～1/8
💰€14.90　💳A.D.M.V.　🚶大聖堂から
徒歩5分
🌐www.bierhaus-am-rhein.de

€18.90
牛肉煮込み、
紫キャベツ添え
ラインッシャー・
ザウアーブラーテン

€3,90
突き出し（豚のタルタル）
Bierhappen mit Zwiebeln

名店の誉れ高い
ワインハウス・ブルングス　**Weinhaus Brungs**

16世紀のケルンにおける典型的な商家の名残をそのまま残す、伝統のあるワインレストラン。同市を訪れる要人が案内されることも多い。

Map 本誌P.109

🏠Marspl. 3-5　☎0221-2581666
🕐12:00～24:00　🈳無休
💰€25～　💳M.V.　🚶大聖堂から徒歩5分　🌐www.weinhaus-brungs.de

€24.90
豚のコテレット
季節の野菜添え
Kotelette mit Saisongemüse
コテレッテ・ミット・ゼゾングミューゼ

シックな雰囲気の店内

ジロール茸のスクランブルエッグ添え
Pfifferlinge mit Rührei
プフィッファリンゲ・ミット・リューアイ

ケルンに泊まるならココへ！　**実用重視の安心ホテル**

駅前の老舗ホテル
エクセルシオール・ホテル・エルンスト
Excelsior Hotel Ernst

大聖堂に近い、ケルンで最も格式があるホテル。アジアンレストランの評判もよい。

立地も設備も申し分なし

Map 本誌P.109

🏠Trankgasse 1-5, Dompl.　☎0221-2701
🛏S€290～　W€320～　朝食別€44　💳A.D.J.M.V.　🛌137室
🚶大聖堂から徒歩2分　🌐www.excelsiorhotelernst.com

ジムやフィットネス完備
ヒルトン・ケルン
Hilton Cologne

アメリカの大手資本の経営だけあって、ビジネスやツアー客の利用が多いホテル。

モダンで機能的な
5つ星ホテル

Map 本誌P.109

🏠Marzellenstr. 13-17　☎0221-130710
🛏SW€158～、朝食別€29　💳A.D.J.M.V.
🛌296室　🚶中央駅から徒歩4分　🌐www.hilton.com

ケルン中央駅付近はICE、ICがよく遅れるのでスケジュールには余裕をもって。

おしゃれさんが集まる
ケルン・ベルギー地区をぶらり

旧市街の西にある「ブリュッセラー広場」の近くには若いデザイナーの店やおしゃれなカフェが並ぶエリアがある。掘り出し物を見つけよう。

TOTAL
3時間半

ベルギー地区おさんぽ
TIME TABLE

11:00 ケルン西駅からスタート
↓ タワーを背に進み、最初の角を右へ。ブリュッセラー広場へ徒歩10分
11:15 コンタスブラジルで手作りアクセとバッグをチョイス
↓ 徒歩3分
12:00 サイモン・ウント・レノルディでファッションチェック
↓ 徒歩5分
12:45 ザロン・シュミッツでランチ
↓ 徒歩5分
14:10 ヴィーガンデザートならヴェヴィへ

1 個性的なデザイン 11:15
コンタスブラジル
Contasbrasil

オーナーはとても陽気なブラジル人。ドイツとブラジルの文化を融合させたデザインを目指し、カラフルで個性的なバッグとアクセサリーを作っている。柔らかな革を使い、何通りにも持てる機能的なバッグがおすすめ。

🏠Brüsselerstr. 58 ☎0221-16878071 ⏰11:00〜18:30、±11:00〜18:30 休日・祝 Card不可 Uケルン西駅Köln Westから徒歩13分 URLwww.contasbrasil.de

ロープでざっくり編んだバッグ€79

ネックレス€98

形が変わるバッグ€165

オーナー＆デザイナーのスザナさん

お店で作ってます！

ケルン西駅
Köln West

Friesenpl.

ブリュッセラー広場
Brüsseler Pl.

Maastrichter Str.
1 3 2

Aachener Str.

Moltkestr.
（トラム駅）

Rudolfpl.

4

Linderstr.

シナゴーグ

Brüsselerstr.

Hohenzollern Ring

1. ハンドバック€139
2. ニットキャップ€139、ジャケット€490、Tシャツ€100、ジーンズ€230、ブーツ€290
3. ファッション雑貨も豊富

2 ドイツの人気ブランドをセレクト 12:00
サイモン・ウント・レノルディ
Simon und Renoldi

ドイツのトレンドを意識し、人気のアクセサリーや服を揃えるセレクトショップ。コーディネートしやすいスニーカーやバッグなどの小物も個性的。

🏠Maastrichter Str. 17 ☎0221-94587031 ⏰11:00〜19:00 休日・祝、12/31、1/1 カーニバルとイースター期間は不定休 CardA.J.M.V. UU12,15 Rudolfpl.駅から徒歩5分 URLsimonundrenoldi.com

3 おかずが選べる 12:45
ザロン・シュミッツ
Salon Schmitz

料理は隣の肉屋でテーブル番号を伝えて注文するシステム。ショーケースからキッシュやサラダを選べる。ドリンクはレストランで注文できる。

🏠Aachener Str. 28 ☎0221-1395577 ⏰9:00〜翌1:00 朝食メニューは9:00〜12:00（土〜14:00、日〜15:00) 休1/1 €2.90〜 CardD.J.M.V. UU12, 15 Rudolfpl.駅から徒歩3分 URLsalonschmitz.com

フルーツヨーグルトもブランチの定番

朝食クラシック3で、ハムとクリームチーズを選択、€11.80。サラダはビーツ、レンズ豆、米とフェタチーズの3種盛り小サイズで€6。チェリーとバナナのジュース€4.10

ワッフルのアップルスペシャル€6.50、抹茶ラテ€4.50

4 スイーツは自家製 14:10
ヴェヴィ
Vevi Cafe

こじんまりして居心地の良いベジタリアン・カフェ。ドリンクのミルクはオーツまたは豆乳が基本で、アーモンド、ライス、ヘーゼルナッツ、ココナッツなどのミルクは€0.50追加。

🏠Brüsseler Str. 29 ☎0221-29856678 ⏰10:00〜18:00 休火・12/24〜26・12/31〜1/2・復活祭 €2.50〜 Card不可 UU12, 15 Rudolfpl.駅から徒歩6分 URLvevi-cafe.eatbu.com

ブリュッセラー広場周辺はきれいな路地だけど、西駅周辺は大通りで雰囲気はいまいち。明るいうちに帰ろう。（東京都・ケイ）

「私たちの密かなお気に入りはコレ!」

ホントは内緒にしておきたい、
取材班が必ず買っちゃうグッズを大公開!

ダルマイヤー・プロドーモ
Dallmayr prodomo

香りが
バツグン!

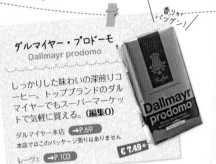

しっかりした味わいの深煎りコーヒー。トップブランドのダルマイヤーでもスーパーマーケットで気軽に買える。(編集O)

ダルマイヤー本店 →P.69
本店ではこのパッケージ売りはありません

レーヴェ →P.103

€ 7.49

ダルマンズ・サルバイ・ボンボン
Dallmann's Salbei Bonbons

€ 1.75

€ 1.45

レトロなデザインが目を引くセージをブレンドしたのど飴。赤い缶はブルモールベーレンミッシュングPulmoll Beeren-Mischungで、ベリー味。チューブのアジョナ・ストマティクムAjona Stomaticumは刺激の強い歯磨き粉。少量でスッキリ、旅先で便利。(編集A)

デー・エム →P.145

€ 1.35

ロンネフェルト・アールグレイ
Ronnefeldt Earl Grey

€ 9.90

€ 6.20

ロンネフェルトは1823年にフランクフルトで設立された老舗の高級紅茶商。その品質はヨーロッパをはじめ世界で評価されている、至福の一杯はマストバイ!(コーディネーターS)

フランクフルト Map 別冊 P.9-C1

手軽で
おいしい

ドクター・ハウシュカ ゲズィヒツトーニクム (フェイシャル・トナー)
Dr. Hauschka Gesichtstonikum (Facial Toner)

目指せ!
プルルン肌

€ 25.50

ドクター・ハウシュカの化粧水。フランクフルトのANAのカウンターのお姉さんもご愛用とか♪空港では売り切れることもあるので確実に市内でGETして!(ライターI)

カイザー・アポテーケ →P.145

アクティヴ・ザウアーシュトフ・フレッケン・ツヴェルク
Aktiv-Sauerstoff Flecken-Zwerg

赤ワインや
紅茶のシミに

環境に配慮した製品で日本にもファンが多いフロッシュ。カエルのパッケージがかわいいこれは90mℓとミニサイズのシミ取り。コーヒーや袖口の汗汚れなど旅行中に便利。(編集K)

デー・エム →P.145

€ 2.15

ベーレン ポリッジ・ブライ
Beeren Porridge Brei
&
アロス・ダス・ウンゲズューステ ヌスミューズリ
Allos Das Ungesüßte Nuss-Müsli

冬はホット
必食よ!

€ 5.99

朝食に食べるミューズリーやポリッジは、たくさんの種類がある。スーパーに行くと棚一列全部がミューズリーだったり! ブライBreiは、あったかいミルクで作る。(ライターH)

LPGビオマルクト →P.147

€ 3.99

Burgenstraße
古城街道

歴史に思いをはせてみよう

古城街道は、マンハイムからネッカー川沿いを通り、チェコのプラハへ抜けるルート。
沿道には大小70もの古城が残っている。
URL www.burgenstrasse.de

凡例
鉄道
古城街道
ロマンティック街道

Map 別冊P.2-A3〜B2

フランクフルト
Frankfurt am Main
P.90

ライン川　Rhein

マンハイムは17世紀から18世紀にかけて計画的に造られた都市。円形の環状道路の中に碁盤の目のように道路が交差している。見どころはドイツ最大のバロック様式の建築物である選帝侯宮殿。

🚄 ICEでフランクフルトから35分〜1時間。

🏛 Willy-Brandt-Pl. 5　☎0621-49307960　🕐月〜金9:00〜17:00、土9:30〜16:00、日10:00〜14:00
㊡祝　URL www.visit-mannheim.de

マンハイム
Mannheim

古城ホテル

ヒルシュホルン城
Burg Hirschhorn

13世紀に起源をもつ城で現在は古城ホテルとなっている。本城（Palas）と厩舎を改装した別館があり、ほとんどの部屋からネッカー渓谷を眺めることができる。敷地内にはテラス席のあるレストランとカフェも併設。

🚄 ハイデルベルクからS1でHirschhorn(Neckar)下車。所要30分。1時間に2便程度。駅から城まで約1km。

2024年現在改装のため閉館中

📍 Schlossstr. 39-45
☎06272-92090　🛏25室

50分

110分

P.71

ヴュルツブルク
Würzburg

古城ホテル

ホルンベルク城
Burg Hornberg

11世紀に建築された古城を改装したホテル。ゲーテの戯曲に登場する中世の騎士・鉄腕ゲッツが晩年を過ごした城としても知られている。周囲はブドウ畑となっており、館内にはワインショップもある。

🚄 ハイデルベルクからS1でMosbach-Neckarelz乗り換え。S41でNeckarzimmern下車。所要1時間、1時間に1便程度。駅から城まで約1.6km。
☎06261-92460　💰S€79〜、W€139〜　Card M.V.　🛏24室　URL www.burg-hotel-hornberg.de

10分

グッテンベルク城

45分

ハイデルベルク
Heidelberg
P.120

見学可能

ハイデルベルク城
Schloss Heidelberg

13世紀にプファルツ伯の居城として建てられ、以後ゴシック、ルネッサンス、バロックなど時代ごとに改装や増築が行われた。館内には世界最大級のワインの大樽とドイツ薬事博物館など、見どころも多い。

P.120

40分

バート・ヴィンプフェン
Bad Wimpfen

町は「下の町」と「上の町」の2つに分かれており、「上の町」は中世のたたずまいを残している。町の象徴となっている青の塔や、赤い砂岩で造られている赤の塔などは12世紀後半に建てられたもの。

🚄 ハイデルベルクからICで約40分。

🏛 Hauptstr. 45　☎07063-53230　🕐月〜金10:00〜12:00、14:00〜17:00、4〜10月の土10:00〜12:00　㊡日、11月〜イースターの土　URL www.badwimpfen.de

15分

55分

ハイルブロン
Heilbronn

ネッカー川　Neckar

シュヴェービッシュ・ハル
Schwäbisch Hall

12世紀にこの町で銀貨が鋳造され始め、その後おおいに繁栄する。町は古くから塩の産地として知られ、現在でも塩水が湧いており、塩水浴場ではプールとサウナに入ることもできる。

ハイデルベルクからのネッカー川沿いのルートは、REでHeilbronn Hbf乗り換え、Schwäbisch Hall-Hessental下車。所要約2時間。2時間に1便程度。

シュトゥットガルト
Stuttgart

 ハイデルベルクから川沿いの車窓もすてきな景色！（山梨県・モモ）

114

古城街道の攻略法

交通手段 鉄道の場合は、ハイデルベルクとニュルンベルクを起点に日帰りで近隣の古城を訪れるといい。古城街道沿いのハイデルベルク〜ニュルンベルク間は直通がなくローカル線の乗り継ぎ。1〜2時間に1便程度なので、古城の訪問は1日で2〜3ヵ所が目安。

服装 城は山の上にあることが多いので、荷物は最小限にしてハイキングのつもりで歩こう。駅から遠い場合はタクシーを利用する。

旅の季節 紅葉シーズンの10月下旬〜11月がおすすめ。6〜7月は22時頃まで明るいので城をたくさん眺められる。

見学可能
プラッセンブルク城
Burg Plassenburg

城は12世紀にはすでに記録されており、長い歴史をもつ。14世紀から18世紀の終わりまでホーエンツォレルン家の城になっていた。城内には錫人形博物館をはじめ、4つの博物館がある。

🚌 バイロイトBayreuthからREでクルムバッハKulmbach下車。所要約30分。30分毎。城までプラッセンブルク・エクスプレスというバスが1時間に1〜2便出ている。所要約5分。城まで約1.6km。

ℹ️ Festungsberg 27 ☎09221-947505 🕐4〜10月9:00〜18:00、11〜3月10:00〜16:00 🔵12/24・25・31、1/1、カーニバルの火 🎫共通券(4つの博物館を含む)€7
URL plassenburg.de

古城街道

リヒテンフェルス
Lichtenfels **20分**

クルムバッハ
Kulmbach

ビール醸造と粗挽きソーセージでもよく知られた町。ビール造りは600年以上前から行われており、町の中心マルクト広場には地元産のビールが飲めるレストランもある。

🚌 ニュルンベルクからREで約1時間40分。

ℹ️ Buchbindergasse 5 ☎09221-95880 🕐4〜10月9:00〜18:00 (土10:00〜13:00)、11〜3月10:00〜17:00 🔵4〜10月の日曜、11〜3月の土・日、12/24〜26・31、1/1
URL www.kulmbach.de

15分

40分

バンベルク
Bamberg

神聖ローマ帝国のハインリヒ2世(在位1002〜1024年)の時代に宮廷がおかれ、司教座都市としても発展した。世界遺産の旧市街とラオホビーアという香り高いビールで有名。

🚌 ニュルンベルクからICE特急、またはREで40〜45分。

ℹ️ Geyerswörthstr. 5 ☎0951-2976200 🕐月〜金9:30〜18:00、土9:30〜16:00、日・祝9:30〜14:00 (11〜2月の月〜金は〜17:00) 🔵1/1、聖金曜日、12/24〜26 URL www.bamberg.info

バイロイト
Bayreuth **P.39**

音楽家ワーグナーが1872年から死去するまで住んだ町。毎年7月下旬〜8月下旬に開かれる音楽祭で有名。音楽祭の時期には、世界中から約10万人のオペラファンが集まる。

🚌 ニュルンベルクからRE快速で約1時間。

ℹ️ Opernstr. 22 ☎0921-88588 🕐月〜金9:00〜18:00、土9:00〜16:00、5〜10月の日・祝10:00〜14:00 🔵11〜4月の日曜
URL www.bayreuth-tourismus.de

ローテンブルク
Rothenburg ob der Tauber
P.74

アンスバッハ
Ansbach

55分

ニュルンベルク
Nürnberg
P.116

30分

45分

ℹ️ Hafenmarkt 3 ☎791-751600 🕐5〜9月9:00〜18:00 (土10:00〜15:00)、10〜4月9:00〜17:00 (土10:00〜15:00) 🔵日、10〜4月の月曜 URL www.schwaebischhall.de

Romantische Straße

> 絵本の中の世界だね

ロマンティック街道
P.70

見学可能
カイザーブルク
Kaiserburg

神聖ローマ皇帝の城で、12世紀に基礎が築かれ、15〜16世紀に現在の形となった。皇帝専用の二重構造の礼拝堂や約60mの深さがある井戸が見られる。旧市街を一望できるテラスもある。

P.117

ミュンヘン
München

このあたりは自転車でツーリングしている旅行者も多い。

城壁に囲まれた中世の面影残る古都
ニュルンベルク
Nürnberg

ゴシック教会や古城があり、木組みの家が建ち並ぶ
かわいらしい旧市街を歩いていると、
まるで中世にタイムトリップしたみたい！

ニュルンベルクへの行き方
🚃フランクフルト中央駅からICEで所要約2時間。€43.90～€73.50。

ハンブルク●
●ベルリン
●フランクフルト
●ニュルンベルク
●ミュンヘン

Map 別冊P.2-B3

ニュルンベルクでやりたい4つのこと
1 聖ローレンツ教会で受胎告知のレリーフを見る
2 美しの泉で金の輪を回す
3 カイザーブルクへ行く
4 職人広場でショッピング

中央広場の ℹ️
🏠Hauptmarkt 18 ☎0911-2336135 ⏰9:30～17:00(日・祝10:00～16:00)、クリスマスマーケット開催時は変更あり 休無休 URL tourismus.nuernberg.de 🚶中央駅から地下道を出て旧市街に入ったところにもある

TOTAL 5時間30分

ニュルンベルクおさんぽ
TIME TABLE

10:00	聖ローレンツ教会
↓徒歩5分	
10:30	美しの泉で金の輪を回す
↓徒歩3分	
11:00	ブラートヴルストホイスレで早めのランチ
↓徒歩10分	
12:00	カイザーブルクから町を眺めて
↓徒歩20分	
13:30	カフェ・アム・トレーデルマルクトでブレイク
↓徒歩1分	
14:00	ロトスでエコ雑貨を探す
↓徒歩15分	
15:00	職人広場をぶらり、フェネストラでガラス工芸をGet

ゴシックの美を堪能 10:00
1 聖ローレンツ教会
St. Lorenz-Kirche

こぢんまりしているが中には精巧な彫刻が。正面右側の入口から入って。

データは→P.119

恋が成就しますように！

2 10:30
恋愛成就のおまじない
美しの泉 Schöner Brunnen

詳しくは→P.118

ラブ運アップの金の輪が大人気。少し高いところにあるけどがんばって！

3 11:00
小さいサイズの名物ソーセージ
ブラートヴルストホイスレ Bratwursthäusle

ホームメイドのソーセージが人気で、次から次へとお客さんが絶えない。注文は6本以上から。10本以上だとハートのプレートでサーブされる。

Map 別冊P.20-A2

🏠Rathauspl.1 ☎0911-227695 ⏰11:00～22:00(日～20:00) (L.O.21:00) 休クリスマスマーケット期間中以外の日・祝、12/24～26・1/1 €9.90～ Card A.D.J.M.V.

炭火焼きでおいしいんよ♪

1. ソーセージの注文は6本～。サイド1品付き€9.90～ 2. 職人広場にも支店あり

  町の中心に川があり、丘の上に城がある。坂道なので距離のわりに疲れた～。(徳島県・テンコ)

URL bratwursthaeusle.nuernberg.de 支店 Königstorzwinger 5a ②駅からの地下道を出て徒歩1分

坂が多いから
たいへんなんだ〜

ここまで登れば
眺め抜群！

城からの →P.115
眠めは

4 12:00

領主気分で町を眺めて

カイザーブルク Kaiserburg

Map 別冊P.20-A1

町の北の高台に建つ城。15〜16世紀の神聖ローマ帝国時代に強固になった。約60mの深井戸と二重構造の礼拝堂が珍しい。展望台からの眺めは最高！

🏠 Auf der Burg 13 ☎0911-2446590 ⏰3/29〜10/3 9:00〜18:00、10/4〜3/28 10:00〜16:00、庭園は8:00〜日没 休1/1、カーニバルの火、12/24・25・31 庭園は11〜4/14 料€9 交中央広場の観光案内所から徒歩10分 URL www.kaiserburg-nuernberg.de

5 13:30

川面を渡る風が心地よい

カフェ・アム・トレーデルマルクト Café am Trödelmarkt

1. ホームメイドケーキ€3.50、コーヒー€3 2. おしゃれな店が並ぶ一角にある

中州にあるカフェ。ペグニッツ川を泳ぐ鴨を眺めたり、岸辺の花に癒やされたり。オーナー自慢のホームメイドケーキもぜひ。2階席からの眺めもいい。

Map 別冊P.20-A2

🏠 Trödelmarkt 42 携帯0172-8939240（携帯）⏰月〜土9:00〜18:00、日・祝11:00〜18:00 休1/1 料€3〜 Card不可 交中央広場の観光案内所から徒歩4分

6 14:30

エコ雑貨や食材の店

ロトス Lotos

Map 別冊P.20-A2

ナチュラルコスメ、自然食品、オーガニック野菜など店内はエコの雰囲気満点。ベジタリアンメニューのカフェもあり、ランチタイムは地元の人で身動きが取れないほどの人気ぶり。

🏠 Unschlittpl. 1 ☎0911-243598 ⏰9:00〜17:00、日〜16:00、12/27〜1/7 11:00〜15:00 休日・祝 Card A.M.V. 交中央広場の観光案内所から徒歩4分 URL www.naturkostladen-lotos.de

1. ラベンダーが香るハートの形のバスボール1個€10〜 2. ナチュラル石鹸各€6.78

7 15:00

手作りのガラス細工

フェネストラ Fenestra

オーナーのケルスティンさんがデザインしたものと、彼女の芸術仲間が手がけたものをセレクトして置いている。お店はアトリエも兼ねており、制作現場も見える。

Map 別冊P.20-B3

待ってます！

1. クリストキントの飾り€49 2. グラス€33.50 3. ミニグラス各€19.90 4. クリスマスオーナメント€18〜

🏠 Handwerkerhof 16 ☎0911-2418511 ⏰10:00〜18:00 休日・祝、1/1〜3・1月、12/25・26 Card M.V. 交駅からの地下道を出て徒歩1分 URL www.fenestra-nuernberg.de

中世のような異空間

職人広場 Handwerkerhof

職人小屋が並ぶおとぎの国

フェネストラがある職人広場はかわいらしい木組みの家が並ぶ観光市場。ガラス、錫、銀などの細工の店やアンティークショップがある。

Map 別冊P.20-B3

⏰11:00〜18:00（飲食店は店舗により異なる）休日・一部の店、12/25・31、1/1 交駅からの地下道を出て徒歩1分 URL www.handwerkerhof.de

坂道から旧市街への地下道は夜遅くなると商店が閉まり雰囲気が悪くなるので注意。

（地図内の表記）
デューラーの家 →P.119
おもちゃ博物館
旧市庁舎 →P.119
Burgstr.
Karlstr.
中央広場
Maxbrücke
Heubrücke
ペグニッツ川
Königstr.
レープクーヘン・シュミット →P.119
N
0 100m
ホテル・ヴィクトリア →P.119
ノースに通り
Königstr.
ゲルマン国立博物館
トーア塔
ニュルンベルク中央駅

開運スポットへGO！
ニュルンベルクで運気アップ♪

職人の町ニュルンベルクには
ロマンティックな駆け落ちの伝説が！
世界中の女性の注目を集める
「美しの泉」へGO！

Schöner Brunnen

美しの泉
Schöner Brunnenのリング

その昔、若い見習いの鍛冶
職人が親方の娘を好きにな
った。一人前になって継ぎ
目のない丸い輪が作れるよ
うになったら結婚させてく
れると言われ、一生懸命精
進した。ある日、親方は二
人が駆け落ちしたことに気
づく。探してみると、美し
の泉に継ぎ目のない金の輪
が掛けられていたそうな。

恋愛成就をお願い
美しの泉
Schöner Brunnen

1396年、八角形の噴水の上に造られた塔。
高さ17mほどの塔は、4段に分かれており、
それぞれ英雄や聖人の像がある。まわりの柵
に付けられた継ぎ目のない黄金のリングを3
回転すると恋が実るといわれている。

Map 別冊P.20-B2

金の輪をクルクル
3回転させよう！

ココ！

zoom UP！

継ぎ目がないた
め、何周回したか
わからなくなるの
で目を離さずに！

だっこで
届いたよ！

気をつけて
のぼって！

夫婦円満で
健康で
いられますように…

人気スポット
だから並ぶときも
あるわよ！

理想の人と
出会えます
ように…

美しの泉のリングは背伸びしても届きませんでした（泣）。恥ずかしいけどよじ登った！（佐賀県・りんご）

ゴシックの美を堪能

聖ローレンツ教会
St. Lorenz-Kirche

1270年から200年余りをかけて建てられた教会。聖体安置塔の透かし模様や台座のレリーフは必見。天井から吊り下げられたマリア様のレリーフも評価が高いレリーフ。

Map 別冊P.20-B2

月〜土9:00〜17:30（祝〜15:30）、日13:00〜15:30（ミサ中は見学不可）無休　€1　中央広場の観光案内所から徒歩5分　www.lorenzkirche.de

ファイト・シュトス作の受胎告知のレリーフが光っている！

この聖体安置塔を作ったクラフトです。台座を支えてます！

心洗われる
美しい教会へ
St. Lorenz-Kirche

ステンドグラスからもれる光が美しく祭壇を照らす荘厳な空間

実際にクッキーが焼けるおもちゃ。子どもが家事を学ぶのにも役立った

ニュルンベルクのおすすめ♪

老舗の菓子屋さん

レープクーヘン・シュミット
Lebkuchen Schmidt

ニュルンベルクの名物菓子レープクーヘンの専門店。ドイツらしい絵柄の缶に入っているのでおみやげにぴったり。

Map 別冊P.20-B2

名物スイーツ、レープクーヘンをお持ち帰り！

Plobenhofstr. 6　0911-25568　月〜土9:00〜20:00、12月の日曜10:30〜18:00　日・祝、12/25・26、1/1、イースターの数日　Card M.V.　中央広場の観光案内所から徒歩2分　www.lebkuchen-schmidt.com

€4.90

こちらが元祖です

€3.90

レープクーヘンって何？

蜂蜜、香辛料、ナッツ類が入ったクッキー。もとはクリスマス菓子だが今では年中食べられる。ドイツ中にあるハート型のクッキーの元祖。

スパイシーで大好き！

懐かしい玩具を展示

おもちゃ博物館
Spielzeugmuseum

ニュルンベルクは世界最大の玩具メッセが開かれる「おもちゃの町」。ここには14世紀から現代まで、さまざまなおもちゃが展示されている。小さなドールハウスやクッキングストーブもあり、おままごとの世界感がうかがえる。

Map 別冊P.20-A2

Karlstr. 13-15　0911-2313164　10:00〜17:00（土・日・祝〜18:00）　月（クリスマスマーケット期間中は開館）、12/24・25　€7.50（オーディオガイド€1）　マーケット広場から徒歩5分　museen.nuernberg.de/spielzeugmuseum

ブリキの車や調理できるままごとコンロなど、時代を映すおもちゃが並ぶ

職人広場の様子が見える

ホテル・ヴィクトリア
Hotel Victoria

建物は古いが部屋はモダン。旧市街や職人広場が真下に見える部屋もある。リクエストに応じて奥のラウンジでコーヒーやクッキーをサービス。

部屋はシンプルモダン

Map 別冊P.20-B3

Königstr. 80　0911-24050　S€82〜、W€102〜　Card A.D.J.M.V.　65室　駅からの地下道を出て徒歩1分　www.hotelvictoria.de

ネッカー川沿いに広がるオレンジ屋根の町並み
ハイデルベルク *Heidelberg*

丘の中腹に古城がそびえるハイデルベルクは、ネッカー川と旧市街のコンビネーションが美しい古城街道きっての人気都市。ドイツ最古の大学があり、学生街ならではの名物みやげも!

Map 別冊P.2-A3

ハイデルベルクでやりたい
3つのこと

1 昼と夜の絶景を楽しむ

2 シュトゥデンテンクスでチョコレートをGet

3 金運UPのおまじない

BEST VIEW
夜

ライトアップならアルテ橋を渡って少し西に行った道路から、橋と古城を狙って

ハイデルベルクへの行き方

🚃 フランクフルト中央駅のらICEまたはICで所要約50分、€17.90〜36.10。

マルクト広場への行き方

🚃 中央駅からトラム5、バス32,33,34番でビスマルク広場へ。広場から歩行者天国のハウプト通りを徒歩10分。

ハイデルベルク中央駅前の ℹ️

🏠 Willy-Brandt-Pl, 1
📞06221-5844444 ⏰10:00〜17:00(日・祝〜15:00) 🈺11〜3月の日・祝 🔗www.heidelberg-marketing.de

TOTAL
3時間

---

1 バルコニーからの眺望は必見 **12:00**
ハイデルベルク城
Schloss Heidelberg

13世紀頃からプファルツ伯の居城として整備された。フリードリヒ館のバルコニーからの眺めが圧巻。ワインの大樽もユニーク。

Map 別冊P.19-D3

🏠Schlosshof 1 📞06221-658880
⏰9:00〜18:00
💶€9(ドイツ薬事博物館、ワインの大樽、ケーブルカーの乗車料金を含む) ガイドツアーは別途€6
🚃マルクト広場からケーブルカーの駅まで徒歩5分 🔗www.schloss-heidelberg.de

ケーブルカーで来れるよ

ネッカー川と屋根瓦がきれい

バルコニーの端にある東屋からも絶景よ!

---

2 学生街のかわいいおみやげ **13:00**
シュトゥデンテンクス
Studentenkuss

ハイデルベルクで最初にできたショコラテリア。1863年に生まれたメダル型のチョコレート「ハイデルベルク学生のキス」は、ここが本家。男子学生が深窓の令嬢を射止めるために渡したという逸話が残っている。

Map 別冊P.19-D3

🏠Haspelgasse 16 📞06221-22345
⏰11:00〜18:00 🈺12/25・26 💳不可 🚃マルクト広場から徒歩2分
🔗www.heidelbergerstudentenkuss.de

淡い初恋の物語よ

1個入りチョコ €2.75
6ピース入りチョコ €9.95

ハイデルベルクおさんぽ
TIME TABLE

12:00 ハイデルベルク城で町を眺める
↓ 下り坂徒歩15分
12:45 マルクト広場でおみやげ屋さんをのぞきつつ
↓ 徒歩3分
13:00 シュトゥデンテンクスでチョコGet!
↓ 徒歩1分
13:30 ハックトイフェルでブレイク
↓ 徒歩1分
14:00 金貨を持つ猿とご対面
↓ 徒歩20分
14:40 哲学者の道で町と城のコンビをパチリ!

✉️ 駅周辺は近代的でビックリ。トラムでビスマルク広場に行き、そこから歩行者天国のハウプト通りを歩くと楽しい。(山形県・T恵)

ランチには軽食もOK

3

橋の往来を見ながらひと休み
ハックトイフェル
13:30

Hackteufel

テラス席からアルテ橋が見えるロケーション。クラシカルなインテリアの店内では食事もできる。ホテルも併設しているので夜景や夜の旧市街散策を予定しているならステイ先としてもおすすめ。（€85～）

ホイップクリームを添えたホームメイドアプフェルシュトゥルーデル€9.50

Map 別冊P.19-D3

🏠Steingasse 7　📞06221-905380
🕐11:30～22:00（L.O.）、1～3月の平日16:00～22:00（L.O.）　🚫無休　💰飲み物＆スイーツ€7～。ドイツ料理のディナー（16:30～）はメインが€13.50～　💳A.D.J.M.V.　🚇マルクト広場から徒歩3分
🌐www.hackteufel.de

4
14:00

金運UP↑のLUCKY SPOT
金貨を持つ猿
Der Brückenaffe

アルテ橋のたもとに猿の像がある。左手に持っている金貨に触るとお金に困らないとか。猿に入っちゃう荒業も流行中！

Map 別冊P.19-D3

ウキキ

ここに触ると金運アップ！

すっぽりハマった！

BEST VIEW 昼

明るいうちなら対岸の丘の中腹にある「哲学者の道」がベスト。この道は街路灯がないので必ず昼間に訪れること

5
14:40

山の中腹にある散歩道
哲学者の道
Philosophenweg

Map 別冊P.19-D3

旧市街を出てアルテ橋を渡り急坂のシュランゲン小道を15分ほど上ったところにある。ゲーテなどの詩人や哲学者がここからの絶景を見て思索にふけったとか。

昼間に行ってね！

Philosophenweg

シュランゲン小道
Schlangenweg

駅前の観光案内所で会おう！

ネッカー川

Alte Brücke アルテ橋

Am Hackteufel

ⓘ

旧市街

Neckerstaden

中央駅約2.5km
→P.122
ヴォルケンザイフェン
Ⓢ
ハウプト通り
Hauptstr.

マルクト広場
Marktpl.
ゴールデナー・ファルケ
→P.122
ツム・リッター→P.121

コルンマルクト
Kornmarkt
ケーブルカー乗り場

N

0 100m

シュロス駅

Map 別冊P.19-D3

ハンドメイドの刺繍の店

ハイデルベルガー・ヴェッシェラーデン
Heidelberger Wäscheladen

刺繍はドイツ伝統モチーフ。マルクト広場近くで化石＆鉱石ショップも経営。オーナー母娘が近隣エリアや欧州内で発掘したものだとか。

🏠Steingasse 18
📞06221-9148603　🕐10:00～19:00　🚫無休　💳A.D.J.M.V.

1592年に建てられた「騎士の家」
ツム・リッター・ザンクト・ゲオルク
Hotel zum Ritter St. Georg

城に次いで2番目に古い建物のホテル・レストラン。客室は近代的に改装されて半数以上の客室はバスタブ付きだ。

Map 別冊P.19-D3

🏠Hauptstr. 178　📞06221-3602730
💰SE88～、WE138～　朝食別€16.50
💳J.M.V.　🛏37室
🚇マルクト広場から徒歩1分
🌐www.zum-ritter-heidelberg.de

ファサードも独特。レストランはオーストリア・ドイツ料理

1泊2日なら 歴史の町ハイデルベルクで +α（プラスアルファ）

見どころいっぱいのハイデルベルク。宿泊するなら、翌日はちょっと寄り道！

ピンク系のアンティークがかわいい！

優美なロココの部屋 プファルツ選帝侯博物館
Kurpfälzisches Museum

プファルツ選帝侯博物館は1712年にハイデルベルク大学教授であったフィリップ・ラモスの邸としてバロック様式で建てられた。石器時代からの歴史と文化の展示、選帝侯時代の収集品、絵画、彫刻などがある。

すごく細かい彫刻は十二使徒！

Map 別冊P.19-C3

住Hauptstr. 97 ☎06221-5834020 営10:00～18:00 休月、12/24・25・31、1/1、カーニバルの火、5/1 料€3、日曜€1.80 交マルクト広場から徒歩5分 URL www.museum-heidelberg.de

1. ウェッジウッドの部屋は現在も会議に使用している 2. 18世紀の暮らしぶりを再現したロココ様式の部屋 3. 1509年リーメンシュナイダー作の祭壇 4. テラスでの食事も評判

ドイツ最古の大学 ハイデルベルク大学博物館と学生牢
Universitätmuseum und Studentenkarzer

ノーベル賞受賞者の輩出でも有名なハイデルベルク大学は、ドイツで最古1386年創立の名門。大学博物館内の講堂や博物館の裏にある学生牢が見学できる。1712～1914年に使われた学生牢には、壁や天井に学生の書いた落書きが残る。当時は学生牢に入ることは自慢だったそうだ。

Map 別冊P.19-D3

住Augustinergasse 2 ☎06221-543554 営10:30～16:00 休日・月（学生牢は日のみ） 料各€4、共通券€6 交マルクト広場から徒歩5分 URL www.uni-heidelberg.de

たくさんの落書き、壊れたベッドがリアル！

食材もこだわってるからおいしいよ！

自家製ハムやソーセージなど伝統料理の盛り合わせ€23.80と野菜のマウルタッシェン€15.90。

マルクト広場にあって便利 ゴールデナー・ファルケ
Hotel & Restaurant Goldener Falke

自家製チーズのシュペッツレ、アスパラガスやジビエなど地元の生産者から仕入れた食材など「正直」がモットーのドイツ料理店。気さくなスタッフにおすすめを聞いてみて。

Map 別冊P.19-D3

住Hauptstr. 204 ☎06221-14330 営11:00～22:00 休水、12/25・26 料€14.80～ Card A.D.J.M.V. 交マルクト広場から徒歩1分 URL www.goldener-falke-heidelberg.de

かわいいデザインのBIOコスメ ヴォルケンザイフェン
Wolkenseifen

ハイデルベルク発祥のローカルブランドのBIOコスメ店。オンライン販売のみだったが2017年に実店舗をオープン。ベルリンにも出店した。オイルや香水、ソープなど種類が豊富。2階ではメイクアップも可能で直接お店で申し込める（30分€29）。

レトロなデザインも人気

1. 人気のアルガンシアバター€7.99 2. 優しい香りのデオドラント€6.99（小）、€9.49（大） 3. コンパクトな香水€11.99

Map 別冊P.19-D3

住Hauptstr. 135 ☎06223-7299587 営10:00～19:00 休日、12/25・26、1/1・6、カーニバルの火、イースターの数日 Card A.D.J.M.V. 交マルクト広場から徒歩5分 URL www.wolkenseifen.de

プファルツ選帝侯博物館は中庭のカフェも気持ちがいい。料理もちゃんとおいしかったですよ（千葉県・ミー）

最先端都市で
ワクワク体験！

ベルリンと北ドイツ、メルヘン街道

新旧の歴史がスタイリッシュに入り混じるベルリンの町。
"エルベ川の真珠"とうたわれた美しい古都ドレスデンや
ハンザ同盟都市の栄華が残るブレーメン。
時代の鼓動を五感で感じる、スケールの大きな旅の予感☆

ハンブルク
→P.150

ブレーメン
→P.156

ベルリン→P.124

ポツダム→P.166

ライプツィヒ
→P.164

ドレスデン
→P.158

マイセン
→P.162

ベルリンへのアクセス

✈ フランクフルトから1時間10分、ミュンヘンから約1時間10分
🚃 フランクフルトから約4時間～4時間50分（一部の便は乗り換え）、1日30便程度運行、料金€109.90～164.40。
　 ミュンヘンから約4時間～5時間（一部の便は乗り換え）、1日20便程度運行、料金€149～190.50。

100 200 300番バスで
ベルリンの主要スポットひと回り！

ベルリンに点在する観光スポットは地下鉄Uバーンや近郊電車Sバーンも便利だけど
中心部ならバスが便利！　景色が見えて、場所がわかりやすいのも高ポイント。

Map 別冊P.14〜

シャルロッテンブルク宮殿　ベルリン中央駅　大聖堂
ツォー駅　ブランデンブルク門

🚌 バスの乗り方

バスの系統や番号はたくさんあるが、中心部の観光なら100、200、300番を覚えておこう。日中は5〜10分おきに運行していて、停留所間も短いから使い勝手がいい。ベルリン・ウェルカムカードや1日乗車券を買っておこう。（→P.181）バスが近づいたら、手を挙げて合図する。前から乗り、乗車時にチケットを見せる（運転手からも買える）。

300番バスは、ダブルデッカーじゃないんだ

300 Tiergarten Philharmonie

ZOO

200

100

③ Bundestag Ⓤ
ドイツ連邦議会議事堂
Reichstag, Deutscher Bundestag

Schloss Bellevue

Haus der Kulturen der Welt

100番バス

Pl. der Republik

ブランデンブルク門
Brandenburger Tor

②

Großer Stern

Str. des 17. Juni.

④

ティーアガルテン駅
Tiergarten

戦勝記念塔
ジーゲスゾイレ
Siegessäule

ティーアガルテン
Tiergarten

Philharmonie

楽器博物館
Musikinstrumenten Mus.
Varian-Fry-Str.

Tiergartenstr.

フィルハーモニー
Philharmonie

ベルリン動物園
Zoologischer Garten

Nordische Botschaften/
Adenauer-Stiftung

200番バス

日本大使館
Botschaft von Japan

文化フォーラム
Kulturforum

Philharmonie Süd

Ⓢ Ⓤ ツォー駅
Zoologischer Garten

Zoologischer Garten

Corneliusbrücke

新ナショナルギャラリー
Neue Nationalgalerie

国立図書館
Staatsbibliothek

Breitscheidpl.

水族館
Aquarium

Budapesterstr.

Budapester Str.

Lützowpl.

LANDWEHRKANAL

①

Ⓤ Kurfürstendamm

Bayreuther Str.

Schillstr.

カイザー・ヴィルヘルム記念教会
Kaiser-Wilhelm-Gedächtnis-Kirche

ツォー駅前のバスターミナルからスタートしよう。まずは100番バスに乗車！

Ⓤ Wittenbergpl.

ツォー駅

START

100番を待っててね！

Ⓗ

**100番バス
7分**

① 壊れたまま残された
カイザー・ヴィルヘルム記念教会
Kaiser-Wilhelm-Gedächtnis-Kirche

初代ドイツ皇帝ヴィルヘルム1世を記念して建てられた教会。第2次世界大戦中の1943年に空襲で破壊され、戦争を追憶するモニュメントとして塔がそのまま保存されている。記念ホールには戦渦を伝える展示が、隣には再建された新しい教会がある。

Map 別冊P.14-A3 ツォー駅周辺

🏠Breitscheidpl. ⏰10:00〜18:00　記念ホール　月〜土10:00〜18:00（日12:00〜）㊡無休、記念ホール　聖金曜日　㊙無料（寄付歓迎）　🚌100番バスでBreitscheidpl.下車すぐ　🌐www.gedaechtniskirche-berlin.de

✉️乗り換え通路が長い地下鉄よりバスが便利。バスはどんどん来るので待ち時間も少ないです。（茨城県・米娘）

レンタサイクルも楽しい！

ツォー駅前からアレクサンダープラッツ広場まで、約6km。大通りには自転車専用レーンが整備され、比較的平坦な道なので自転車で移動するのもおすすめ。自転車を利用する人が多いので駐輪スペースも確保されている。ただし逆走したり信号無視は厳禁。後ろから猛追されることもあるので、運転には注意しよう。

500台を有するレンタル自転車店
ファットタイア・バイクレンタル Fat Tire Bike Rentals

Map 別冊P.16-B2　アレクサンダー広場周辺

🏠Panoramastr. 1a　📞030-24047991　🕐3月・4月中旬・10月中旬～11月9:30～14:00、4月中旬～5月中旬9:30～17:30、5月中旬～10月中旬9:30～18:30、12～2月10:00～14:00　🏠11月の日曜、ベルリンマラソンの日、12/24～26、12～2月は週4日休業、ウェブサイトを参照　💰4時間まで€10、24時間まで€16。時間外返却€5加算　**Card** M. 🚇S5,7,75,U2,8 Alexanderpl.駅から徒歩5分　**URL** www.fattiretours.com/berlin-bike-rentals　※クレジットカードまたはパスポートが必要

バスでベルリンの主要スポットひと回り！

ニベアショップはこちら

アンペルマンショップもあるよ

Memhardstr.
Hackescher Markt
Alexanderstr.
アレクサンダープラッツ駅
🚇Alexanderpl.
Schillingstr.
Alexanderpl./Grunerstr.

⑥ 博物館島 Museumsinsel
Spandauer Str./Marienkirche

⑦ テレビ塔 Fernsehturm
Rotes Rathaus
🚇Rotes Rathaus
Littenstr.
Jüdenstr.
Klosterstr.

100番バス
300番バス

ichstag/ndestag
ブランデンブルク門駅 Brandenburger Tor
🚇S

Unter den Linden
Staatsoper
🚇Museumsinsel
Museumsinsel

大聖堂 Dom

Behrenstr./Wilhelmstr.

Unter den Linden
ウンター・デン・リンデン

フランスドーム Französischer Dom

ジャンダルメンマルクト Gendarmenmarkt

🚇Hausvogteipl.

Jannowitzbrücke 🚇

🚇Märkisches Museum

300番バス

⑩ ポツダム広場 Potsdamer Pl.
🚇

Mohrenstr.
🚇Mohrenstr.
Leipziger St./Wilhelmstr.

⑤ ドイツドーム Deutscher Dom
Stadtmitte
🚇Stadtmitte

Jerusalemer Str.

🚇Spittelmarkt

200番バス

⑧ ▶▶

Potsdamer Pl. Bhf.
tsdamer Pl. Bhf.

Friedrichstr.

Wilhelm-Str.

⑨ チェックポイント・チャーリー Checkpoint Charlie
壁博物館 Museum Haus am Checkpoint Charlie

Stresemannstr.
nhalter ahnhof.

100番バス 5分

博物館が宮殿みたい！芝生も広いね

ブランデンブルク門

ベルリンのシンボル
② 戦勝記念塔 Siegessäule

ティーアガルテン

Map 別冊P.14-B2　ティーアガルテン

🏠Großer Stern 1　🕐4～10月9:30～18:30（土・日・祝～19:00）、11～3月9:30～17:30　🏠12/24　💰€3　🚌100番バスでGroßer Stern下車徒歩2分

1864～71年にわたったドイツ統一戦争の勝利を祝って1873年に完成した塔。てっぺんの勝利の女神ニケ（ヴィクトリア）は、映画『ベルリン・天使の詩』で象徴的なモニュメントとして描かれた。

金色に輝く女神よ！

統一ドイツの新しいランドマーク
③ ドイツ連邦議会議事堂（帝国議会議事堂） Reichstag, Deutscher Bundestag

1884～1894年に建てられた議事堂。東西ドイツ統一後に大改修をされ、屋上にあるガラス張りドームKuppelの中を見学できるようになった（要予約）。

Map 別冊P.14-B2　ブランデンブルク門

🏠Pl. der Republik 1　🕐8:00～22:00（入場は21:45まで）　🏠12/24、メンテナンスのため不定休あり　💰無料　🚌100番バスでReichstag/Bundestag下車すぐ　**URL** www.bundestag.de/en/visitthebundestag

自転車は、ラッシュ時など以外なら有料でUバーンやSバーンに載せられる。

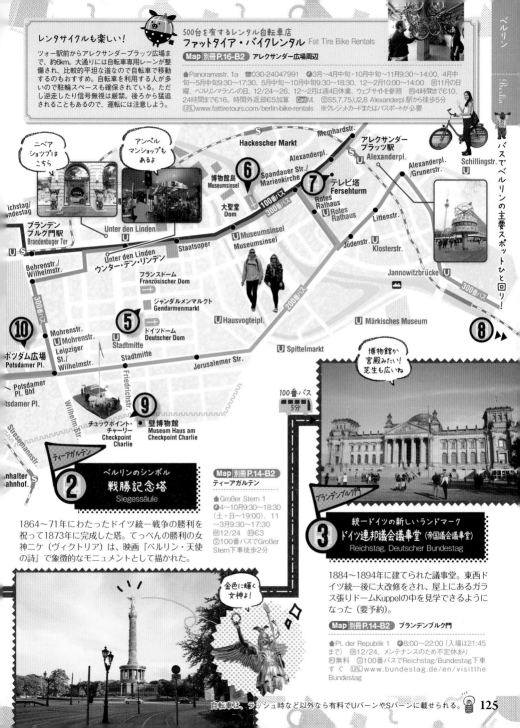

ウンター・デン・リンデン

5 時間に余裕があれば歩こう！
ジャンダルメンマルクト
Gendarmenmarkt

徒歩10分

ベルリンで最も美しいといわれる広場。中央のコンツェルトハウス・ベルリンKonzerthaus Berlinを挟んでフランスドームとドイツドームがある。クリスマスマーケットも有名。

Map 別冊P.16-A3 ミテ → P.50

🚌100、300番バスでUnter den Linden下車徒歩5分

300番バス 5分 or 100番バス 5分

ベルリン随一の繁華街ウンター・デン・リンデン

徒歩5分

ブランデンブルク門

4 統一ドイツの象徴
ブランデンブルク門
Brandenburger Tor

Map 別冊P.15-C2 ブランデンブルク門

🚌100番バスでBrandenburger Tor下車すぐ

1788～91年にプロイセン王国の凱旋門として建てられた。東西に分裂していた時代は壁がすぐそばにあり、誰も近づけなかったが今では誰もが通れるようになり、東西統一のシンボルとなっている。

博物館島周辺

6 川面に映る美しい姿
大聖堂
Dom

Map 別冊P.16-A～B2 ミテ

300番バス 3分 or 100番バス 4分

世界遺産
博物館島
複数の博物館が集まるシュプレー川の中洲。大聖堂に隣接しているので一緒に訪れよう。
→ P.130

現在の建物はヴィルヘルム2世により1905年に建てられたもの。グルフトと呼ばれる部屋にはホーエンツォレルン家の94の棺が並べられている。ドーム脇の階段を270段上ると展望台がある。

🏛 Am Lustgarten
☎030-20269136 ⏰9:00～18:00（土～17:00）、日12:00～17:00、入館は閉館1時間前まで 🚫無休（行事や礼拝時見学不可）💶€10（ウェブで日時指定チケットを購入。現地では買えない）🚌100、200、300番バスでMuseumsinsel下車すぐ
🌐www.berlinerdom.de

アレクサンダー広場

7 丸い形がかわいい
テレビ塔
Fernsehturm

1969年から運用されている高さ368mのテレビ塔。203m部分には展望台が、207mにはレストランがあり、ベルリンが一望の下に広がる人気スポット。夏の観光シーズンは2～3時間待ちになることも。

Map 別冊P.16-B2 アレクサンダー広場周辺

300番バス 10分

🏛Panoramastr. 1a ⏰3～10月9:00～23:00、11～2月10:00～22:00 🚫無休 💶€22.50 事前購入制で待ち時間なしのVIPチケットは公式ウェブサイトでのみ販売。窓際のレストランの席も確保できて€27.50。このほかにも公式ウェブサイトではさまざまなチケットが販売されている 🚌100、200、300番バスでAlexanderpl.下車徒歩5分
🌐tv-turm.de

テレビ塔は高いね～

テレビ塔が大行列で展望は断念。ベルリンの町並みが見たかったなー。予約すればよかった（千葉県・くのいち）

ポツダム広場のシンボル、ダス・センター

9 国境検問所を模した「東時代」のスポット
チェックポイント・チャーリー
Checkpoint Charlie

ソ連統治地区とアメリカ統治地区の境にあった検問所のひとつで、C（チャーリー）と呼ばれていた。現在あるのは復元。かつては兵士に扮した人が記念の入国スタンプを押したり撮影に応じていたが、このような有料サービスは禁止されている。

道の真ん中にあるので、記念撮影には気をつけて

Map 別冊P.16-A3　フリードリヒ通り

🚌200番バスでStadmitte下車徒歩5分

壁博物館
→P.128

10 ベルリンの芸術センター
ポツダム広場
Potsdamer Pl.

ポツダム広場は統一後に開発された近代地区。高層ビルが並び、芸術の中心でもある。ベルリン映画祭の会場があり、フィルハーモニーの本拠地もすぐ近く。絵画館はラファエロやブリューゲルなど傑作揃い。

ポツダム広場

200番バス
10分

Map 別冊P.15-C2　ポツダム広場

🚌200番バスで Potsdamer Pl.下車徒歩5分

絵画館
→P.131

フィルハーモニー
→P.39

200番バス
10分

8 平和がテーマのアート
イーストサイドギャラリー
East Side Gallery

ミューレン通りに沿って1.3kmほど壁が残され、壁をキャンバスにさまざまな作品が描かれた。ブレジネフとホーネッカーの『兄弟のキス』の前で同じようにキスする観光客も多い。

200番バス
10分

乗り換え

300番バス
12分

Map 別冊P.15-D3
ミューレン通り

🚶見学自由　🚌300番バスで East Side Gallery下車すぐ
🔗www.stiftung-berliner-mauer.de/de/east-side-gallery

ツォー駅

GOAL

時間があればツォー駅に隣接する動物園に行ったり、さらに西のクーダムエリアの繁華街を散歩して！

バス路線からは外れるけど必見！

すごく広いので、半日はみておくのがおすすめ

壮麗な夏の離宮
シャルロッテンブルク宮殿
Schloss Charlottenburg

初代プロイセン国王フリードリヒ1世の妃ゾフィー・シャルロッテの夏の別荘。1695年から3期に分けて建てられ、現在のような形になったのは1790年のこと。特に見事なのが陶磁器の間Porzellankabinett。中国や日本の陶磁器が壁面にびっしりと飾られていて圧巻。

Map 別冊P.14-A2　シャルロッテンブルク

🕐Spandauer Damm 10-22　🗓4〜10月10:00〜17:30、11〜3月10:00〜16:30（入場は開館30分前まで）　🚫月曜、12/24・25、クリスマス〜新年は短縮あり　💴本棟€12、新翼€12、マウソレウム、ベルヴェデーレなどを含む全館1日券Ticket Charlottenburg+は€19、写真撮影料€3（フラッシュ禁止）、オーディオガイドは無料　🚇U7 Richard-Wagner-Pl.下車徒歩約15分。またはM45、309番のバスで Schloss Charlottenburg下車　🔗www.spsg.de

キーワードでチェック！
ベルリンの壁、早わかりガイド

ベルリンの壁が崩壊しドイツが再統一されて約35年。
どうして壁ができたのか、見に行く前におさらいしておこう！

1945～1949年のドイツ

イギリス占領　ソ連占領　ベルリン

フランス占領　アメリカ占領

ベルリン拡大図

チェックポイント・チャーリー

西ベルリン　東ベルリン

ベルリンの壁

ヤ ルタ会談

1945年、ヤルタ会談にてドイツを東西に分け、米英仏ソなどにより共同管理することが決定。ドイツ降伏後、首都ベルリンは東ドイツに編入されたが、一部を連合軍管理区域として米、英、仏が管理した。

米 ソ冷戦

1948年、西側で統制経済を市場経済に切り替える通貨改革（自由主義へ）。米ソ冷戦のなか分断国家へ。

> 西ベルリンは、東ドイツに囲まれた飛び地なんだね

自 由通行

東西ベルリン間はUバーンやSバーンで行き来できた。道路も通れるところがあった。東から西に通勤する人も多かった。

> 1939年、ポーランドへの侵攻を機に、英仏がドイツに宣戦布告したのが第2次世界大戦のはじまり

1945

1948

> 主戦場となったヨーロッパに対して、アメリカとソ連の発言力が大きくなったのね

1950

たくさんの写真や脱出に使った改造車などが展示されている

分断の現実を知る
壁博物館　Museum Haus am Checkpoint Charlie

ベルリンの壁が町を分断していた時代に東側の人々がどのようなルートと方法で西側へ逃げてきたかを写真やパネルなどで紹介している。脱出の成功談だけでなく、失敗した人の痛ましい話もあり、当時のベルリンがよくわかる。

Map 別冊P.16-A3　フリードリヒ通り

⚑Friedrichstr. 43-45　☎030-2537250
🕙10:00～20:00（入場は閉館の1時間前まで）　休無休
💶€17.50　🚇U6 Kochstr.駅から徒歩1分
🌐www.mauermuseum.de

壁の構造がよくわかる
ベルリンの壁記録センター
Dokumentationszentrum Berliner Mauer

2014年の壁崩壊25周年に新装オープンした。ベルリンの壁がなぜ作られたのか、どのように崩壊したのかを、豊富な資料と最新のオーディオビジュアル技術を駆使しながら紹介している。壁の一部を利用して当時の様子を保存している。

Map 別冊P.15-C1　ベルナウアー通り

⚑Bernauer Str. 111　☎030-213085123　🕙10:00～18:00
休月　💶無料　🚇S1,2 Nordbahnhof駅から徒歩3分　🌐www.stiftung-berliner-mauer.de/de/gedenkstaette-berliner-mauer

壁の跡と監視塔。緩衝地帯もあり壁の規模がわかる

Present aruco ドイツ

「aruco ドイツ」のスタッフが取材で見つけたすてきなグッズと、編集部からのとっておきのアイテムを **15名様** にプレゼントします!

▼02 アンペルマンとステッドラーのコラボ色鉛筆 P.142 掲載

▲03 木製で軽いネックレス P.136 掲載

▶04 ゆで卵を保温するうさちゃんエッグカバーペア P.161 掲載

▲01 ベルリンの壁モチーフのデミカップ P.143 掲載

▶05 魔女のTシャツ 関連商品 P.43 ヴェルニゲローデ

◀06 ブレーメンの音楽隊のぬいぐるみ P.157 掲載

▶07 スタバのマグ ドイツバージョン

4匹バラバラにもなる

▶08 ブレーメンのエコバッグ P.156 掲載

▶09 ドイツのメジャーカップとパン袋のセット **2名様**

▲10 aruco特製 QUOカード 500円分 **5名様**

※09、10を除き各1名様へのプレゼントです。※返品、交換等はご容赦ください。

応募方法

アンケートウェブサイトにアクセスしてご希望のプレゼントとあわせてご応募ください!

URL https://arukikata.jp/dhgeny

締め切り：2025年5月31日

当選者の発表は賞品の発送をもって代えさせていただきます。(2025年6月予定)

Gakken

ポツダム広場にも壁の一部が展示されている

シュタージ（国家保安省）は、思想や行動を監視し市民を震え上がらせたんだ

東西の壁を今もまたげるのね

壁があったことを忘れないため、壁跡にプレートが埋め込まれている

BERLINER MAUER 1961 - 1989

テレビ塔と世界時計は東ドイツの遺産

有 刺鉄線

→ P.127

1961年8月13日0時、東ドイツ政府はソ連の協力のもと有刺鉄線で西側を囲み始めた。翌朝には往来が不可能になり、2日後には石造りの壁の建設が開始された。突然の建設に家族が離ればなれになった人もいた。

東ドイツにはルフトハンザは飛べなかったんだよ

1 989年

→ P.126

東欧諸国が相次いで民主化するなか、先にハンガリー、オーストリア間の国境が解放され、ハンガリー経由で越境が可能に。ベルリンの壁は実質上機能しなくなり、11月9日出国規制緩和策を決定。深夜には人々が検問所に殺到し、壁は崩壊した。

頭 脳流出

社会主義の東ドイツからは、毎年数十万人ともいわれる人が西ベルリンを経由して西ドイツに移住した。特にインテリの頭脳流出が経済に打撃を与え始める。

1 36人

壁は全長155km、高さは最大4.1mあった。壁を乗り越えようとして射殺されたり、落下等の事故で死亡した人は136人、逮捕者は3000人ともいわれている。一方で成功者も5000人ほどいた。

ド イツ統一

1990年10月3日、東ドイツ地域の諸州がドイツ連邦共和国に編入される形で再統一。

→ P.126

1961

1989

1990

かつては地下牢があり、展示されているれんがは当時のもの

ナチス時代を振り返る
テロのトポグラフィー
Topographie des Terrors

ナチス時代のゲシュタポ（秘密国家警察）とSS（親衛隊）の本部跡。北側の通りに面して壁が築かれた。テロとは恐怖政治を、トポグラフィーとは地勢を意味する。ゲシュタポやSSの行為を展示。上部の壁も間近に見学できる。

Map 別冊P.15-C3　ポツダム広場周辺

Niederkirchnerstr. 8　☎030-2545090　⏰10:00～20:00
🗓1/1、12/24・31　💴無料　🚇S1,2,25,U2 Potsdamer Pl.駅から徒歩10分　💻www.topographie.de

ベルリンがわかる

おすすめ
DVD

『グッバイ、レーニン！』
2003年初公開

価格：2800円（税別）
発売元：ギャガ　販売元：東映・東北新社

熱烈な社会主義者のクリスティアーネが昏睡状態から目覚めたとき、ベルリンの壁は崩壊していた。息子は、家族や隣人を巻き込みながら、社会主義体制が続いているように見せかける

『善き人のためのソナタ』
2006年初公開

価格：4800円（税別）
発売元／販売元：アルバトロス

1984年の東ドイツ。シュタージの大尉で、社会主義を理想としていた主人公は、任務から反体制派と思われる劇作家の監視、盗聴を始める。劇作家の私生活をのぞいていくうちに主人公の内面にある変化が……

『東ベルリンから来た女』
2012年初公開

価格：3800円（税別）
発売元、販売元：アルバトロス

1980年の東ドイツの田舎町。西側への移住申請が原因でこの地に左遷されてきた女医のバルバラは、シュタージの監視下、密かに亡命を計画していた。そんなある日、強制労働施設から脱走してきた少女の患者が運び込まれる。

ベルリンの新★旧がひとめでわかる
アートシーン巡り

ベルリンには100を超える博物館があり、450余りのギャラリーがあるのだそう。
世界遺産「博物館島」をはじめ、おすすめアートスポットを厳選。
古代から現代までタイムスリップしながら楽しんで！

Map 別冊P.14〜15

生贄の祭壇
人々の姿、
迫力ありすぎ！

① 古代都市を360度再現
パノラマ館
Pergamonmuseum, Das Panorama

小アジア（現在のトルコ）の古代都市ベルガモンに、129年ローマ帝国ハドリアヌス帝が訪れたときの様子を再現したパノラマとベルガモンの発掘物を展示している。日本語のオーディオガイドもあり、当時の様子がよくわかる。

Map 別冊P.16-A2 ミッテ

1 大理石の影像も間近で見られる 2 生贄の儀式が描かれ、ライティングで昼夜を表現

🏠Am Kupfergraben 2 ☎030-266424242（時間短縮） 🈺月、12/24 💴€14 Card M.V. 🕙10:00〜18:00（祝日は時間短縮）

世界遺産 博物館島
（ムゼウム・インゼル）って？

ベルリン中心部を流れるシュプレー川の中州にはベルガモン博物館やボーデ博物館など5つの博物館が集中している。1800年代の建物もあり、「博物館島」として1999年にユネスコの世界遺産に登録された。

「博物館島」の共通データ

Map 別冊P.16-A2 ミッテ

🕙10:00〜18:00（ボーデ博物館と旧博物館は水〜金〜17:00） 🈺月（ボーデ博物館と旧博物館のみ月・火）、12/24・31（新博物館は開館） 💴2館以上回るなら、5館すべてに入場できる1日有効の「博物館島チケットMuseumsinsel alle Ausstellungen」が€24とお得 🚇U5 Museumsinsel駅から徒歩約5〜10分。バス100、300番でMuseumsinsel下車 URL www.smb.museum

② 島の最北にある
ボーデ博物館
Bodemuseum

川面に映える大きなドームが印象的な建物。中世以降の彫像やビザンツ芸術が収蔵されている。

🏠Am Kupfergraben 💴€12

③ エジプト絶世の美女がいる
新博物館
Neues Museum

古代エジプトに関する展示がメイン。ネフェルティティの頭像はベルリンの至宝。

🏠Bodestr. 1-3 💴€14

④ マネやセザンヌの佳作も
旧ナショナルギャラリー
Alte Nationalgalerie

パルテノン神殿を思わせる堂々とした建物。近代のドイツ絵画のほか印象派の作品も多数収蔵している。

🏠Museumsinsel/Bodestr.1-3 💴€12

⑤ 18本の列柱が並ぶ
旧博物館 Alte Museum

古代ギリシア、ローマ時代の彫刻を展示している。建物は19世紀の建築家シンケルの代表作。

🏠Am Lustgarten 💴€12

社会科の授業で活用される
ベルリン・グローバル

1701年のプロイセン王、1871年のドイツ皇帝の本邸を再建したもの。2020年に複合文化施設として開館した。アフリカ、オセアニア、南北アメリカの民族学博物館とアジア芸術博物館は、展示が充実しており、広いフロアでゆっくり学べる

⑥ 世界の民族学博物館が集結した
王宮／フンボルト・フォーラム
Berliner Schloss/Humboldt Forum

Map 別冊P.16-B2 ミッテ

🏠Schlossplatz ☎030-992118989 🕙10:30〜18:30 🈺火 💴博物館は無料、屋上テラス€5、ベルリン・グローバル€7 🚇ベルリン大聖堂から徒歩1分 URL www.humboldtforum.org

王宮

併設する観光案内所にある1900年代のベルリン中心部のジオラマも一見の価値あり

屋上テラスから見る大聖堂と旧博物館。反対側にテレビ塔も見える

ノイロティタンまで歩いたら、ギャラリーや個性派ショップの多いアウグスト通りはすぐ。（鳥取県・じゃこ）

カメレオン・ヴァリエテといういう小劇場が入っている。マジックやアクロバティック、ダンスなど言葉いらずのパフォーマンスで人気。→P.142

ハッケシェ・ヘーフェ

Hackescher Markt

ジェームズ・サイモン・ギャラリー

博物館島
ドイツ歴史博物館

シュロス橋

王宮
（フンボルト・フォーラム）

大聖堂
→P.126

新博物館とペルガモン博物館（2027年頃まで閉館）のチケット売り場

乗りたい！

7 DDR博物館
東ドイツの暮らしがわかる
DDR博物館
DDR Museum

DDRとはドイツ民主共和国 Deutsche Demokratische Republik の頭文字、つまり東ドイツのこと。ここでは社会主義時代の市民の暮らしぶりにスポットが当てられている。実際に触って確かめられる展示もユニーク。東ドイツの料理を味わえるレストランも併設。

1. 東ドイツ製の名車トラバントにも乗れる　2. 報道コーナーで記念撮影

Map 別冊P.16-B2 ミッテ

🏠 Karl-Liebknecht-Str. 1　🕘9:00～21:00　🈺無休　💰€13.50　🚇S3,5,7,9,U2,8 Alexanderpl.駅から徒歩10分　URL www.ddr-museum.de

8 ノイロティタン
落書きやオブジェも楽しい
ノイロティタン
Neurotitan Shop&Gallery

中庭に壁画やモンスターのオブジェがあるハウス・シュヴァルツェンベルクの2階。アート、書籍、雑貨など、市場に出回っていない新人アーティストの作品を扱っている。奥のギャラリーで、年に12回の展示会が開催される。

Map 別冊P.16-B1 ミッテ

🏠 Haus Schwarzenberg, Rosenthalerstr. 39　☎030-30872576　🕘12:00～20:00（祝、クリスマス、イースターは短縮あり）　🈺日、1/1　Card M.V.（€10～）　🚇S5,7,75 Hackescher Markt駅から徒歩3分　URL www.neurotitan.de

若い感性を応援する町なのよ

1. 中庭の通路にも壁画が描かれている　2. 歴代のアート（落書き！）もポストカードになれば、ベルリンらしいおみやげに　3. 店内はアートでぎっしり　4. ハウス・シュヴァルツェンベルク入口

9 絵画館
ヨーロッパの名画
絵画館
（文化フォーラム内）
Gemäldegalerie

フェルメールをはじめ、13～18世紀の人気の名画がある。文化フォーラムには、ほかに図書館や工芸美術館があり、隣接する敷地にベルリン・フィルの本拠地フィルハーモニーがある。

Map 別冊P.14-B3 ポツダム広場周辺

🏠 Matthäikirchpl. 4/6　🕘10:00～18:00（入場は閉館30分前まで）　🈺月、12/24・31　💰€12　🚇M29番バスでPotsdamer Brücke下車徒歩5分、200番でPhilharmonie、300番でPhilharmonie Süd下車徒歩3分

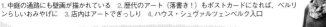

個性キラリ☆のショップ巡り
ミッテからプレンツラウアーベルク**が**
いま旬のスポット！

ベルリン中央駅
ブランデンブルク門・　大聖堂
ツォー駅・

Map 別冊P.16-A〜B1〜2

ドイツ統一後、旧東ドイツ地域にはアーティストが多く住むようになった。
個性的なカフェやショップ、お気に入りの店を見つけよう！

掘り出し物を見つけよう

蚤の市
マウアーパーク
Mauerpark
→P.149

こぢんまりして探しやすい

ビビッドな色合いのポーチ€12

ファーストクラック・カフェ・バコラート →P.141

ブランチで人気

エーヴィヒ・フロインデ

信号機に注目！

Eberswalder Str.駅

Schönhauser Allee
Pappelallee

蚤の市アルコーナ広場
Arkonaplatz →P.149

クルトゥーアブラウエライ

ビール醸造所 鉢地やレストランやクラブに

Husemannstr.

Sredzkistr.

プレンツラウアーベルク地区

トーア通りの北はプレンツラウアーベルク地区。旧東ドイツの面影を残す大きなアパートが並び、街路樹や公園の緑が美しい住宅街だ。近年は若者や移民が移り住み、コンセプトショップや国際色豊かなレストランが並ぶ活気あるエリアとなった。

プリティベルリン

Kastanenallee

プレンツラウアーベルク地区

バナナズ支店
→P.136

コルヴィッツ広場
Kollwitzplatz

BIOマーケット
→P.142

→P.147

ロッテ・ナトゥーア・コスメティック

シオン教会
Zionkirche

Rosenthaler Str.

カフェ・フルーリー
→P.140

ツァイト・フュア・ブロート

Linienstr.

Schönhauser Allee

LPGビオマルクト
→P.147

Senefelderpl.駅

Rosenthaler Pl.駅

プリマヴェーラ
→P.147

ザ・サーカスホテル
別冊→P.25

アマノ

夏は眺めのいいバーがオープン

Torstr.

Rosa-Luxemburg-Pl.駅

ツァイト・フュア・ブロート

トーア通り

次はどの店に行く？

ベルリンデザインあり

Auguststr.

Gormannstr.

Mulackstr.
Steinstr.

Alte Schönhauser Str.

シェーンハウザー・デザイン

Weinmeisterstr.駅

ミッテ地区

Sophienstr.

ノイロティタン
→P.131

ハッケシェ・ヘーフェ
→P.142

Neue Schönhauser Str.

Hackescher Markt駅

T=トラム停留所

ミッテ地区
ミッテとは、中央という意味で、言葉どおり町の中心を指す。ベルリンでは、博物館島を中心に西はフリードリヒ通り、東はアレクサンダー広場のあたりを指す。北の地区プレンツラウアーベルクと合わせてプレンツミッテ地区という言い方も定着してきた。

TOTAL 6時間

ミッテから北へおさんぽ

TIME TABLE

12:00	カラフルな手芸材料の店トゥカドゥへ
↓徒歩2分	
12:30	エルツゲビルクスクンストで小さい木工人形を探す
↓徒歩5分	
13:00	ヴィー・コレクティーヴでスタイリッシュなバッグGet
↓徒歩6分	
13:30	クオレ・ディ・ヴェトロでひと休み
↓徒歩20分	
14:20	ヴェーデル・インビスでランチ
↓徒歩3分	
15:20	服と小物の店、ディー・クライネ・ヴンダーカマーへ
↓徒歩3分	
15:40	サッチャーズでベルリンデザイナーのファッションチェック
↓徒歩15分	
16:20	キュートなアクセはトム・ショットで
↓徒歩8分	
17:00	おいしいワインと焼きたてパンのベネディクトでディナー

道路工事や店舗改装が多いわりに歩道が狭く歩きにくいことも。コケそうになったので足元注意！（新潟県・佐渡っこ）

1 狭い店内にギッシリ 12:00

トゥカドゥ Tukadu

アクセサリーパーツの店。ファンシーなものからビンテージ風まで、小さなパーツがたくさん並ぶ。もちろんバラ売り可能。ネックレスやピアスなど完成品は€15〜。

豊富なマテリアルが自慢だよ

Map 別冊P.16-B1

🏠Rosenthaler Str. 46/47
☎030-2836770 ⏰12:00〜18:00 ⚫日・月・祝・元、1/1
Card A.D.M.V. 🚇S5,7,25, 75 Hackescher Markt駅から徒歩3分
URL www.tukadu.com

1.2.貝や鉱石、金属など素材は雑多。選んだパーツで製作を頼むこともできる。簡単なもので30分、€20〜（材料費別） 3. カオスをイメージした不思議な店内

2 かわいい木工人形 12:30

エルツゲビルクスクンスト
Erzgebirgskunst Original

木工工芸の里ザイフェン（→P.54）などエルツ山地の木工職人の協同組合の直営店。ハンドメイドのさまざまな木工人形や家具が並び、見ているだけでも楽しい。

1.マッチ箱に入ったお店屋さん€29 2.粗く削った作品もある€51.95 3.多産や幸せの象徴とされるウサギと卵はイースター時期に売られる€19

Map 別冊P.16-B1

🏠Sophienstr. 9 ☎030-28045130
⏰11:00〜19:00（土〜18:00）
⚫日・祝 Card M.V. 🚇S3,5,7
Hackescher Markt駅から徒歩5分

3 軽くてふわふわなバッグ 13:00

ヴィー・コレクティーヴ Vee Collective

100%リサイクル素材で作った軽量で機能的なバッグの直営店。キルティングを施した優しい風合いとエコな感覚がN.Y.など世界の高級デパートでも話題に。

1.通常は€50のイニシャル入れが毎月第3土曜日に無料になる 2.ウエストポーチ€135、クラッチバッグ€159、ポータートートはミニ€199、S€239、M€269

持ち手もやわらかくて気持ちいい!!

Map 別冊P.16-A1

🏠Auguststr. 52 ☎なし
⏰10:00〜19:00（土12:00〜）
⚫日・祝 Card M.V. 🚇U8
Weinmeisterstr.駅から徒歩5分
URL www.vee-collective.com

4 地元っ子も太鼓判 13:30

クオレ・ディ・ヴェトロ Cuore Di Vetro

笑顔がすてきなカップルが営むカフェ。イタリア仕込みのジェラートは常時12種類以上のフレーバーが用意され、店の外に行列ができるほど人気がある。夜はワインや生ハムも提供し、大人の雰囲気も。

Map 別冊P.16-B1

ラブラブ

🏠Max-Beer-Str. 33 ☎なし
⏰12:00〜23:00 ⚫2・3月の月〜水、11〜1月 Card不可 🍨€2.50〜 🚇U2
Rosa-Luxemburg-Pl.駅から徒歩5分 URL www.cuoredive tro.berlin

1.赤はカシス、茶は乳糖フリーのチョコレート、白はケシの実入りバニラ。1スクープ€2、3スクープ€6 2.選んだアイスにエスプレッソと生クリーム、コーン、ココアパウダーをかけて。€4〜＊料金は2019年のもの

人気のパン屋ツァイト・フュア・ブロートZeit für Brot（→P.100）の支店がこのエリアにある **Map** 本誌P.132。 **133**

1. サーモンのグリル入りのデラックスプレート€15.50
2. タプナーデ€9

ヘルシーでおいしいって最高！

ベジフードが自慢のレストラン　14:20

5 ヴェーデル・インビス
W-Der Imbiss

インド料理やメキシカン、イタリアンを融合させたオリジナルのベジメニューが評判のお店。オーガニック野菜や焼きたてのナンにファンが多い。セルフサービス、現金での前払いシステム。

Map 別冊P.15-C1

🏠Kastanienallee 49　☎030-44352206　🕐12:00〜22:00（金・土〜23:00）🈺12/24〜26、イースターの数日　🈹€9〜　**Card**不可　🚇U8 Rosenthaler Pl.駅から徒歩5分　**URL**www.w-derimbiss.de

---

1. 刺繍の入った手作りの髪留め、小€10、大€15　2. 花が立体的に編まれたバレッタ€34　3. クラシックなカチューシャ€38　4. ごちゃごちゃした空間、奥にも雑貨が並ぶ　5. ラッキーアイテムのミツバチやトンボのブローチ各€42

個性的なアクセサリー　15:20

6 ディー・クライネ・ヴンダーカマー
Die Kleine Wunderkammer

好奇心と冒険心をファッションで表現しようと、アーティストのイタリア人オーナーが「不思議な小部屋」と名づけたセレクトショップ。オリジナルの小物やイタリアンファッションがぎっしり詰まっている。

Map 別冊P.15-C1

🏠Kastanienallee 32　☎なし　🕐12:00〜19:00　🈺日・祝　**Card**A.M.V.　🚇U2 Eberswalder Str.駅から徒歩6分　**URL**www.diekleinewunderkammer.com

---

ベルリンメイドの服　15:40

7 サッチャーズ　Thatchers

オリジナルブランド、サッチャーズはデザイン、縫製もベルリン。普段着からパーティ用ドレスまで幅広く扱う。バッグや帽子、スカーフなども個性的。キッチンアクセサリーなども自社ブランドで手掛けるが、小物の一部は世界各国からセレクトしている。

Map 別冊P.15-C1

🏠Kastanienallee 21　☎030-4481215　🕐11:00〜19:00　🈺日・祝、1/1、イースターの数日、12/25・26　**Card**A.D.J.M.V.　🚇U2 Eberswalder Str.駅から徒歩3分　**URL**www.thatchers.de

1. パステルカラーのスカート€179　2. オリジナルTシャツ€25

ブラックもカッコいいよ！

気軽に試してみてね！

 ベビーカーを押すカップルが散歩していたり、公園で子どもたちが遊んでいたり、ほのぼのとする楽しいエリア。(富山県・名水姫)

お手頃な
アクセも
あるわよ

8 16:20

個性派アクセとファッション小物

トム・ショット Tom Shot

ヨーロッパをはじめ世界各国から個性的なジュエリーを集めているセレクトショップ。大胆な柄のスカーフもシックな色使いで意外に着こなしやすい。小さなピアスなど手頃なものもたくさんある。

Map 別冊P.15-D1

🏠Sredzkistr. 56 ☎030-44038350 ⏰11:00〜19:00（土〜18:00）🚫日・祝、1/1、イースターの月曜、12/25・26 **Card** A.D.J.M.V. 🚇U2 Eberswalder Str.駅から徒歩12分 **URL** tomshot.com

1. 存在感のあるデコラティブなネックレスは€627 2. ネックレスとお揃いにしてもすてきなピアスは€97〜165 3. シンプルなピアスは€72 4. 良質なウールの手袋はセールで€20 5. ショップマネージャーのザブリナさん 6. オープンな陳列の店内

ベルリンデザインはココでGet！

ベルリンを象徴するテレビ塔やブランデンブルク門、クマなどをデザインしたグッズは、ベルリン中央駅やアレクサンダー広場などにあるみやげ物店をのぞいてみるといい。ミッテからプレンツラウアーベルク界隈では、プリティベルリン **Map** 別冊P.15-C1、シェーンハウザー・デザイン **Map** 別冊P.16-B1、クロイツベルクではアララット **Map** 別冊P.15-C3などにある。ハッケシェ・ヘーフェのプロモーボ→本誌P.143もチェック！

1. ブランデンブルク門のティータオル 2. テレビ塔の鉛筆 3. 大聖堂、ベルリン王宮、ジーゲスゾイレに輝く天使像が描かれた絵はがき 4. テレビ塔とクマのマグネット 5.門とテレビ塔がワンポイントのソックス 6.地下鉄の壁や駅名サインをデザインしたマグ

週末のブランチは大行列 17:00

9 ベネディクト Benedict

店名のとおりエッグベネディクトが看板メニュー。とはいえ、ポーチドエッグが付くということ以外は独創的なメニュー展開。フレンチトーストやベーグルもある。7種類ある甘いパンケーキも人気。

Map 別冊P.15-D1

🏠Göhrener Str. 5 ☎030-994040997 ⏰9:00（土・日8:30）〜22:00、12/24は9:00〜15:00 🚫無休 💴€9.50〜 **Card** A.M.V. 🚇U2 Eberswalder Str.駅から徒歩12分 **URL** benedict.world

1. シュリンプ＆アスパラガスのエッグベネディクト€22.50。どのエッグベネディクトにも3種の自家製パンとジャム類が付いてくる。パンとジャムはおかわりOK 2. 中に甘いバニラクリームがたっぷり詰まったラズベリー・ホワイトチョコ・パンケーキ€10、ミント、レモン、ジンジャー入りのフレッシュティー€4 3. 平日の日中はすいている。予約は土日は16:00以降のみ可能 4. スタッフのマヤさん

たくさん
買い物しなくちゃ

平日なら
並はなくても
入れるわよ

土・日曜にはいくつもの広場で蚤の市が開催される。平日なら古道具屋の路面店で掘り出し物を探し歩くのもおすすめ。

ベルリン　Berlin　ミッテからプレンツラウアーベルクおさんぽ

地元っ子おすすめ

BIOでおいしい
クロイツベルクの町歩き

ベルリンの南、クロイツベルク地区にあるBIO(オーガニック)を取り扱う屋内市場(マルクトハレ)を中心にファッション雑貨やBIO食材を探しに行こう!

クロイツベルクの楽しみ方

にぎやかなベルクマン通りと戦災を免れた古い住宅街との対比がおもしろいところ。トルコからの移民も多いのでトルコ料理の店もおいしいですよ。

TOTAL 3.5時間

クロイツベルクのおさんぽ

TIME TABLE

- 11:00 マールハイネケ・マルクトハレをぶらり
  ↓徒歩3分
- 11:30 クノッフィーで早めランチ
  ↓徒歩1分
- 12:30 バナナズでアクセをGet!
  ↓徒歩1分
- 13:00 ツェブラ・クラブ・ベルリンでおしゃれアイテム
  ↓徒歩1分
- 13:30 アララットで文具探し
  ↓徒歩1分
- 14:00 キュチノットでキッチン雑貨

1 11:00

おいしいBIO食品

マールハイネケ・マルクトハレ
Marheineke Markthalle

有機栽培の食品など、こだわりの品揃えで人気の屋内市場(マルクトハレ)。各店の後ろのイートインコーナーでは、スペイン、ギリシア、ドイツなどの味がカウンターやテラスで気軽に味わえる。

Map 別冊P.15-C3

🏠Marheinekepl./Bergmannstr.☎030-61286146 ◷月〜金8:00〜20:00、土8:00〜18:00 休1/1、イースターの月曜、12/24・25 Card 店による 🚇U7 Gneisenaustr.駅から徒歩5分

1.ベルリン柄の石鹸1個€3.50、3個€9.99 2.ギャラリーやイベントスペースのある2階からフロアを見渡せる 3.ガレット€5.50

毎日手作りしてるのよ

2 11:30

少しずつ盛り合わせで食べられる

クノッフィー・ファインコスト・ウント・キュッヒェ
Knofi Feinkost und Küche

30年ほど前にトルコ系の食料品、青果店としてオープン。現在はワインやパスタなど輸入食材を広く扱うが、カフェの料理はトルコ風。ペースト類や前菜のテイクアウトも人気。

Map 別冊P.15-C3

🏠Bergmannstr. 98 ☎030-6945807 ◷9:00〜24:00 休無休 Card 不可 🚇U7 Gneisenaustr.駅から徒歩5分 URL knofi.de

このボリュームで1人前!

1,3.指さしで選べるショーケースには野菜メニューがたくさんある 2.朝食プレートのクノッフィー・フリューシュトゥックKnofi Frühstück€8.90、紅茶€2.60

3 個性的なアクセサリー 12:30

バナナズ
Bananas

木の素材感を活かし、発色よく仕上げたアクセサリーは大ぶりでも軽くて負担なく着けられる。ウェアやバッグなども個性が光る品揃え、お手頃価格もうれしいポイント。プレンツラウアーベルクにも店がある。

軽くて着け心地いいアクセだよ!

Map 別冊P.15-C3

🏠Bergmannstr. 99 定休非公開 ◷11:00〜19:00 休日・祝、12/25・26、1/1、イースターの数日 Card A.M.V. 🚇Gneisenaustr.駅から徒歩8分 URL bananasberlin.com

1.木質の表情が楽しい緑のネックレス€29.95 2.アンゴラキャップ€39.95、Tシャツ€69.95、ネックレス€39.95、ジーンズ€79.95 3,4,5.カラーバリエーションが豊富、€30〜40ですてきなアクセが見つかる

 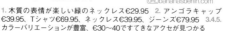 ベルクマン通りはアンティーク雑貨店などもあり、短い道だけど楽しいです。(佐賀県・あけみ)

ツェブラ・クラブ・ベルリン
Zebra Club Berlin

ワンピースやスニーカーに混ざっておしゃれ食器まで並ぶセレクトショップ。ガーリーな袖コンシャスなトレンドファッションや大人かわいい小花ブラウスなど目移りしそう。奥にはメンズファッションのコーナーも。

Map 別冊P.15-C3

🏠Bergmannstr. 99 📷非公開
🕐11:00～19:00 休日・祝、12/25・26、1/1、イースターの数日 Card A.M.V. 🚇Gneisenaustr.駅から徒歩8分 URL zebraclub.store

1. ハートのキーホルダー€16 2. シックな総柄のプリントブラウス€145 3. キャップ€66.90 4. ジーンズ€119 5. ピンクの財布€74.90、小さいバッグ€109

---

5 30年営業の老舗 13:30
アララット ARARAT

店名のアララットはトルコとアルメニアの国境にそびえる山で、もともとはトルコ人アーティストの手がけたポストカードやトルコの書籍などを販売していた。今ではカードやスタンプ、レターセットなど文具全般を扱っている。

Map 別冊P.15-C3

🏠Bergmannstr. 99A ☎030-6935080
🕐10:00～20:00 休日・祝、1/1、イースターの月曜、12/25・26 Card A.M.V. 🚇U7 Gneisenaustr.駅から徒歩8分 URL ararat-berlin.de

1.2. テレビ塔のモチーフは鉛筆やケーキ型などに展開€5～ 3.4. ポストカードは、地元のデザイナーによる個性的なデザイン€1～2

---

6 キッチン雑貨とヨーロピアンファッション 14:00
キュチノット
Cucinotto

実用的なキッチン用品から、カラフルなカトラリーまでヨーロッパ各地からセレクトしたキッチン雑貨が幅広く揃う。入口にはビネガーや蒸留酒を量り売りするコーナーも。

1. オイルやビネガーなど調味料の量り売り€3.50/100ml 2. いろいろなタイプのペッパーミル€29.90～

Map 別冊P.15-C3

🏠Bergmannstr. 111 ☎030-616512 81 🕐11:00～18:00 休日・祝、12/24～26、1/1、イースターの数日 Card A.M.V. 🚇U6,7 Mehringdamm駅から徒歩6分

地下鉄駅には周辺地図の掲示がないので、駅を出てどの方向へ行くのかわかりにくい。小さな方位磁石をかばんに付けておくと便利。

137

How to make

秘伝のオリジナル
スパイス

皮つき（ソーセージ）で
Mit Darm
ミット・ダルム

辛くして
（＝カレー粉増量）
Mit Scharf, bitte.
ミット・シャルフ・ビッテ

1 ソーセージを焼く

2 オリジナルのカレー粉をドバッ

3 特製ケチャップもりもり

4 さらにカレー粉

完成でーす！

皮なし（ソーセージ）で
Ohne Darm
オーネ・ダルム

CURRYWURST

焼きソーセージにピリッと
辛いカレーケチャップの組み合わせで、
今やドイツ全土に広がった定番。

€5.20

皮なし
ソーセージ
€2.60

ベルリン
ファスト
カリーヴルスト

ドイツの二大
カレーケチャップ味
トルコ由来とされ
どちらもベルリンが発
いつも長蛇の列がで

マヨバケツ
ポンプ式のマヨ
ネーズも大迫
力！

特製ケチャップ
を買って自宅で
も店の味に

売ってます
€3.50/750mℓ

ポテトも付けて
Mit Pommes, bitte.
ミット・ポンメス・ビッテ

このカレー味が
最高だよ！

ポテトをもっと入れて
Mehr Pommes, bitte.
メーア・ポンメス・ビッテ

ポテトもアツア
ツがたっぷり
サーブされる

パンと一緒に！

皮なしソーセージが人気
カリー36 Curry 36

市内での1、2を争う有名店。味の決め手のカレー
粉とケチャップはオリジナル。メニューはブー
レット（ハンバーグ）、シュニッツェルなど幅広い。
Tシャツなどの関連グッズも観光客に人気。

パン付けて／パンなしで
Mit Brot./Ohne Brot.
ミット・ブロート／オーネ・ブロート

ツォー駅前と
中央駅内など
ベルリン市内
に3軒支店が
ある。

Map 別冊P.15-C3 クロイツベルク

🏠 Mehrindgamm 36
☎030-2517368 ⏰9:00～
翌5:00 休12/24 Card M.V.
💶€2.60～
🏠ツォー駅前支店
Ⓤ U6,7 Mehringdamm駅から
徒歩1分 URL www.curry36.
de

カリーヴルストはその場で、ゲミューゼ・ケバブは持ち帰って食べる人が多かった。（茨城県・由美）

How to make

ケバブをひとつください
Ein Döner, bitte.
アイン・デナー・ビッテ

タマネギを抜いてください
Ohne Zwiebel, bitte.
オーネ・ツヴィベル・ビッテ

(店員がソースを指さして)
どれ付ける？
Welche Soße?
ウェルヒェ・ゾーセ

いらないです
Nein, Danke.
ナイン・ダンケ

1 焼けた肉を薄く削ぐ

2 炒め野菜でコクをプラス

3 サラダinでヘルシー♪

4 ソースも選んで

これを
お願いします。
Das, bitte.
ダス・ビッテ

DÖNER KEBAP

最強の
フード
デナーケバブ

ファストフードは
の焼きソーセージと
る焼き肉サンド。
祥という説もあるとか。
きる名店をご紹介！

ソース
上からヨーグルト
とディル、甘辛ト
マト、マヨベース
のソース

オニオン

きゅうり

白チーズ

トマト

削ぎ切り
チキン

パプリカ

€7.10

大きな肉を薄く削いだものがデナーケバブ。
駅の構内などでもおなじみの
ドイツを代表するファストフードだ。
野菜たっぷりなのが
人気の秘密

MENU

パン付 **€7.10**
軽くトーストしたパンに具を
はさんで食べる

デュルム（ラップサンド）**€8.30**
薄い小麦粉の生地に巻いてい
るから食べやすい

肉抜きにして
Ohne Fleisch, bitte.
オーネ・フライシュ・ビッテ

30分待ちは覚悟して
ムスタファズ・ゲミューゼ・ケバプ
Mustafa's Gemüse Kebap

ソテーした野菜（ゲミューゼ）とフレッシュサラダ
がたくさんサンドされていて、ヘルシーさでも
評判の行列店。2005年の創業以来、オーナーの
ムスタファさんが作る門外不出のソースが自慢。

Map 別冊P.15-C3 クロイツベルク

🏠Mehringdamm 32 ☎なし
🕐月～木10:00～翌1:00、金
13:00～翌3:00、土・日10:00
～翌2:00 🚫1/1 💳不可
💰€7.10～ 🚇U6.7
Mehring-damm駅から徒歩1分

デュルム
（ラップサンド）にして
Dürüm Wrap ,bitte.
デュルム（ラップ）・ビッテ

ハーフで
Halbe Portion, bitte.
ハルベ・ポルツィオーン・ビッテ

デュルムのほうが細長
くて食べやすいが具の
ボリュームは多い

並んででも
食べたい！

アイラン €1
トルコでポピュラーな塩味の
ヨーグルトドリンク。肉と相性
抜群、後味サッパリ！

スイーツ派 or 軽食派？
ベルリンスタイル、カフェ案内

自由で独創的な町ベルリンを象徴するカフェ文化。フードも、ドリンクも、オーナーの個性が光る。おしゃべりしながら、もちろんひとりでも何時間でも過ごせるのが、ベルリン流。

1. イスラエルの朝食の定番シャクシューカ€14.50にソーセージ€2.50を追加。パプリカやなすをトマトで炒め煮にし卵を落とした料理。サワードウパンとの相性もばっちりで満足感が高い。生絞りオレンジジュース小€3.90

1. プレーンオムレツ€5.50　2. 卵料理やチーズ、ジャムの付いた朝食セット€13、ポットサービスのお茶€5.20　3. 満席のことも多いので席をキープしてからカウンターで注文と支払いを

ケーキ大好き！

最高のブランチね

ボリュームも味も大満足！

ベルリン式朝食
Berliner Frühstück

カフェでの朝食はベルリンっ子お気に入りのスタイル。定番のハムや卵料理のほか、各国発祥の朝食が味わえるのも国際都市ならでは。

ていねいな料理
ブター　Butter

朝食はアボカドトーストやエッグベネディクトが人気。パンケーキやベジタリアンもある。混んでいてもスタッフはテキパキと親切で心地よい。人気なのでウェブサイトから予約するのがおすすめ。

Map 別冊P.15-D1　プレンツラウアーベルク

🏠Pappelallee 73　📷非公開　🕘9:00～23:30（土・日・15:30）、朝食は平日～12:30（土・日～15:00）　🈲月・12/24～26、1/1　💶€6.90～　Card A.D.M.V.　🚇U2 Eberswalder Str.駅から徒歩5分　URL www.cafe-butter.de

パリ風のおしゃれカフェ
カフェ・フルーリー　Café Fleury

朝食セットのほか、キッシュなどの軽食やオリジナルのスイーツが人気。明るい光が差し込む窓辺のカウンターならひとりでも気兼ねがいらない。

Map 別冊P.16-B1　プレンツラウアーベルク

🏠Weinberg 20　📷030-44034144　🕘9:00～19:00　🈲12/24～26　💶ドリンクとケーキ€5～　Card M.V.　🚇U8 Rosenthaler Pl.駅から徒歩2分

1. 内装はそっけないが味は確か　2. クロイツベルクのマルクトハレの向かいにある　3. サーモンとクリームチーズのベーグル€8.90、カプチーノ€3.60

アメリカンな朝食
バルコミズ・デリ　Barcomi's Deli

開店と同時に満席になる人気店。オーナーのバルコミズさんは、元ダンサーのアメリカ人。レシピ本の執筆もする有名人だ。パイやクッキーも評判がいい。

Map 別冊P.15-C3　クロイツベルク

🏠Bergmannstr. 21　📷030-61203732　🕘10:00～18:00（金・土・日・祝～19:00、12/24～16:00）　🈲12/25・26　💶€3～　Card A.D.J.M.V.　🚇U7 Gneisenaustr.駅から徒歩5分

ライ麦ミールいろいろ！

生ハムが苦手ならスモークサーモン

朝にぴったりフレッシュフルーツ

定番スクランブルエッグ

朝食やブランチで食べられるのは、ハム、チーズ、フルーツ、卵料理など。パンもおいしいので食べ過ぎ注意！

週末はブランチを食べに来るお客さんで満員になるカフェも。人気店は11:00前に行ったほうがいいみたい。（島根県・緑）

定番の味
心を込めて
作るよ

自家焙煎のコーヒーを
ファーストクラック・カフェ・パコラート
Firstcrack Cafe Pakolat

自家焙煎コーヒーの専門店だが奥のキッチンで作る自家製スイーツが評判。種類も多く、どれも自然な甘さで軽く上質なおいしさ。古道具を配した温かみのあるインテリアでまったりとくつろげる。

・チーズケーキのうえに、ベリーのフィリングがぎっしり詰まったトルテ€4.80

甘さひかえめ
おいしいよ！

プレンツラウアー
ベルク

Map 別冊P.15-D1

🏠 Raumer Str. ☎030-44793883 ●11:00〜18:00（12/24、12/31は時短）休12/25・26、1/1 🈁ドリンクとスイーツで€8〜、レジにあるチップボックスに+αを **Card** M.V.（€10〜）🚇U2 Eberswalder Str.駅から徒歩5分 URLfirstcrack-roasters.com

1. クランブルケーキ €4.50 2. ベリーのケーキは季節限定€4 3. 間口は狭いが奥にもテーブルがある

日替わりケーキが評判に
1900カフェ・ビストロ・ベルリン
1900 Café Bistro Berlin

手作りのNYチーズケーキとアップルクランブルケーキがいち押し。休日のブランチには家族連れやカップルが次々に訪れ、ボリュームいっぱいのベルリン式朝食を楽しんでいる。

Map 別冊P.14-A3 ツォー駅周辺

🏠 Knesebeckstr. 76 ☎030-88715871 ●9:00〜18:00（土・日9:00〜）休祝 🈁朝食セット€11.90、ドリンクとケーキ€5.80〜 **Card**不可 🚇S5,7,75 Savignypl.駅から徒歩5分

甘〜いのスイーツが大集合！

自慢のスイーツ
Geliebtesten Süßigkeiten

カフェのスイーツは、種類が少ない店もあるけれど、ほっこりしたたかい味。こぢんまりとした空間もいい感じ。

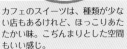

1. チョコとチェリーのケーキ€6.95 2. ホットチョコレート€4.90 3. アイリッシュクリーム€5.70 4. エスプレッソカフェアート€3.50

サクサクの
食感よ

1. ショートブレッド1枚€2.20〜、カプチーノ€3.50 2. 奥にもテーブルがある

評判の英国菓子店
ケイティーズ・ブルー・キャット　Katies Blue Cat

ショートブレッドやクッキーなどイギリス発祥の素朴な焼き菓子で評判の店。隣接するキッチンから作りたてが届く。グルテンフリーやヴィーガンにも対応。

Map 別冊P.15-D3 ノイケルン

🏠 Friedelstr. 31 ●9:00〜17:00（金・土・日〜18:00）休クリスマス〜1/1 🈁ドリンクとショートブレッド€4.40〜 **Card** M.V. 🚇U8 Schönleinstr.駅から徒歩5分 URLwww.katiesbluecat.de

チョコレート三昧
ラウシュ・ショコラーデンカフェ　Rausch Schokoladen Café

ジャンダルマンマルクトに面した老舗チョコレートショップの3階。建物に入ると250種類以上ものチョコレートが並び、その香りに圧倒される。カフェでは好みの濃度とフレーバーを選べるホットチョコレートが人気。

Map 別冊P.16-A3 ミッテ

🏠 Charlottenstr 60 ☎030-757880 ●13:00〜19:00（1階のショップは10:00〜20:00、日・祝12:00〜20:00）休祝 🈁€6.90〜 **Card**D.J.M.V. 🚇U2,6 Stadtmitte駅から徒歩3分 URLwww.rausch.de

いまや全ドイツのマスコット
アンペルマン・ショップ＆カフェ
Ampelmann Shop & Café Unter den Linden

ベルリンの信号マスコット、アンペルマンの直営店。ショッピングの合間に、自社ブランドのコーヒーが楽しめる。おしゃれなワゴンはフォトスポットとしても人気。

Map 別冊P.16-A2 ミッテ

●夏期10:00〜21:00　冬期は閉店が早まる　休無休　URLwww.ampelmann.de

カプチーノ小€2

トレンド発信基地
ハッケシェ・ヘーフェに潜入！

ビルの中庭に店がある「ホーフ（ヘーフェ）」は表通りの喧騒が届かない、秘密の空間。ベルリンでいちばん大きなホーフでショッピング

小劇場もあるよ！

ビルの中庭でショッピング

ハッケシェ・ヘーフェ
Hackesche Höfe

Map 別冊P.16-B1 ミッテ

⊞Rosenthaler Str. 40-41 ⓈバーンBerlin Hackescher Markt下車徒歩3分

ホーフ（ヘーフェ）って何

ホーフとはビルの中庭のこと。いくつかのビルと中庭がつながると複数形になってヘーフェという。中庭に一歩入れば緑豊かな庭が広がったり、静かな空間だったり、外界とのギャップもユニーク。ハッケシェ・ヘーフェはベルリンでも最大級のヘーフェで、ショップやカフェが次々と入居し観光スポットになった。

1 信号機のキャラクター
AMPELMANN Shop
アンペルマン・ショップ

アンペルマンは、もともとは東ドイツの信号機のピクトグラム。かわいらしいシルエットが再評価されキャラクター商品が販売されるようになった。お下げの女の子、アンペルフラウも人気。

ハンドタオルがいちばん人気！

🏠Hof No.5
☎030-44726438
🕙10:00～21:00（冬期～19:00）🔒祝
CardA.D.J.M.V.
URLwww.ampelmann.de

1. アンペルマンの形をしたグミ€2.99 2. スーツケースに付けるタグ€6.95 3. ベルリンのロゴとアンペルマンがしゃれているTシャツ€24.95 4. ステッドラーとコラボしたアンペルマン色鉛筆€4.95

2 ベルリンベアーを食品に
Eat Berlin
イート・ベルリン

蚤の市で自家製の調味料やジャムを販売していた小規模生産者の商品を厳選して販売。90%以上はベルリン製。ベルリンベアーの雑貨もある。

おいしい！を持ち帰って！

🏠Hof No. 4 ☎030-52283260
🕙11:00～19:00（1月～18:00）、12/24～26、12/31～1/1、イースターは時間短縮 🔒復 **Card**A.D.J.M.V.
URLeatberlinstore.de

1. 瓶入りは何にでも合うというカレーソース€4.90、缶入りはカリーヴルストにかけるパウダー€7.90 2. ミルクジャムとハニークリーム各€6.50

中庭をつなぐ通路の上に中庭の番号が書いてあるので迷わないですよ！（鹿児島県 "さくら"）

テレビ塔が
見える！

3

雨が楽しくなりそう

FREItag Fashion
フライターク・ファッション

雨の日ファッションのブティック。レイン
コート、ハットはオーナーがデザインした
ハンドメイド。スタイリッシュでビビッド
なカラーの雨具は、雨でも気分を盛り上
げてくれること間違いなし。

🏠 Hof No.5 ☎030-
28096091 ⏰11:00～
19:00 休日・祝、12/24～
26 Card A.D.J.M.
V. URL www.freitag-
fashion.de

1. 傘€49とレインコート€298 2. 店内には
マフラー€19やニット帽€69もある 3. レイ
ンハット€49 4. ビニールの傘€29

4

小さなおみやげが見つかる

Promobo
プロモーボ

ベルリンのアーティストが作
るかわいい雑貨などのセレク
トショップ。ベルリン名物の
印影が楽しい3種のスタンプや
木製のポストカード、ベルリン
が浮かび上がるキャンドル
ホルダーなどが手頃。

🏠 Hof No.3&5 ☎030-
34666991 ⏰10:00～
21:00［冬期短縮営業］
休1～2月の日曜、12/25
Card M.V.
URL www.promobo.de

1. ベルリンのシンボル
がスタンプに。8個セ
ットで€9.95 2. キャ
ンドルホルダーになる
カード€5.95 3. ブラ
ンデンブルク門のクリ
ップ€6.49 4. 壁崩
壊をイメージさせるデ
ミタスカップ€16.90

アーティストの
個性を見て！

ゾフィーエン通り
入口

建物の中に
入口があるわよ！

この番号が
目印！

Hackesche
Höfe
MAP

ハッケシャーマルクト駅
方面入口

5

盛りつけもきれい

Oxymoron
オキシモロン

地中海、ドイツ、アジアを
フュージョンさせた創作料理
が人気のレストラン。若きド
イツ人シェフ、ロバート・
シュッツさんが腕をふるう。
店内は約100年前に建てられ
たモロッコレストランの面影
が残る。

🏠 Hof No.1 ☎030-28391886
⏰9:00～翌1:00 (L.O.)
休12/23～26 ￥€20～
Card A.D.M.
V.
URL www.
oxymoron-
berlin.de

1. クラシカルな店内
2. 地元産の骨付きチキ
ンをバターソースで
€26.50、前菜とスープ
付きのランチパスタは
€21.50

シェフの
意欲作です

aruco調査隊が行く③!!

癒やし？ 体調改善？
効き目で選ぶハーブティー

気管 呼吸器

Husten und Bronchial Tee
フステン・ウント・ブロンヒアール・テー

主成分：ヘラオオバコ、スペインカンゾウ、ビターフェンネル、タイム

効果：咳、気管支炎症状の緩和

味わい：口内に独特の甘い味が広がり、乾燥したのどが和らぐ感じ

€0.70/12p dm

Husten- und Bronchialtee N
フステン・ウント・ブロンヒアールテー N

主成分：タイム、タチアオイの根、ヘラオオバコ

効果：咳、気管支炎症状の緩和

味わい：袋を開けると薬草の香りがとても強いが、抽出後はさほど感じなくなり、くせもほとんどなく飲める。

€3.75/20p

Erkältungstee
エアケルトゥングステー

主成分：ニワトコ、タイム、西洋ヤナギの樹皮、アニス、スペインカンゾウなど

効果：風邪をひいたときの諸症状を和らげる

味わい：スーッとした香りで鼻腔がスッキリ、甘みがあって喉にやさしい。

€0.70/12p

生理前の PMSに

Beruhigungs Tee
ベルーイグングス・テー

主成分：セントジョーンズワート

効果：更年期障害やPMS（生理前症候群）の際のうつなど

味わい：かすかに草の香りがするが、甘みが少しあり飲みやすい。

€0.70/12p dm

膀胱炎 消化器 胃腸

Nieren-und Blasen Tee
ニーレン・ウント・ブラーゼン・テー

主成分：シソ科のオルソシフォンの葉、マメ科の多年草オノニスの根

効果：尿路の炎症性疾患の緩和、膀胱炎、腎臓炎に

味わい：口の中がスッキリとする感じだが、好き嫌いが分かれそうな苦みも少しある。オルソシフォンはアーユルヴェーダでも効果が高いとされる薬草。

€0.70/12p dm

Magen- und Darm Tee
マーゲン・ウント・ダルム・テー

主成分：カモミール、ペパーミント、キャラウェイ

効果：消化を促進して、胃腸の調子を整える

味わい：さわやかなペパーミントの香りが強く、味はややくせがある。

€0.95/12p

パッケージの 解読単語

Anwendung 使用方法（飲み方）	10 Minuten ziehen lassen 10分間浸す
täglich 毎日	mit siedendem Wasser 沸騰した湯で
1-2 mal 1〜2回	mit kochendem Wasser 沸騰した湯で

ドイツ人とハーブティー

医者にかかるほどでもないけど少し調子が悪いという時、ドイツの人は自然療法で治そうとする。そのなかでもポピュラーなのがハーブティーKreutertteeや治療茶Arzneiteeで、症状に合わせて配合したものがいろいろある。どちらもスーパーやドラッグストアで手軽に買えるが、容量、用法を守らないと効果が得られなかったり、副作用が出る場合もあるので、薬局で薬剤師に相談してから買ったほうがよい。このページでは、ハーブティーと明記されたもの以外は、治療茶を紹介している。

薬局で買ったのど飴とハーブティーで、風邪気味だったのがスッキリ！（青森県・ミッチ）

症状に合ったお茶をどうぞ

ドイツではハーブティーがとっても身近。ちょっとした不調を感じたときにも飲みたい。何に効くのか調査隊が薬局を突撃！昔っからのハーブ療法、マネしちゃいましょ！

鎮静
ストレス
不眠

Entspannungstee
エントシュパヌングステー

主成分：ハニーブッシュ、オレンジの皮と花、甘草の根、シナモン、生姜、八角、黒胡椒、カルダモン
効果：ストレスにより高ぶった神経を穏やかにする
味わい：ハーブと香辛料が香り立つ。東洋のエキゾチックな味わい。

€3.20/20p

Schlaf- und Nerven Tee
シュラーフ・ウント・ネルフェン・テー

主成分：カノコソウ、パッションフラワー、メリッサ
効果：入眠できない時、神経鎮静作用がある
味わい：わずかに甘味があり、ゆったりした気分にさせてくれる。

€0.70/12p

Stress- und Nerventee
シュトレス・ウント・ネルフェンテー

主成分：カノコソウ、ラベンダー、メリッサ、ペパーミント
効果：ストレスを和らげて、神経を鎮静化させる
味わい：薬草の香りがかなり強く、スパイシーで独特の味。慣れないと飲みにくい。

€3.60/20p

Kopf Entspannungs Tee
コプフ・エントシュパンヌンクス・テー

主成分：ペパーミント、緑茶、レモンバーム、甘草、ラベンダー、ガラナ、コーラナッツ、シモツケ、ヤナギ
効果：イライラ解消
味わい：ペパーミントの香りが強めだが、ほんのり甘くすっきり。

€0.70/12p

Pfefferminzblätter
プフェッファーミンツブレッター

主成分：ペパーミントリーフ
効果：消化促進と腸内ガスを減らす。胃腸のトラブルの改善
味わい：すっきりとした清涼感のあるメントールの香りが、すっきり気分に。

€3.80/20p

Verdauungstee
フェアダウングステー

主成分：セイヨウタンポポ
効果：消化不良に効き目があり、便秘の解消にも
味わい：干し草のような香りがするが、口あたりはとてもまろやか。

€0.70/12p

地元に根ざした処方箋薬局
カイザー・アポテーケ
Kaiser Apotheke

ハーブティーは入口近くの回転棚にある。ドラッグストアでは扱いのないメーカーのものもあるのでよく相談すること。

Map 別冊P.15-C3 クロイツベルク

🏠Bergmannstr. 23 ☎030-6937881
🕐月〜金8:30〜20:00、土9:00〜20:00
1/1、イースターの数日、12/25・26・31 休 日・祝、
Card A.M.V. 🚇U7 Gneisenaustr.駅から徒歩5分
URL www.kaiser-apotheke-berlin.de

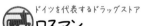
ドイツを代表するドラッグストア
ロスマン
Rossmann

大きな駅には必ずあるほどメジャーな存在のドラッグストア。薬のほか、雑貨や安いワインも置いている。

🏠Zossener Str. 28 ☎030-61201072
🕐8:00〜21:30※店舗によって異なる 休日・祝
Card A.D.J.M.V. 🚇U7 Gneisenaustr.駅から徒歩8分
URL www.rossmann.de

dm
高品質なブランド
デー・エム
dm

ドイツ国内に1000店舗以上展開。自社ブランドの基礎化粧品や洗剤が、手頃な値段で質がいいと評判。

Map 別冊P.15-C3 クロイツベルク

🏠Bergmannstr. 102 ☎030-61076846
🕐9:00〜20:30※店舗によって異なる 休日・祝
Card A.M.V. 🚇U7 Gneisenaustr.駅から徒歩8分
URL www.dm.de

上記はすべてティーバッグ。12個入りなど小箱を買って試してみるのがおすすめ。

LOGONA
NATURKOSMETIK
ロゴナ

自然療法や代替療法の国家資格を持つ創立者が1978年に立ち上げたオーガニックコスメの先駆者的存在のブランド。

ヘアオイル

レンゲン&シュピッツェンフルイド・ビオ・アルガンエール
Längen & Spitzenfluid Bio-Arganöl
洗髪後、タオルドライした髪の先端に週1〜2回揉みこむ洗い流さないオイル。絹のような輝きを

€6.89 A

フェイスクリーム

デー・エム→P.145

A €12.94

ビタミンクレーム・ビオ・カロッテ&ビタミンF
Vitamincreme Bio Karotte & Vitamin F
有機ニンジンとビタミンFを配合したビタミンクリーム。肌を保護し、集中的に潤いを与える

顔パック

€3.79

シャンプー

フェステス・プフレーゲ・シャンプー・ビオ・ハンフ&ビオ・ホールンダー
Festes Pflege Shampoo bio hanf & bio holunder reinigt sanft
ヘンプとエルダーベリーを配合した固形シャンプー。繊細な花の香りが五感をいやす

A €8.49(小)

フォイヒティヒカイツ・マスケ
Feuchtigkeits maske
週に1〜2回、顔、首、デコルテの清潔な肌に均等に塗布し、約10〜15分間放置した後洗い流す

BIOの本場
ナチュラル
人気ブランド

ドイツはオーガニックや環境問題自然派コスメの種類も多く、どの日本でも人気のブランド、気軽に

掲載のコスメの一部はBIOではありません肌への使用はご自身で判断、お確かめください

BDIH認証とエコテスト

BDIH認証はドイツ化粧品医薬品商工業企業連盟が中心となって作った自然化粧品の世界的ガイドライン。原料がオーガニックであるだけでなく、環境にも負荷をかけないなど認証はとても厳しい基準がある。エコテストÖKOTESTは、環境や人への影響をテストする専門誌。この雑誌が高く評価した商品には「Sehr Gut(ゼア・グート=大変良い)」マークが付けられている。

ショトゥラッフェンデ・アウゲンプフレーゲ・グラナートアプフェル&マカ・ペプチド
Straffende Augenpflege Granatapfel & Maca-peptide
有機ザクロ種子油と有機マカ根からのペプチドによる活性化と保湿。40歳からの肌に

アイクリーム

€19.95 A

バスミルク

シャワージェル

エナジー・アロマ・ドゥーシュジェル
Energy Aroma-Duschgel
生姜や松などの100%天然オイルが爽やか

€6.89 A

シャンプー

lavera
NATURKOSMETIK

BODY LOTION VITALISIEREND

€6.95 A

アイクリーム

€13.95 A

アウスグライヒェンデ・ナハトプフレーゲ・イリス
Ausgleichende Nachtpflege Iris
肌を落ち着かせ、夜のうちに肌の自然な再生プロセスをサポート

ナイトクリーム

€16.90 A

エントシュパヌングスバート・ラヴェンデル
Entspannungsbad Lavendel
バスタブに溶かして使うラベンダーオイル。心地よい香りが癒やしに

ボディ・ローション・ヴィタリズィーレンド
Body lotion Vitalisierend
オーガニックオレンジオイルとオーガニックアーモンドオイルを配合した、普通肌向けのリバイタライジングボディローション

WELEDA
ヴェレダ

1921年に病院と製薬研究から出発したブランド。自社農園での研究など植物原料のクオリティにこだわっている。

リップクリーム

Skin Food Lip Butter
スキンフード・リップバター
Skin Food Lip Butter
うるおい長持ち、液状のリップ用オイル

B €5.95

リップケア

エバーロン
リッペンプフレーゲ
Everon Lippenpflege
植物性のワックスを使用した溶けにくいリップクリーム

B €4.45

lavera
NATURKOSMETIK
ラヴェーラ

オーガニック栽培や野生の植物をできるだけ使用したスキンケア用品を展開。laveraはラテン語で「真実」という意味。

マスカラ

€10.99 A

エンドレス・ラッシェス・マスカラ
endless lashes mascara
濃厚なオーガニックホホバオイルと植物性ケラチンがまつげを優しくケアしボリュームと長さを実現

日本で愛用しているラヴェーラ（lavera）をまとめ買い！（福岡県・さやか）

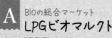

日焼けケア

ゲレンクヴォール・アインライブング
gelenkwohl einreibung
力強い香りのマッサージオイル。こわばった関節の痛みを軽減する

€14.90 A

アロエ・ヴェラ・ゲル
Aloe Vera Gel
有機アロエベラエキスで肌に潤いを与え、赤みを軽減する

マッサージオイル

A €16.90

ローゼンブリューテン・ヴァッサー
Rosenblüten Wasser
有機栽培されたダマスクローズが贅沢な香りを紡ぎ出す
€12.90

バラ水

PRIMAVERA®
プリマヴェーラ

オーガニックアロマ、ナチュラルスキンケアに定評がある。100%天然由来の豊かな香りはアロマテラピーの専門家にも支持されている。

アロマオイル

テーバウム・ビオ
Teebaum bio
生活に彩りと癒やしを与えるアロマオイル。さっぱりとした香りのティーツリー

€10.90

まだある！
注目ブランド

デメター

B €22.90

オーシャンウェル社

€35

€31 B

ドクター・ハウシュカ

1 **オーシャンウェル社**は海洋研究者、生物学者、皮膚の専門家チームの研究に基づく自然派コスメブランド。細胞を活性化！ハリのある肌に導く。2 自然農法の魁、デメターの原料を使った朝鮮人参エキス入りフェイスクリーム 3 **ドクターハウシュカ**のスキンケア製品は少し高いがとても評判がいい。リバイタライジング・マスク

で見つけた
コスメ
をCheck!

に対する意識が高い国。
メーカーも高品質を誇っている。
使えるお手頃価格もうれしい！

スキンケア用品を入れてね！

NIVEA
ニベア

世界的に有名なニベアの直営店。店内には日本では買えない製品がいっぱいある。ベルリン店とハンブルク店ではニベアスパの体験も。フェイシャルは35分€49〜。肌に合わせたニベアプロダクトをチョイスしてくれる。

ニベア・ハウス・ベルリン
Nivea Haus Berlin

`Map 別冊P.16-A2` ミッテ

🏠Unter den Linden 28 ☎030-20456160 🕐10:00〜19:00 🈳日、12/24・31、イースター期間の金・日・月 `Card`A.D.M.V. 🚇U5,6 Unter den Linden駅から徒歩2分 `URL`nivea.de
※フェイシャルの予約は店頭または専用電話(040-49092108)で。ウェブ予約はドイツ語のみ

€14.90

爽やかなニベアブルーのタオルで朝から元気に

中身は…

コエンザイムQ10をたっぷり含んだスキンケアシリーズセット€24.90。白のディクリーム50ml、紺のナイトクリーム50ml、アイクリーム15mlが入っている。バラバラで買うよりも€15も安い！

ぼくがお出迎え！

種類もいっぱい！

A BIOの総合マーケット
LPGビオマルクト
LPG Biomarkt

有機野菜や加工食品、衣料品など幅広く扱うエコショップ。ベルリンに10店舗あるなかで特にコスメ売り場が充実している。B10材料のカフェテリア(11:00〜15:00)も併設している。

`Map 別冊P.15-C1` プレンツラウアーベルク

🏠Kollwitzstr. 17 ☎030-439739140 🕐9:00〜21:00 (12/24〜14:00) 🈳日・祝、1/1、イースター 12/25・26 `Card`A.D.J.M.V. 🚇U2 Senefelderpl.駅から徒歩3分 `URL`www.lpg-biomarkt.de

B 小さな店内にギッシリ
ロッテ・ナトゥーアコスメティック
LOTTE Naturkosmetik

ドイツやフランスなどヨーロッパのナチュラルコスメを扱う。奥にはマッサージルームがある。予約が必要だがフェイシャルマッサージは60分で€60〜。

マッサージも受けられる！

`Map 別冊P.15-D1` プレンツラウアーベルク

🏠Prenzlauerallee 40 ☎030-4417476 🕐11:00〜19:00、土10:00〜15:30 🈳日・祝、1/1、イースター、12/25・26 `Card`M.V. 🚇トラムM2 Marienburger Str.駅から徒歩1分 `URL`www.lotte-naturkosmetik.de

個性が光る蚤の市で掘り出し物探し

ベルリンには週末になると市内のあちこちで蚤の市が開かれる。
その数30以上とか。東ドイツ時代を彷彿とさせるレトロな
キッチン用品や、手作り雑貨を見つけよう!

いくらですか
Was kostet das?
ヴァス・コステット・
ダス

3つ買うからまけて
**Ich nehme das drei Stück,
Dann können Sie es
billiger machen?**
イッヒ・ネーメ・ダス・ドライ・シュトゥック・
ダン・ケネン・ズィー・エス・
ビリガー・マヘン

陶器が並ぶマウアー
パークの蚤の市

おなじみの青い
ニベアのパッケー
ジ缶はレトロなロ
ゴがおしゃれ

・各€5~ **A**

古い紙の収集
家、プロの出
店もある

A 各€1~

Antiquität
アンティーク

食器などの裏にあるDDR
またはGDR(ドイツ民主
共和国)の印は旧東ドイ
ツを意味している。刻印
がなくても当時の雑貨が
あるのでチェック!

A €60

蓋付き白磁器はア
クセサリー入れに
ぴったり

市松模様が
かわいい
ホーローの
パスタ入れ

€25 **A**

GRIES

古いガラス瓶は
大小さまざま。
一輪挿しに

マイセンのティー
カップは裏のマー
クをチェック!

A €40

€5 **A**

ヴィレロイ&
ボッホのアン
ティーク

A 各€3~

さまざまな柄の
ティーカップがテー
ブルいっぱいに並ぶ

各€20~ **A**

オスタルギー雑貨
に注目

オスタルギーとは、
東(オスト)とノス
タルギー(郷愁)を
合わせた造語。古い
けれどあたたかい旧
東ドイツ時代のもの
が懐かしさとともに
受け入れられている。

蚤の市では小額紙幣とエコバッグは必携。簡易包装なので陶器を持ち帰る人はプチプチ持参で。(山形県・さくらんぼ女王)

個性が光る蚤の市で掘り出し物探し

ベルリンのおもな蚤の市
FLOHMÄRKTE IN BERLIN

A マウアーパークの蚤の市
Flohmarkt am Mauerpark

ベルリンの壁の跡地にできた公園で開かれる。プロの業者から地元の子どもの店まで広大な敷地に店がたくさん並ぶ。

Map 別冊P.15-C1 プレンツラウアーベルク

⏰日曜10:00〜18:00頃 🚇U2 Eberswalder Str.駅から徒歩約5分

B アルコーナ広場の蚤の市
Trödelmarkt am Arkonapl.

規模は小さいが東ドイツ時代のアンティークや、個性的な手作りアクセサリーが見つかる。

Map 別冊P.15-C1 プレンツラウアーベルク

⏰日曜10:00〜16:00頃 🚇U2 Bernauer Str.駅から徒歩約8分

C ボーデ博物館前の アンティーク＆ブックマーケット
Antik- & Buchmarkt am Bodemuseum

旧東ドイツで出版された古本をはじめ、絵はがき、コイン、切手などを扱う店が多い。

Map 別冊P.16-A2 ミッテ

⏰土・日曜11:00〜17:00頃 🚇S5,7などFriedrichstr.駅から徒歩7分。ボーデ博物館前の運河沿い。

D ボックスハーゲナー 広場の蚤の市
Trödelmarkt am Boxhagener Pl.

木立に囲まれた気持ちのいい広場で開催される蚤の市。中心街から離れているので地元の人が多い。

Map 別冊P.15-D2外 オスト駅の東

⏰日曜10:00〜18:00頃 🚇U5 Frankfurter Tor駅から徒歩7分

E コルヴィッツ広場 のBIOマーケット
Ökomarkt Kollwitzpl.

野菜や果物、肉、チーズから、コスメやテキスタイルまでエコ系の店が並ぶ。また、土曜にはエコ以外の食材や屋台も出てさらににぎやか。

Map 別冊P.15-D1 プレンツラウアーベルク

⏰木曜12:00〜19:00（冬期は〜18:00）頃、土曜9:00〜17:00頃 🚇U2 Senefelderpl.駅から徒歩10分

€10 B
プラスチックを加工したペンダントヘッド

ピザ€4.50、モロッコ風のベジタブルおやき€3.50

€12 B
チロリアン柄がおしゃれな小物入れ

各€6 A
キーやハサミのミニチュアがユニークなピアス

€10 B
繊細なフォルムがかわいいピアス

Handgemacht
ハンドメイド雑貨
個性的なデザインのオリジナルのアクセサリー、金属やガラスの廃材を使った雑貨がドイツっぽい

手作りしてるのよ

各€6 A
リング。まとめて買えば少しお得になることも

€12 B
ビビッドな色合いのポーチ

B 各€10
エッチングのタッチが繊細なペンダントヘッド

各€12 A
透明感のあるアクリル板をピアスに加工

じっくり選んでね！

気に入ったら即買いの一点物

出店者の顔ぶれはインターナショナル

各€5〜 A

A 各€12〜

混雑時はスリに注意。開催日が祝日の場合は中止になることもある。

ドイツ最大の国際港湾都市

ハンブルク

Hamburg

港町特有の進取の気性に富んだ町でありながら
リゾートを楽しむのんびりした
雰囲気もあるのがハンブルク。
新鮮なシーフードを味わえるのもうれしいところ。

ハンブルクでやりたい
4つのこと

1 市庁舎を見学
2 倉庫街をおさんぽ
3 国際都市を楽しむ
4 青空市場へ！

クリスマス時期の市庁舎

---

1 市庁舎を見学

ハンブルク中央駅からメンケベルク通りMönckebergstr.
を10分ほど歩くと市庁舎に出る。内アルスター湖畔の
遊歩道も気持ちのいい散歩道。

均整のとれた堂々とした姿
市庁舎 *Rathaus*

19世紀末に完成したネオ・ルネッサ
ンス様式の建築物。正面の幅は
111m、尖塔の高さは112m。ガイド
ツアーに参加すれば「皇帝の間」や「大
祝祭の間」など内部の見学が可能。

Map 別冊P.11-D2　市庁舎広場

⌂Rathausmarkt 1　⏱ガイドツアーでのみ入場
可8:00～18:00　無休　€7
U3 Rathaus 駅から徒歩1分

市庁舎を
見ながら
お茶しよ♪

1. 尖塔の高さは112mもある
2. 市庁舎の見えるカフェは
観光客に大人気

ハンブルクへの行き方

🚌 フランクフルト中央駅からICE
で4時間25分～4時間55分（一
部の便は乗り換え）。€125.90～
159.60。

ハンブルクの ℹ️

⌂Hauptausgang Kirchenallee
☎040-30051701　⏱9:00～
17:00　無休
URL www.hamburg-tourism.de

Map 別冊P.2-A1

ハンブルク
ベルリン●
フランクフルト
●
ミュンヘン●

アルスター湖
Binnennalster

エルベ川の支流をせき止めた
人造湖。遊覧船が発着するリ
ゾートのような風情がある。

1. のんびり座ってランチタイム
2. 噴水の向こうに疾走するICEが

　駅や繁華街のすぐそばに湖があってホッとする町でした。（佐賀県・八千代）

ノイアー・ヴァル
Neuer Wall

市庁舎の西にある運河を挟んだエリアは高級ブランド店やショッピングアーケードがある。

冬でも買い物が楽しい！

ほんのりあま〜くてしっとり

創業100年
パウルセン
Paulsen

老舗のスイーツショップ。チョコレートとマジパンがおすすめ。北ドイツ名物のローテグリュッツェをアイスにかけてみて。

1. マグカップ€11.95 2. アーモンドのマジパン€9.95、チョコとくるみ€8.95 3. 港町らしい缶入りも€7.30 4. マルツィパンMarzipan（アーモンド粉で作る菓子、マジパン）€6.95 5. ローテグリュッツェRote Grütze（黒ベリー類のジャム）€6.95

Map 別冊P.11-D2　ノイアー・ヴァル

🏠 Grosse Bleichen 36 Im Hanse Vierfel
🕙 10:00〜19:00　🚫日・祝、12/25・26、1/1、イースターの数日
Card M.V.　🚇市庁舎から徒歩5分
🔗 www.confiserie-paulsen.de

2 倉庫街をおさんぽ

市庁舎から2kmほど南には運河が入り組むエリアがある。れんがの建物も風情満点。

倉庫街
Speicherstadt
世界遺産

100年以上も前に建てられた美しいれんがの建物が並ぶ。運河に架かる橋も美しい。

火事だ！

1. 火事の消火活動も細かい！ 2. 館内の照明やジオラマの動作を管理。本物の運行司令室のよう 3. 空港エリアが特に人気

本物を超えたジオラマワールド
ミニチュアワンダーランド
Miniatur Wunderland

都市や風景をジオラマで精巧に表現した施設。照明を変えて日没から夜景にしたり、床下に地下鉄が仕込まれたりとても凝っている。

本物みたいすごい迫力！

Map 別冊P.11-D2　倉庫街

🏠 Kehrwieder 2　☎040-3006800
🕙 9:30〜18:00（火、祝、週末は延長あり。日によって営業時間が変わるためウェブで要確認）　🚫無休　💰€20　🎫ウェブでの予約も可能　🚇市庁舎から徒歩15分
🔗 www.miniatur-wunderland.de

ハンブルクの新名所
エルプフィルハーモニー Elbphilharmonie Hamburg

2017年1月11日にオープンした、北ドイツ放送エルプフィルハーモニー管弦楽団の本拠地。大ホールの音響設計は豊田泰久氏。建物はヘルツォーク＆ド・ムーロンの設計で、帆を張る船ともいわれている。ハンブルクの町並みを一望できる地上37mに展望テラスがある。

Map 別冊P.11-D2　倉庫街周辺

🏠 Pl. der Deutschen Einheit　☎040-35766666　🕙プラザの入場時間
10:00〜24:00　💰€3（オンライン予約可）　🚇市庁舎から徒歩20分
🔗 www.elbphilharmonie.de

伝統とモダンの融合デザイン

船が行き交う活気ある港が一望できる！

展望テラスのプラザPLAZAからの眺め

3 国際都市を楽しむ

ドイツ最大の港町ハンブルクには、きらびやかなショッピングアーケードが連なる華やいだ町。
ファッションや料理のセンスも国際的だ。

まったりできる隠れ家カフェも

ダイヒ通り Deichstr.

倉庫街のおしゃれな一角。レストランやカフェが並ぶ。

Cidre シードル €11/0.75ℓ

L'envie（奥） ハム、卵、チーズ、ほうれんそうとオニオンのガレット €9.60

Bergère（手前） 山羊チーズ、生ハム、クルミ、サラダのガレット €10.90

海をイメージした白と青の店内

🍴 フランス仕込みの本格的なガレット

ティ・ブレイズ Ti Breizh

フランスのブルターニュ地方出身のオーナーが開いたガレットとクレープの店。フレンチリゾートファッションブランド、セントジェームスやルミノアなども置いている。

Map 別冊P.11-D2 ダイヒ通り

🏠Deichstr. 39 ☎040-37517815
🕐12:00～22:00 🚫12/24・25・31、1/1
💰€7.7～ 💳D.J.M.V. 🚃市庁舎から徒歩15分 🌐www.tibreizh.de

陽気なスイグレンさんとルカさん

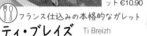

倉庫街 Speicherstadt

エルベ川の貿易港として栄えたハンブルクには、茶葉やコーヒーの集積地となった。周辺にはゆかりの店が点在する。

💍 焙煎の香りが漂う

シュパイヒャーシュタット Speicherstadt Kaffeerösterei

世界各国のコーヒー豆を焙煎、販売している。スタッフに好みを伝えて選んでもらおう。チョコレートやマグカップなどの雑貨はおみやげにピッタリ。

店内で焙煎している

Map 別冊P.11-D2 倉庫街

🏠Kehrwieder 5 ☎040-53799
8510 🕐10:00～18:00（12/24・25は～14:00）🚫無休 💳M.V. 🚃市庁舎から徒歩15分 🌐speichers
tadt-kaffee.de

ジャムやドライフルーツも人気

1. 森林保護とエコを象徴した猿のぬいぐるみ €8.90、マグカップ €14.95
2. ハンブルクの風景が印象的なパッケージのチョコ各 €5.95
3. コーヒーの味は5色のカラーチャート、豆の挽き加減は10種類のアイコンで表示 €8.40/250 g

Gourmet
ドイツ料理のおいしい店

Labskaus ハンブルク名物ラプスカウス。ジャガイモとコンビーフに目玉焼き €18.50

Rotbarschfilet "Blankenese" 魚フライをマスタードソースで €22.40

Dorsch タラのスチーム煮 €25.80

Hamburger Rote Grütze 家庭的なデザート、ベリーのジュレ €6.50

具だくさんだからパンを付ければランチにピッタリ！

港町特有の明るさがある店内

Fischsuppe 魚のスープ €13.90

老舗のビアレストラン

ナーゲル Nagel

1916年に開店したドイツ料理店。古い写真などを配したクラシックな店内にローカルっ子がひっきりなしに訪れる。かつては3階に音楽スタジオがあり、ビートルズがレコーディングしたそうだ。

Zwei Matjes-Filets Hausfrauen Art ニシンの酢漬けにタルタルソース、ジャーマンポテトのコンビは地元で人気 €12.90

Käptn's Pfanne 「船長」の名がついたフライパン盛り。タラのフライとポテトを特製ホースラディッシュで €17.90

店の前にある漁師の銅像が目印

アルト・ヘルゴーレンダー・フィッシャーシュトゥーベ Alt Helgoländer Fischerstube

港町や船をイメージしたインテリア。定番のほか、6週間ごとに変わるメニューを楽しみにしている地元の人も多い。

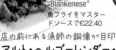

大家族やグループの利用も多い広さ

Map 別冊P.11-D1 魚市場周辺

🏠Fischmarkt 4a～c ☎040-3194696
🕐12:00～22:00（L.O.）🚫12/24
💰€25～ 💳A.M.V.
🚃S1,3 Reeperbahn駅から徒歩10分
🌐www.althelgolaenderfischerstube.de

Map 別冊P.11-C3 中央駅周辺

🏠Kirchenallee 57 ☎040-247121
🕐日～木10:00～24:00、金・土10:00～翌1:00 🚫12/24・25、1/1
💰€20～ 💳不可 🚃中央駅から徒歩1分
🌐restaurant-kneipe-hamburg.de

いかがかな？
髭のハラルドさんは40年近く勤める名物おじさん

4 青空市場へ！ _{活気てある！}

港町ハンブルクの滞在がもし日曜ならフィッシュマルクト（魚市場）へ。火曜、金曜ならイーゼマルクトがおすすめ。

いつもたくさん買うのよ

たくさん買うの♪

カニじゃっ！

1

2

3

1. 開催日は人でごった返す市場
2. 魚の炭火焼きやサンドイッチなど軽食も充実。エビのサンドイッチ€4　3. 寒い時期は防寒対策を！

1. 小さなリンゴを丸かじりするのがドイツ流　2. 全長970mはヨーロッパ最長！　3. 魚を売るトレーラーももちろん来る　4. 手作りカップケーキの屋台

1

高架下だから雨でも大丈夫！

3

新鮮な魚を満載したトレーラーがずらり！

日曜限定

フィッシュマルクト　Fischmarkt

冷蔵設備のある魚介のトレーラーが路上にびっしり並ぶ。ほかにも新鮮な野菜やフルーツ、雑貨、衣類などなんでも揃う。威勢のいい口上や呼び込みはアメ横のよう。

Map 別冊P.11-D1 市場周辺

◆日曜のみ　5:00（11〜3月7:00）〜9:30　図中央駅からバス2、112番でFischmarket下車徒歩1分。S1,2,3 Reeperbahn駅から徒歩8分

ヨーロッパで最も長い青空市場

火・金限定

イーゼマルクト　Isemarkt

U3のホーエルフトブリュッケHoheluftbrücke駅とエッペンドルファー・バウムEppendorfer Baum駅の間の高架下で、毎週2回マーケットが開かれる。魚よりも、野菜やBIO食品が中心。

Map 別冊P.11-C1外

◆火・金のみ　8:30〜14:00　図U3 Hoheluftbrückeまたは Eppendorfer Baum駅から徒歩1分

上品で落ち着く内装

1

1. シックなインテリアのダブルルーム
2. クラシックなインテリアのロビー

Hotel

ハンブルクのホテル

室内は広くはないが明るくて清潔。バスタブ付きの部屋も多い

白い外観が美しい

アトランティック

Hotel Atlantic

外アルスター湖に面しており、宮殿さながらの豪華さを誇る。屋内プールやサウナを完備したスパ、フィットネスセンターなどを備えており、フランス料理が堪能できるレストランもハイレベル。

Map 別冊P.11-C3 中央駅周辺

♠An der Alster 72-79　☎040-28880
㊅SW€280〜、朝食別
Card A.D.J.M.V.　囹221室
図中央駅から徒歩5分
URL brhhh.com/atlantic-hamburg

連泊でもコスパがいい

バーゼラー・ホーフ

Baseler Hof

町の中心へも徒歩圏と立地がよい4つ星ホテル。宿泊者には市内交通が3日間無料になるチケットも提供している。客室は明るく清潔で、ほとんどがバスタブ付き。ワインセラーやフィットネスセンターも完備している。

Map 別冊P.11-C2 内アルスター湖西岸

♠Esplanade 11　☎040-359060
㊅S€79〜、W€89〜、朝食€23　Card A.M.V.　囹170室
図U1 Stephanspl.（Oper/CCH）またはU2 Gänsemarkt駅から徒歩5分
URL www.baselerhof.de

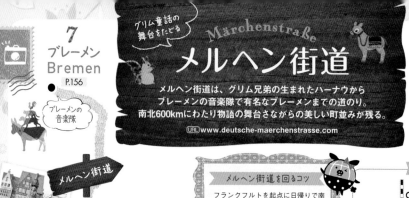

グリム童話の舞台をたどる

Märchenstraße
メルヘン街道

メルヘン街道は、グリム兄弟の生まれたハーナウから
ブレーメンの音楽隊で有名なブレーメンまでの道のり。
南北600kmにわたり物語の舞台さながらの美しい町並みが残る。

[URL]www.deutsche-maerchenstrasse.com

Map 別冊P.2-A1~2

ハンブルク
ブレーメン
ベルリン
フランクフルト
ミュンヘン

---

7 ブレーメン Bremen P.156

ブレーメンの音楽隊

メルヘン街道

世界遺産の町
ブレーメン

ハーメルンの笛吹き男

6 ハーメルン Hameln P.155

ハノーファー Hannover

5 ボーデンヴェルダー Bodenwerder P.155

ポレ城
シンデレラ
ラプンツェル
トレンデルブルク城
Trendelburg
がちょう姫
ザバブルク城
Sababurg
閉鎖中
いばら姫
白雪姫
Bad Wildungen

4 ゲッティンゲン Göttingen P.155

兄弟が教鞭を執っていた町

3 ハン・ミュンデン Hann.Münden

鉄ひげ先生ゆかりの町

カッセル Kassel P.155

童話の研究をすすめる

メルヘン街道を回るコツ

フランクフルトを起点に日帰りで南部、カッセルを起点に中部、ハノーファーを起点にハーメルンとブレーメンを回ろう。

ハーメルン駅からバスで約45分、ミュンヒハウゼン広場で下車。
[i] Münchhausenpl. 1
[URL]www.muenchhausenland.de
ミュンヒハウゼン博物館にあるホラ吹き男爵の像

ゲッティンゲン駅からRBで約40分
[i] Rathaus/Lotzestr. 2
[URL]www.hann.muenden-erlebnisregion.de
亡くなったランゲ通り79番地にある鉄ひげ先生の像

鉄ひげはワシじゃ

©Paavo Blåfield/
NordHessen-Tourismus

交通図

ハンブルク
ヴィルヘルムヴィテ
ブレーメン
60分
75分
75分
ハノーファー
45分
ハーメルン
65分
バート・カールスハーフェン
ノルトハイム
50分
アルテンベーケン
ボーデンヴェルダー
20分
15分
45分
ゲッティンゲン
ホーフガイスマー
20分
カッセル
アイヒェンベルク
40分
20分
トレイザ
15分
バンミュンデン
バート・ゾーデン・アレンドルフ
マールブルク
シュヴァルムシュタット
30分
アイゼナハ
ギーセン
15分
ヘブラ
45分
60分
45分
40分
35分
フランクフルト
アルスフェルト
ハーナウ
15分
35分
フルダ
シュタイナウ
30分

凡例
鉄道
路線バス

---

2 シュタイナウ Steinau P.155

幼少時を過ごした

1 ハーナウ Hanau P.155

兄弟の生家がある

フランクフルト Frankfurt P.90

兄弟が通った大学がある

マールブルク Marburg

Treysa
Alsfeld

フランクフルト中央駅からIC特急またはRE快速で約1時間
[i] Bahnhofstr. 25
[tel]06421-99120
[時]10:00~16:00（木~18:00、土~14:00）[休]日・祝

シュヴァルムシュタット地方 Schwalmstadt

赤ずきん

中心地はシュヴァルムシュタット・ツィーゲンハイン。トレイザTreysaまではカッセル・ヴィルヘルムスヘーエ駅Kassel-Wilhelmshöheから ICまたはREで約35分。ツィーゲンハインZiegenhainまでは駅から470、490番バスで10~15分ほど。
[i] Paradepl. 7
[URL]www.rotkaeppchenland.de
[URL]www.museumderschwalm.de（郷土博物館）

赤い帽子が特別よ

伝承を掘り起こしたグリム兄弟

グリム童話で有名なグリム兄弟は、6人兄弟で、長兄ヤーコプが1785年に、翌年弟のヴィルヘルムがハーナウに生まれた。彼らは伝承されてきた物語を採集し、1812年に『子どもと家庭の童話』を上梓。その後も改訂を重ね200話（霊験譚を含めると210話）が収録されることとなった。

©Stadt Kassel

かわいいおみやげのバリエーションは、ブレーメンがイチバンでした！（宮城県・にしき）

©Heidrun Englisch/ NordHessen Touristik

メルヘン街道の見どころ

1 ハーナウ
Hanau

ヤーコプとヴィルヘルムのグリム兄弟が生まれた町。マルクト広場にはグリム兄弟像がある。本を広げているのが弟ヴィルヘルムで、弟を見守るように立つのが兄のヤーコプ。像の足元にはメルヘン街道の出発点を記したプレートがある。

像のプレートには「街道の始まり」の文字

🚉 フランクフルト中央駅からREで約20分。
ℹ️ 🏠 Am Freiheitspl. 3（ハーナウショップHanau Laden内）☎06181-295739 ⏰10:00〜14:00（木→18:00）㊡日・祝 URLwww.hanau.de

2 シュタイナウ
Steinau an der Straße

🚉 フランクフルト中央駅からREで約55分。
ℹ️ 🏠 Brüder-Grimm-Str. 70 ☎06181-97338 ⏰8:30〜12:00 13:30〜16:00（金8:30〜13:00、土・日13:00〜15:00）㊡11〜3月の土・日 URLwww.steinau.eu

ヤーコプが6歳、ヴィルヘルムが5歳の時に一家はハーナウから移り住んできた。兄弟が1796年まで住んでいた家では一家に関する展示が見られる。

グリム兄弟の家
Brüder Grimm-Haus

🏠 Brüder-Grimm-Str. 80 ⏰11:00〜17:00（11〜2月は〜16:00）㊡12/18〜1/1 💶€7 URLwww.brueder-grimm-haus.de

3 カッセル
Kassel

兄弟が最も長く住んでいた町。ここでグリム童話の初版本が編纂された。

🚉 フランクフルト中央駅からカッセル・ヴィルヘルムスヘーエ駅Kassel-WilhelmshöheまではICEで約2時間20分。ハノーファー中央駅からICEで約1時間30分。
ℹ️ 市庁舎前の観光案内所 🏠 Wilhelmstr. 23 ☎0561-34054 ⏰月〜金10:00〜17:00（土〜15:00）㊡日 URLwww.kassel.de

グリムワールド
Grimmwelt
2015年に完成した新型ミュージアム。グリム兄弟の偉業の紹介だけでなく、メルヘンの世界が、インタラクティブな機器を駆使して展開する体験型の施設。

🏠 Weinbergstr. 21 ⏰10:00〜18:00（金〜20:00）㊡月、1/1 💶€10 URLwww.grimmwelt.de

4 ゲッティンゲン
Göttingen

がちょう姫の像

グリム兄弟が教鞭を執っていたゲッティンゲン大学があり、グリム童話『がちょう姫』（『がちょう番の娘リーゼル』）の像がある。ゲッティンゲン大学を卒業した学生は、この像にキスをするのが習わしだという。リーゼルの手にはいつも花が飾られている。

ℹ️ 🏠 Altes Rathaus, Markt 8 🚉カッセル・ヴィルヘルムスヘーエ駅からICEで45分、ハノーファーからICEで35分 URLwww.goettingen-tourismus.de

5 トレンデルブルク城
Burg Trendelburg

甲冑など遺物の展示もある

城内にある大きな塔は童話『ラプンツェル』のモデルとなったといわれている。現在は老舗の古城ホテルとして人気。

🏠 Steinweg 1 ☎05675-9090 💶S€175〜360 W€155〜 CardA.M.V. 🛏22室 カッセル中央駅からRT（レギオトラム）で約30分のホーフガイスマーHofgeismarからタクシーで約15分 URLwww.burg-hotel-trendelburg.com

6 ハーメルン
Hameln

13世紀の事件をもとにしたという『ハーメルンの笛吹き男』で有名な町。毎年5月中旬から9月中旬の日曜に「結婚式の家Hochzeitshaus」の前のテラスで物語にちなんだ野外劇が演じられる。

🚉 ハノーファーからSバーンで約45分。
ℹ️ 🏠 Deisterallee 1 ☎05151-957823 ⏰10:00〜16:00（土9:30〜13:00）㊡日・祝 URLwww.hameln.de

7 ブレーメン
Bremen

詳しくは→P.156

ついていっちゃダメ！

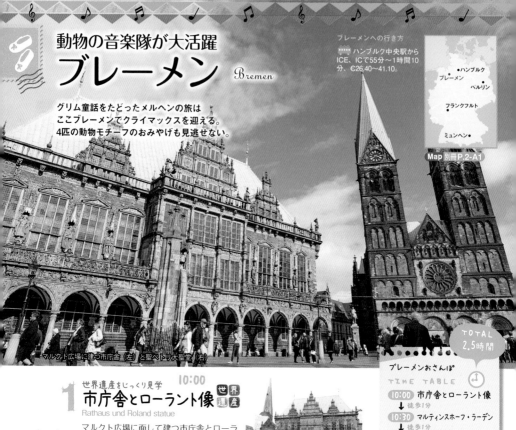

動物の音楽隊が大活躍
ブレーメン
Bremen

グリム童話をたどったメルヘンの旅は
ここブレーメンでクライマックスを迎える。
4匹の動物モチーフのおみやげも見逃せない。

ブレーメンへの行き方
🚃 ハンブルク中央駅から
ICE、ICで55分〜1時間10
分、€26.40〜41.10。

ハンブルク
ブレーメン
ベルリン
フランクフルト
ミュンヘン

Map 別冊P.2-A1

マルクト広場に建つ市庁舎（左）と聖ペトリ大聖堂（右）

TOTAL 2.5時間

ブレーメンおさんぽ
TIME TABLE

10:00	市庁舎とローラント像
↓	徒歩1分
10:30	マルティンスホーフ・ラーデン
↓	徒歩1分
11:00	ズィーベン・ファウレン・ラーデン
↓	徒歩1分
11:30	ブレーマー・ボンボン
↓	徒歩1分
12:10	イム・シュノーア

1　10:00
世界遺産をじっくり見学
市庁舎とローラント像 **世界遺産**
Rathaus und Roland statue

マルクト広場に面して建つ市庁舎とローラ
ント像は2004年に世界遺産に登録されて
いる。1405〜1410年に建てられた市庁舎
は荘厳なゴシック建築で、のちに付け足さ
れた正面はルネッサンス様式になってい
る。ローラント像は自由と公正のシンボル
としてハンザ都市を見守っている。

📍Marktpl.　🏛内部見学はドイツ語または
英語のツアーのみ　11:00、12:00、
15:00、16:00　🎫€9（チケットは観光案内所で購入）

ロバの前足を
つかんで目を
合わせると願
いがかなうブ
レーメンの音
楽隊像

ピッカピカの金色よ！

自治都市の
シンボル、
伝説の英雄
ローラント

高さ10m

願い事は
秘密にするのが
決まりなのよ

2　10:30
動物モチーフがかわいいジャム
マルティンスホーフ・
ラーデン　Martinshof-Laden

近郊にある障害者の作業所で手作
りされた製品の店。デザインにブ
レーメンの音楽隊の図案が取り入
れられていてかわいい。

1.手作りジャム。ロバが洋梨、ナ
はラズベリー、ねこがブルーベ
リー、鶏はチェリー100g4個セッ
ト€19.60　2.果物の色素を使っ
たグミ€2.30/100g　3.音楽隊が
描かれたエコバッグ €3.50

📍Am Markt 1　☎0421-3612011
🕙10:00〜18:00（土10:00〜
16:00）　🚫日・祝、12/25・26、
1/1、イースターの数日　Card M.V.
🚶マルクト広場から徒歩1分

✉ レーズンのたっぷり入ったパウンドケーキ「ブレーマークラーベン」は食べ応え満点！（高知県・サッチャン）

3 何でも揃うおみやげ店

11:00

ズィーベン・ファウレン・ラーデン
7-Faulen-Laden

食品からマグカップまで、ブレーメンらしいおみやげがギッシリ並ぶ。動物のワンポイントがあしらわれたエプロンやティータオルがおすすめ。

🏠Böttcherstr. 9
☎0421-3388227 ⏰10:00～19:00（日11:00～16:00）、1～3月10:00～18:00 ⏳クリスマス～3月の日曜、1/1～3、12/25・26・31、聖金曜日、イースターの月曜 💳A.D.M.V. 🚶マルクト広場から徒歩1分
🔗siebenfaulenladen.de

1. 木製のパズルおもちゃ€18.50
2. さりげない刺繍がかわいいティータオル各€15
3. エッグタイマー€21.99
4. ナイロンのコンパクトになるエコバッグ€8.95

---

4 その場でキャンディを製造

11:30

飴を熱いうちにカットするの

ブレーマー・ボンボン
Bremer Bonbon Manufaktur

音楽隊のシルエットをトレードマークにした、かわいいパッケージのキャンディ専門店。フレーバーは100種類もある。2店舗あり、どちらかで営業。どちらの店でも店内では製造工程を見ることができ、できたてを試食できる。

大きな棒付きキャンディ €2～（大きさや形などで値段が異なる）

ペットヒャー通り店 🏠Böttcherstr. 8 ☎0421-3649
1231 ⏰11:00～18:00（日12:00～17:00）⏳冬期
不定休、1/1、12/25 💳A.D.J.M.V. 🚶マルクト広場から徒歩2分 🔗www.bremer-bonbon-manufaktur.de

Saure Früchtchen
ザウレ・フリュヒトヒェン
柑橘やベリーの酸味のある果物をミックス €6.90/120g

オーナーのリーザさんとエレナ夫人

カフェではショーケースから好きなミニスイーツを1個単位で選べる。写真の量で€10ほど

1. ミントチョコのファッジ €2.90/100g
2. ナッツの風味のチョコ菓子 €4.20/100g
3. オレンジのマカロン €3.20/100g

ブレーメンの ℹ️
🏠Böttcherstr. 4
⏰9:00～18:00（土9:30～17:00、日・祝10:00～16:00）🚶中央
駅から徒歩20分

パッケージもかわいい小袋の菓子

日本に連れてって！€29.95

ブレーメン中央駅

疏水に据えられた風車

クニッゲ
Café Knigge
1889年創業の高級洋菓子店。ブレーマークラーベンが人気

音楽隊の像

リープフラウエン教会
Liebfrauenkirche

お金を入れると動物の鳴き声が聞こえるマンホール

ペットヒャー通りの入口

マルクト広場
Marktpl.
→P.53

ローラント像

聖ペトリ大聖堂
St.Petri-Dom

Shop&cafe

ペットヒャー店

シュノーア地区
Schnoorviertel

シュノーア店

シュノーア地区の路地

マイセン製の磁器でできる鐘のある建物が目印！

Söögestr. ゼーゲ通り Böttcherstr. ペットヒャー通り Balgebrückstr. ヴェーザー川 ダイヒ通り

N 0 100m

---

5 手頃な袋菓子はいかが？

12:10

イム・シュノーア
Konditorei Café im Schnoor

オリジナルのクッキーや、ブレーメンの伝統菓子の品揃えがとても豊富。日本人が修行したこともある確かな味。

私が目印！

🏠Marterburg 32
☎0421-324532
⏰9:30（日11:00）～18:00、冬期9:30（日12:00）～17:00 ⏳冬期の月、12/24・25、1/1 💳A.M.V. 🚶マルクト広場から徒歩10分
🔗www.schnoorkonditorei.de

ペットヒャー通りの鐘は、4～12月は12:00～18:00の毎正時に、1～3月は12:00、15:00、18:00に鳴る。

バロック建築が美しい"エルベ川の真珠"
ドレスデン *Dresden*

ザクセン王国の首都として、百塔の都とたたえられたドレスデン。バロック様式の壮麗な宮殿や教会がエルベ川の水面に映る姿は、夢のような美しさ♪

ドレスデンへの行き方

🚃 ベルリン中央駅から直通ICでドレスデン中央駅まで所要約2時間。€39.90〜89.90。フランクフルト中央駅から直通ICEで所要4時間20分。€99.90〜130.80。

旧市街の ❶

🏠 QF-Passage, Neumarkt 2　☎0351-501501　⏰10:00〜19:00（土〜18:00、日🎄15:00）　🚫無休　中央駅の❶
⏰営業時間は季節と曜日による。3〜11月の平日は9:00〜19:00（最長）、12月の日曜は10:00〜15:00（最短）

Map 別冊 P.2-B2

ハンブルク
ベルリン●
ドレスデン●
フランクフルト
ミュンヘン●

美しすぎるドレスデン

バロック建築が黄金に輝く

エルベ川から
クルーズ
で

感動の眺めはエルベ川とともに。
宝石のように輝く夜景は必見！

昼間のクルーズも美しい！

エルベ川クルーズ
ゼクスィッシェ・ダンプフシフファーツ *Sächsische Dampfschiffahrts*

Map 別冊 P.17-C2　エルベ川沿い

クルーズは、季節ごとにさまざまなコースがある。夜景なら夏は19:00〜22:00頃のイブニングクルーズがおすすめ。クリスマス時期ならアドベントランチやクリスマスディナーのクルーズがある。マイセンなどへ行く定期路線もある。

🚢 発着およびチケット販売はブリュールのテラスにある桟橋で
☎0351-866090　⏱所要2時間〜（コースによる）
💶夏のイブニングクルーズは€30〜、クリスマスや週末など限定クルーズあり　**Card** M.V.
ℹ️チケット売り場は旧市街の観光案内所から徒歩5分
🌐www.saechsische-dampfschiffahrt.de

美しすぎるドレスデン

空から熱気球で

バロックの塔を
空から眺める。
歴史と現代が交錯する
ドイツの町並みに驚嘆！

フラウエン教会がきれい！

川と旧市街が眼下に！

きれいな町並みが続くわ

歴史の町を眼下に

バルーン・クルー・ザクセン

Ballon-Crew-Sachsen

ドレスデンのバロック建築を空から見られる熱気球の体験。林立する塔の上をすれすれに抜けたり遠くを眺めたり、迫力満点。エルベ川沿いにある離宮や宮殿も見られる。飛行時間は約1〜1時間30分。風まかせなのでルートや見られる建築物はいろいろ。着陸後の乾杯と飛行証明書付き。集合から解散まで3時間。

☎0357-8774361（ドイツ語）●8:00〜18:00（受付対応時間）、飛行時間帯は早朝と日没の2回 ●荒天、強風時（5〜9月が催行確率が高い）●1人€190〜 Card M.V. ●3日前には予約を入れるのが望ましいが1日前まで可能。●集合場所は天候や風向きを考慮して出発当日に決定される。ホテルからの送迎はない。URL www.ballon-sachsen.de ✉info@ballon-sachsen.de（英語OK）

ドレスデンのアンペルフラウ

旧東ドイツの歩行者信号（アンペル）のアイコン、アンペルマンは東西統一で廃止の危機になりながら市民運動により残り、今では人気キャラクターになった。ドレスデンのアルトマルクト広場には女の子（フラウ）もいるので探してみて。

一緒に飛ぼうよ！

ドレスデン見どころBEST3

マイセンの剣マーク！

1

絵画のコレクションは秀逸

ツヴィンガー宮殿

Zwinger

1732年に完成した建築家ペッペルマンの最高傑作。19世紀になり、建築家ゼンパーが北側部分をイタリア・ルネッサンス様式に改装している。内部にはアルテ・マイスター絵画館、陶磁器コレクション、数学物理学博物館の3つの博物館がある。

Map 別冊P.17-C2 旧市街

🏠Theaterpl. 1 ●10:00〜18:00 ●宮殿水、一部の施設は月（宮殿内の3つの博物館との共通券）●€14、陶磁器コレクションと数学物理学博物館の単独入場は各€6 URL www.skd.museum

アルテ・マイスター絵画館にはラファエロの『システィーナのマドンナ』がある。そこに描かれている天使はドレスデンみやげのモチーフになっている。

2

長い時間をかけて再建された

フラウエン教会 Frauenkirche

1743年に完成し、直径25mの大ドームをもつドイツ最大のプロテスタント教会だったが、第2次世界大戦の空襲で崩壊した。1994年から再建が始まり2005年に完成、平和のシンボルとなっている。

戦争で壊された記憶の石

Map 別冊P.17-C2 旧市街

●10:00〜11:30、13:00〜17:30 ●土・日・祝（礼拝後の見学は可能だが、時間は不定）●寄付歓迎 日本語オーディオガイド€2.50 URL www.frauenkirche-dresden.de 塔の展望台●3〜10月10:00〜18:00（日13:00〜18:00）、11〜2月10:00〜16:00（日12:30〜16:00）●無休（悪天候の日、冬期には閉鎖される日もある）●€10

わしがアウグスト強王じゃ！

3

絵付けタイルの傑作

君主の行列

Der Fürstenzug

マイセン磁器のタイルに描かれた、長さ101mの壁画。ザクセン君主の騎馬像や芸術家ら総勢93名が描かれている。

Map 別冊P.17-C2 旧市街

番外編

歌劇の殿堂

ゼンパーオペラ

Semperoper

1838〜41年にゼンパーにより建築された。ワーグナーの『さまよえるオランダ人』『タンホイザー』は、ここで初演された。現在でも夏期を除くほとんど毎日、オペラやコンサート、バレエが上演されている。

Map 別冊P.17-C2 旧市街

公演の前売り券と館内ガイドツアーの申し込みはシンケルヴァッヘSchinkelwacheで。公演当日券は上演1時間前からゼンパーオペラ内の当日券売り場で買う。URL www.semperoper-erleben.de

対岸の「風景の額縁」にはイーゼルに立てた額縁があり**Map** 別冊P.17-C2、写真を撮ると橋と旧市街がきれいに収まる。

ノイシュタット地区の注目スポット

重厚な旧市街とは対象的にエルベ川の北、
ノイシュタット地区は暮らしのエネルギーがあふれるところ。
地元っ子が注目するスポットにご案内！

明るい店内でくつろいで！

カジュアルなドイツ料理店
リラ・ゾーセ　Lila Soße

イチゴがトレードマークのドイツのキャニスター「ヴェック」(→P.88)に、前菜やデザートが盛られてくる。小さなポーションで食べやすい。

1. ヴェックのキャニスターで提供される軽食は€6.50〜　2. 紫がテーマカラーの店内

🏠Alaunstr. 70　☎0351-8036723　🕐16:00〜23:00（土・日曜12:00〜）　12/24〜26　CardM.V.　URLwww.lilasosse.de

センスのいい花屋さん

芸術の庭
クンストホーフパッサージュ
Kunsthofpassage

奇想天外な建築におしゃれショップが並ぶ楽しいエリア。

Map 別冊P.17-D1 ノイシュタット

🚃トラム13番Alaunpl.下車徒歩5分
URLwww.kunsthof-dresden.de

入口は牛の看板が目印

神話の庭　リラ・ゾーセ　光の庭　エレメントの庭　変化の庭　動物の庭

アラウン通り　ゲルリッツァー通り

0　100m　N

キリンが目立つでしょ

ノイシュタットの注目ショップ
SHOP

ハンドメイドがいっぱい
シュティシェライ・ウント・ミットブリングゼー
Stichelei und Mitbringsel

オーナーのアーニャさんがパッチワークやアップリケを施した猫のグッズがかわいい。ドレスデンと近郊在住の12人のアーティストのアクセサリーに掘り出し物が見つかるかも。

1. 猫の小物入れ€29　2. ビロードの風合いとレースがおしゃれなバッグ€55　3. 猫のクッション€30　4. 雑多な感じが楽しい店内

Map 別冊P.17-D1 ノイシュタット

🏠Louisenstr. 53　☎0174-2470522　🕐14:00〜18:00　金〜日・祝　Card不可　🚃トラム13番Görlitzer Str.下車徒歩1分

オーナーのアーニャさん
英語はカタコトだけどまかせて！

デザイン or 落書き？ノイシュタットのストリートアート

クンストホーフパッサージュの周辺は個性的な壁画アートがいっぱい！

クンストホーフパッサージュは緑もいっぱいで店も多く1日いても飽きないです。(北海道・キキ)

HOTEL 旧市街

歴史の町で眠れば すてきな夢が♥

歴史地区と真ん中ね！

オペラ鑑賞にも便利
タッシェンベルクパレ・ケンピンスキー
Hotel Taschenbergpalais Kempinski Dresden

アウグスト強王が愛妃のために築いたタッシェンベルク宮殿がリノベーションされホテルになった。全館改装を経て、2024年2月に新装オープン。

Map 別冊P.17-C2 旧市街

🏠Taschenberg 3 ☎0351-49120 💰SW€251〜（朝食別）
CardA.D.J.M.V. 🛏211室 🚋トラム4,8,9番 Theaterpl.下車徒歩2分
URL www.kempinski.com/de/hotel-taschenbergpalais

1. インナーコートヤードのディナー 2. クロンプリンツェン・スイート Kronprinzensuite

レジデンツ宮殿に近いホテル
ハイペリオン・ホテル・ドレスデン・アム・シュロス
Hyperion Hotel Dresden Am Schloss

旧市街の見どころは徒歩圏内。15世紀の建物をベースにスタイリッシュに改装された高級ホテル。マイセン焼きの絵柄を配したゲストルームに泊まれば、ドレスデンの滞在が盛り上がりそう。

Map 別冊P.17-C2 旧市街

1. グランドルーム
2. ルーフテラスで旧市街を見ながらドリンクを

🏠Schlossstr. 16 ☎0351-501200 💰S€110、W€130（いずれも朝食別）**Card**A.D.M.V. 🛏235室 🚋トラム1,2,4番 Altmarkt下車徒歩8分 URL www.h-hotels.com

世界一美しいミルク屋さん
モルケライ・プフント
Molkerei Gebrüder Pfund

1880年に牛乳屋として開業した老舗の乳製品店。店内を隙間なく覆うタイルはため息が出るほど美しい。ミルクジャムやキャラメルなど、レトロなパッケージでおみやげにぴったり。

Map 別冊P.17-D1 ノイシュタット

🏠Bautznerstr. 79 ☎0351-808080 🕙10:00〜17:00（金・土〜18:00）🚫日・祝、1/1、12/25・26 **Card**A.D.M.V. 🚋トラム11番Pulsnitzer Str.下車徒歩5分 URL www.pfunds.de

待ってます☆

1. ミルクジャム €5.90/250g
2. 缶入りミルク石鹸€7.90
3. 美しく飾られた店内

ギネスブック認定！

文房具からぬいぐるみまでファミリーOK！

柔らかいデザインが特徴
ローラ Lola

子ども服と雑貨、文具のお店。ドイツだけでなくヨーロッパ各地から、安全でかわいらしいものをセレクト。

Map 別冊P.17-D1
ノイシュタット

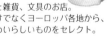

🏠Louisenstr. 5 ☎0351-4093683 🕙11:00〜18:00（土〜15:00）🚫日・祝、1/1、12/25、イースターの数日 **Card**M.V. 🚋ノイシュタット駅から徒歩10分 URL www.lolakids.de

手触りがふわっふわ！癒やしてあげる

1. 動物植物など自然をモチーフにした製品が多く、しおりは各€2.95
2. ゆで卵にかぶせるカバー€4.95 3. かばのぬいぐるみ€37.95、わんこのぬいぐるみ€34.95

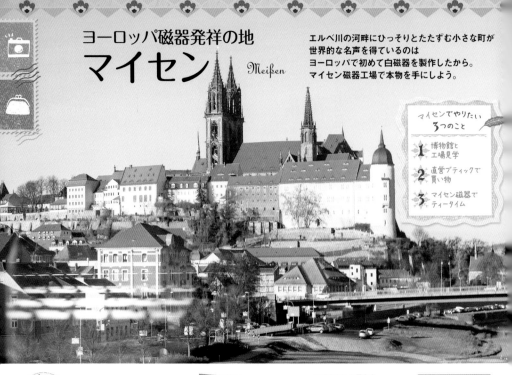

ヨーロッパ磁器発祥の地
マイセン
Meißen

エルベ川の河畔にひっそりとたたずむ小さな町が
世界的な名声を得ているのは
ヨーロッパで初めて白磁器を製作したから。
マイセン磁器工場で本物を手にしよう。

マイセンでやりたい
3つのこと

1. 博物館と
工場見学
2. 直営ブティックで
買い物
3. マイセン磁器で
ティータイム

博物館と工場見学

博物館で磁器の歴史を作ってき
た品を鑑賞、作業工程も見学。

博物館のテーブルコーディネートも圧巻！

豪華な城のよう
な玄関ホール

マイセンへの行き方

ドレスデン中央駅からS1で
所要約35分、ほぼ30分毎。

マイセンの ❶

🏠Markt 3
☎03521-467400
🕐4～10月10:00～18:00（土・
日・祝～15:00）、11～3月
10:00～17:00（土～15:00）
🚫11～3月の日・祝、1月の土
URL www.stadt-meissen.de

Map 別冊P.2-B2

ハンブルク
ベルリン
マイセン
フランクフルト ドレスデン
ミュンヘン

博物館の階段
ホールには白磁の
大きな作品が置
かれているよ

見学順路

とても
神経を
使うわ

ビデオでマイセンの
歴史を知る

ろくろで形をつくる

立体パーツを粘土で
組み合わせる

素焼きの皿に
下絵を入れる

彩色。顔料は
1万色もあるのだとか

マイセン磁器工場のカフェでは食事もできます。グループツアーの人は別室のレストランを利用していました。（佐賀県・陶子）

2 直営ブティックで買い物

値札のところにⅡと表示されている
アウトレット（2級品）が狙い目。

中国の染付に影響を受けたマイセンを代表するブルーオニオン

直営ブティックの品揃えは目移りするほど

36種あるベーシックフラワーシリーズのうちの「朝顔」

アウグスト強王の先見性・国際性にちなんで造られたコスモポリタンシリーズの「ゴールド」

3 マイセン磁器でティータイム

白磁のマイセンでお茶タイム。スイーツはショーケースから指さし注文で。

ザクセン地方の名物アイアシェッケEierschecke

ケーキいかが？

マイセンの歴史

中国の白磁器に魅せられたアウグスト強王の命により、錬金術師ヨハン・フリードリヒ・ベットガーが1709年に白磁の生産に成功。王は技術を門外不出とし、ヨーロッパでの磁器生産の地位を独占した。その後絵付けや立体化の技術もいち早く開発し、現在まで技術を継承、発展させている。

世界に誇る名磁器の里

マイセン磁器工場
Porzellan-Manufaktur Meißen

見学用工房と磁器博物館がある。見学はガイドツアーのみ。陶磁博物館では18世紀から現在までの約3000点の磁器が並んでおり、その美しさに圧倒される。

🏠Talstr. 9 ☎03521-468208 ⏰4～12月9:00～17:00
⏸12/24～26 💴€14（音声ガイド付きの見学ツアー、磁器博物館共通）💳A.D.J.M.V. 🚇中央駅から徒歩25分、タクシーで5分、マルクト広場から徒歩約15分 🌐www.erlebniswelt-meissen.com

マイセン
Meißen

アルブレヒト城
Albrechtsburg
P.163

大聖堂
Meißner Dom
P.163

ブルク通り
Burgstr.

市庁舎
Rathaus

Altstadtbrücke

バス停

マルクト広場
Markt Pl.

マイセン中央駅
Meißen Hbf.

エルベ川

マイセン磁器工場 P.163
Porzellan-Manufaktur Meißen

レストラン・マイセン

N

0 100 200m

マイセンそぞろ歩き

磁器工場とアルブレヒト城は2kmほど離れている。マルクト広場を通り、途中のブルク通りのウインドーショッピングも楽しいエリアなので30～40分ほど歩くのもおすすめ。4～10月はシティバスCity-Busが運行。乗り降り自由の1日券は€6。

徒歩10分

ブルク通り
Burgstr.

石畳のショッピングストリート。上り坂を上ると市内が一望できる。

徒歩5分

大聖堂
Meißner Dom

創設は968年で当時はロマネスク様式の教会だったが、13世紀頃から現在のゴシック様式の教会へと改築された。内部にはマルティン・ルターの友人でもあったルネッサンス期の画家、クラーナハが制作した祭壇画がある。

⏰5～10月9:00～18:00、11～3月10:00～16:00、4月10:00～18:00
⏸無休（礼拝中の見学は不可）
💴€7 🌐www.dom-zu-meissen.de

徒歩2分

城からもいい眺めだなあ

工場から徒歩25分

マルクト広場
Markt Pl.

市庁舎のある町の中心。

アルブレヒト城
Albrechtsburg

マイセン焼きの秘密を守るため、職人は1710年からこの城を工房とした。各部屋に描かれた壁画や柱に施された装飾も見どころ。

⏰10:00～18:00（11～2月～17:00）
⏸12/24・25、冬期休館あり 💴€12
🌐www.albrechtsburg-meissen.de

ライプツィヒでやりたい
3つのこと

1 バッハさんの
お墓参り

2 デジタル指揮者
になる！

3 音楽の道をたどる

♪ バッハが音楽監督を務めた
少年合唱団の美声を聞きに来て♪

音楽家の足跡をたどる
ライプツィヒ *Leipzig*

バッハやメンデルスゾーンが活躍し
多くの音楽家を輩出したライプツィヒ。
ひっそりとたたずむ教会やゆかりの旧家を訪ねれば
どこからかクラシックの調べが聞こえてきそう！

1
バッハゆかりの
トーマス教会へ

いかつい顔で重厚
な音楽を生み出し
たバッハは、少年
合唱団を指揮した
トーマス教会に
眠っている。

バッハ像が見守る
トーマス教会 Thomaskirche

バッハが指揮した少年合唱団で
有名。今日でも毎週金、土曜に
少年合唱団の歌声を聴くことが
できる。ステンドグラスにはバッ
ハやメンデルスゾーンなどが描
かれている。教会の前には楽譜
を持ったバッハ像が立つ。

Map 別冊P.18-A2 中心部

🏠Thomaskirchhof 18 ☎0341-
22224200 ⏰12:00～18:00（礼拝時間
を除く）、教会の塔に上るツアーは3月下旬～
12月のみ月・金16:30、土13:00、14:00、
16:30、日15:00。隣接するショップは12:00
～17:00（金～18:00）、土10:00～18:00
💰教会は無料、ショップは日 💰無料、塔に
上るツアーは€13、土曜は無料（寄付歓迎）
💳A.D.J.M.V.（ショップのみ）🚃中央駅から
徒歩5分 🌐www.thomaskirche.org

ここに
墓碑銘が
あるよ

1. トーマス教会の前に立つ
バッハ像 2. バッハの墓は
1950年に教会の内陣に移
された 3. 中央にバッハの
顔が！ 4. 教会の前にある
ショップは品数豊富

かわいい
音楽
みやげ

ライプツィヒのおみやげは、
音楽家関連に決まり！
❶はトーマス教会、❷はメン
デルスゾーンの家で販売。

€14.90 ❶
譜面デミタスカップ

€14 ❷
デミタスカップ

€5 ❷
メガネ拭き

€8.90 ❶
模型のバイオリニスト

€1 ❶
バッハと聖歌隊
ポストカード

「音楽の道」は、けっこう距離があるけど繁華街も住宅街もドイツののんびりした感じがあって楽しい道のり。（鳥取県・やまと）

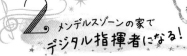

2

メンデルスゾーンの家で
デジタル指揮者になる!

デジタルの指揮台で曲やアレンジを選び、指揮棒を振ると電飾が変化する。指揮者体験ができて楽しい。

1. 書斎には愛用した楽器など遺品が展示されている　2. 妻セシルと並ぶメンデルスゾーン　3.指揮者体験ができるメンデルスゾーンの家の「エフェクトリウム」　4. 創設したドイツ初の音楽大学の模型

> 愛妻のセシルと待ってるよ

著名音楽家の大邸宅
メンデルスゾーンの家
Mendelssohn-Haus

メンデルスゾーンが暮らし、38歳の若さで亡くなった家。楽譜や自筆の水彩画などを展示している。併設のショップには日本語の評伝がある。

Map 別冊P.18-B3 中心部

🏠 Goldschmidtstr. 12　☎0341-9628820　🕐10:00～18:00（12/24・31～15:00）🎫€10、日曜11:00からのコンサートは€18　Card M.V.　🚇中央駅から徒歩10分　URL www.mendelssohn-stiftung.de

ライブツィヒへの行き方
🚄ベルリンからICEで1時間15分。€39.90～97.90。ドレスデンからICEで1時間15分。€25.90～42.20。

ライプツィヒの🛈
🏠 Katharinenstr. 8　☎0341-7104260　🕐10:00～18:00（土・日・祝～15:00、12/24・31～13:00）🚇12/25・26、1/4 ライプツィヒ中央駅から徒歩約10分　URL www.leipzig.travel

Map 別冊P.2-B2

3

芸術家ゆかりの
「音楽の道」をたどる

ライプツィヒでは、音楽家ゆかりの23地点を訪ね歩く5.3kmのルートを設定し、それぞれのポイントに解説板などを設置している。いくつか回れば音楽がぐっと身近に!

Map 別冊P.18-A2～B3

> 私がワーグナーです

1.道路には目印がある　2. バッハ博物館に展示されているバッハのオルガン　3. ゲヴァントハウスは世界最古の民間オーケストラの本拠地　4. 解説板には英語表記もあり、アプリで音声ガイダンスも聞ける　5. ワーグナー像

紅茶も自慢
カフェ・カンドラー Café Kandler

ライプツィヒ名物のライプツィガー・レアヒェ Leipziger Lerche（ひばりの巣という意味）が味わえる。80種の茶葉を揃えている。

Map 別冊P.18-A2 中心部

🏠 Thomaskirchhof 11　☎0341-2132181　🕐10:00～18:00（土・日・祝9:00～18:00）🎫無休　Card M.V.　🚇中央駅から徒歩5分　URL www.cafekandler.de

1. トーマス教会向かいにあり、メニューにもバッハが!　2. 1階席はすぐ満席になるが、2階もある　3. ライプツィガー・レアヒェ€3.50、エスプレッソ€2.85

リーズナブルなシティホテル
マイニンガー・ライプツィヒ・ハウプトバーンホフ
Meininger Leipzig Hauptbahnhof

Map 別冊P.18-B2 駅周辺

駅からも町の中心部からも近くて便利なチェーンホテル。部屋の調度はカラフルでカジュアル。キッチンやランドリーも使える。

🏠 Brühl 69　☎0341-96219868　🎫SC35～　Card D.J.M.V.　🏠126室　URL www.meininger-hotels.com

① €20　折りたたみ傘

② €10　没後175年の垂れ幕で作った限定ポーチ

コルクキャップ　① €16.90

① €4.90　音楽ペーパーナプキン

マグカップ　① €14.90

美しい庭園と宮殿 Best5
ポツダム Potsdam
世界遺産

ポツダムは、ベルリンから日帰りで行ける世界遺産。
3時間しかなくても絶対見てほしいスポットをaruco流に教えます！

ポツダムへの行き方

🚃 ベルリン中央駅からポツダム中央駅まででRE、RB、Sバーンで25〜35分。€4.40。ベルリンの1日乗車券A・B・CゾーンでポツダムまでのSバーンとポツダム市内交通に有効。

Map 別冊P.2-B2

広い庭園をご案内しますよ！

1 サンスーシ宮殿音楽演奏室
壁や天井にきらびやかな金の装飾が！

蔦のモチーフを中心に動植物が金で表現されている
すごく派手だワン！

ブドウ棚のテラス。曲線を描く階段の調和も見て！

2 宮殿前に広がる6段テラスの庭園

貝殻で飾られた柱

Maulbeerallee
オランジェリー宮殿
1 サンスーシ宮殿
2 階段庭園
3 中国茶館
新宮殿の眺め 4
5 新宮殿
Hauptallee
サンスーシ庭園

5 新宮殿の洞窟の間
デコラティブな貝殻細工は必見

3 中国茶館

ポツダムのロココ
サンスーシ宮殿と新宮殿
Schloss Sanssouci , Neues Palais

サンスーシはフランス語で「憂いなし、無憂」を意味する。1748年にプロイセン王のフリードリヒ大王の夏の居城として建てられた。ロココ様式で壁から天井まで豪華に飾られている。新宮殿は1769年にバロック様式で建てられた、200室以上もある大きな宮殿。

少し遠くから見るとシンメトリーの美が楽しめる！

4 新宮殿の勇姿

エキゾチックな東洋とロココの競演

🏠 Maulbeerallee 📞0331-9694200 🕙10:00〜17:30（11〜3月〜16:30）、最終入場は閉館30分前 🈺サンスーシ宮殿月、新宮殿火、両宮殿12/24・25 💴サンスーシ宮殿のオーディオガイド（日本語なし）による見学€14、新宮殿€12。写真撮影料各€3。1日共通券（サンスーシ宮殿、新宮殿、ツェツィリエンホーフ宮殿など）€22。チケットには時間指定があるので事前にウェブで購入するとよい 🚌サンスーシ宮殿へはポツダム中央駅から695番、X15番（4〜10月の土・日のみ運行）のバスでSchloss Sanssouci下車。新宮殿へは605、X5番バスでNeues Palais下車。サンスーシ宮殿と新宮殿は約2.5km離れており、庭園内を歩いて30分。🔗www.spsg.de

ポツダム会談の舞台
ツェツィリエンホーフ宮殿
Schloss Cecilienhof

1917年に英国チューダー様式で建てられ、ホーエンツォレルン家最後の皇太子一家が住んでいた。1945年に米英ソによるポツダム会談が行われたことで知られる。会議の行われた部屋は当時のまま保存されている。

🏠Im Neuen Garten 11 📞0331-9694200 🕙10:00〜17:30（11〜3月〜16:30）、最終入場は閉館30分前 🈺月、12/24〜26・31、4/10、10/16 💴中央駅から92、96番のトラムでRathaus行まで行き、Höhenstr.行きのバス603番に乗り換えSchloss Cecilienhofで下車。帰りは下車したところから300mほど歩いたバス停Höhenstr.から乗車 🔗www.spsg.de 2024年11月1日より修復工事のため長期休業予定

旅の成功は
準備から！

安全・快適
旅の基本情報

鉄道網が発達しているドイツは、旅のしやすい国のひとつ。
でも、日本と同じように……っていうわけにはいかないよね。
持って行ってよかったグッズから旅のマナーまで
女子ならではの旅のコツ、arucoがすべて教えます！

aruco的 おすすめ旅グッズ

「何を持って行こうかな?」そう考えるだけで、ワクワク、すでに旅は始まっている。
機内での必需品や現地であったら便利なものなど、快適で楽しい女子旅のための
おすすめグッズをご紹介。ぜひ参考にして、旅をパワーアップさせてね!

旅のお役立ちアイテム

□ 保湿クリーム／リップクリーム

ドイツの町は乾燥しているのでリップクリームは必須アイテム。お風呂上がりには保湿クリームを忘れないで。

□ はおりもの／ストール

朝晩は冷え込むので、重ね着できるものを持っていくと重宝する。日焼け対策にもなる。

□ 折りたたみ傘

夏は比較的安定した晴天が多いが秋冬は冷たい雨が降る。折りたたみ傘は常にバッグに入れておこう。

□ 折りたたみバッグ

スーパーのレジ袋は有料。買い物用に折りたたみバッグを用意しておくとよい。

□ プラスチック製の密閉容器とジッパー付きビニール袋

お菓子やちょっとした食べ物を保存するときや、ぬれたものを保管するときに使えるので、持っていくといろいろと重宝する。

□ ウエットティッシュとティッシュペーパー

ドイツのレストランではおしぼりなどは出てこない。屋台のグルメを楽しむときなど、ウエットティッシュがあると便利。

*ほとんどのホテルの部屋にスリッパはない。中級ホテルでも全身用液体ソープが1本備え付けられているだけのことが多い。エコな国なので、ホテルアメニティは少なめ。ケトルなどティーセットを備えているホテルは中上級クラスから。

機内手荷物のアドバイス

飛行機内はとても乾燥しているので、リップクリームや保湿クリームは必需品。夏でも空調によっては寒いこともあるので、はおりものも1枚持って。ショールや靴下で体温調節をするとよい。スリッパやアイマスクなどのリラックスグッズ、歯磨きセットもあれば万全。携帯品・別送品申告書を書くボールペンも忘れずに! ※スプレーやまゆばさみはスーツケースに入れよう!

▶ 機内持ち込み制限についての詳細はP.170をチェック!

基本の持ち物チェックリスト

貴重品
- □ パスポート
- □ 現金(ユーロ、円)
- □ クレジットカード
- □ eチケット控え
- □ 海外旅行保険

洗面用具
- □ シャンプー、コンディショナー

歯磨きセット
- □ 洗顔ソープ
- □ 化粧水、乳液
- □ メイク用品

衣類
- □ 普段着、おしゃれ着
- □ 靴下、タイツ
- □ 下着、パジャマ
- □ 手袋、帽子、スカーフ

その他
- □ 常備薬
- □ 生理用品
- □ 筆記用具
- □ 電卓
- □ 目覚まし時計
- □ カメラ
- □ 電池、充電器
- □ 携帯電話、スマートフォン
- □ 変圧器、変換プラグ
- □ スリッパ
- □ サングラス
- □ 裁縫道具
- □ プラスチックのスプーン、フォーク

スマホの電卓や目覚まし、メモ機能を活用すると持ち物が減らせます。もちろんカメラ機能も!(友紀・東京都)

知って楽しい！ ドイツの雑学

ちょっぴりカタく思うかもしれないけど、これから旅するドイツの歴史や文化、習慣などを
出発前にほんの少し勉強しておこう！ 観光はもちろん、買い物や食事をするときなど、
現地の人とのコミュニケーションもぐ〜んと楽しくなること間違いなし！

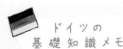

ドイツの
基礎知識メモ

正式名称	ドイツ連邦共和国　Bundesrepublik Deutschland
国旗	上から黒、赤、黄金の三色旗
人口	約8460万人（2023年）
国歌	ドイツ人の歌　Deutschland-Lied
面積	約35万7000㎢　日本の約94%
首都	ベルリン　Berlin
元首	フランク・ヴァルター・シュタインマイアー大統領
政体	連邦共和制
宗教	キリスト教（プロテスタントとカトリックがほぼ半数ずつ）
言語	ドイツ

もっと
知りたく
なるね

ドイツの歴史年表

● ローマの支配とゲルマン民族の移動
紀元前2世紀〜紀元5世紀

古代ローマ帝国はライン川とドナウ川を国境としていた。4世紀になるとゲルマン民族が川を越えて大移動を始め、ローマ帝国は崩壊。ゲルマン民族によるフランク王国が建国された。

中世のドイツ　5世紀〜1517年

フランク王国はカール大帝の死後分裂。東フランク王国はドイツ王国となり、さらに11世紀に神聖ローマ帝国になる。皇帝は当初7人の選帝侯による選挙で選ばれたが、1438年以降はハプスブルク家による世襲となった。

宗教革命と30年戦争　1517年〜1648年

ルターの宗教改革に始まるカトリックとプロテスタントの対立は30年戦争という国際戦争に発展。戦後、神聖ローマ帝国は有名無実化し諸侯が分裂。ドイツでは多くの独立国家が乱立した。

ドイツ帝国の誕生とヴァイマール共和国
1871年〜1919年

近代になるとナショナリズムの高まりもあり、1871年にはプロイセンを主体としたドイツ帝国が誕生した。しかし、第1次世界大戦に敗戦し君主制は廃止、新たに議会制民主主義によるヴァイマール共和国が誕生した。

ナチスの台頭から現代まで　1919年〜

戦後の莫大な賠償金支払いとそれにともなうハイパーインフレなどの社会的混乱は人種主義的なナチ・ドイツの台頭を招いた。第2次世界大戦敗北後にドイツは東西に分裂するが、1990年に再統一され現在にいたる。

ドイツのおもなイベント

春

ヴァルプルギスの夜／ヴェルニゲローデなどハルツ地方の町など

春の到来を祝う祭り。魔女たちがブロッケン山に集い祝宴を開いたという伝承から、魔女の仮装をし、かがり火を焚いたりする。
毎年4月30日〜5月1日

マイスタートルンクの祭り／ローテンブルク

中世にローテンブルクの町を救った市長にまつわるお祭りで、中世の衣装をまとった人々が当時の様子を再現する。
5月17日〜20日（'24）

夏

炎のライン川／ボン、ビンゲン、リューデスハイムなど ライン川諸都市

ライン川沿いで開かれる花火大会。城や要塞をバックに花火が打ち上げられる。クルーズ船からの見学もできる。
5月〜9月（町により異なる）

バイロイト音楽祭／バイロイト

リヒャルト・ワーグナーが「ニーベルングの指輪」を上演するために創設した音楽祭で、ワーグナーの主要作品が上演される。
7月24日〜8月27日（'24）

秋

ベルリンマラソン／ベルリン

ボストンマラソン、ロンドンマラソンなどと並ぶ世界五大マラソンのひとつ。平坦なコースのため、世界記録が出やすい大会としても知られる。9月29日（'24）

オクトーバーフェスト／ミュンヘン

200年以上の歴史をもつ世界最大のビールの祭典で、毎年500万人を超える人々が参加する。
9月21日〜10月6日（'24）

冬

クリスマスマーケット／ドイツ各地

手工芸品が並ぶ屋台や移動遊園地、オリジナルのコップに注がれるグリューワインなど、クリスマスマーケットはドイツの冬の風物詩。クリスマス前の4週間（町により異なる）

カーニバル／ドイツ各地

ドイツ各地で仮装パレードなどのイベントが行われる。特にケルン、デュッセルドルフ、マインツのものが有名。
2月27日〜3月5日（'25）

ドイツ入出国かんたんナビ

空港には2時間前に着こう!

ドイツへは、直行便かどこか1都市を経由しての入国になる。
最新の入国情報は駐日ドイツ大使館や
在ドイツ日本国大使館ホームページを参照のこと。

日本からドイツへ

1 ドイツ到着

飛行機でドイツの空港に到着したら、まずは入国審査（Passkontrolle）の表示に従って進もう。

2 ドイツ入国審査

EU加盟国パスポート保持者とそれ以外に分かれているので、日本人はNon-EUの列に並ぶ。最長90日以内の観光目的の滞在ならビザは不要。「入国カード」のようなものはなく、パスポートを提示する。

3 荷物の受け取り

搭乗した便名の表示されたターンテーブルで荷物を受け取る。万一出てこなかったり、荷物が破損していたら紛失荷物（Lost Baggage）の窓口へ行き、荷物引換証を見せて対応してもらう。

4 税関申告

免税範囲であれば検査はなく、「税関申告書」の記入も不要。持ち込み品が免税範囲の人は、緑の表示がある検査台の前を通る。申告するものがある場合は、赤の表示の検査台へ進み検査を受ける。免税で持ち込めるものは、右の表でチェック。

5 到着ロビー

観光案内所や両替所、レンタカーカウンターなどがある。市内への移動手段については、P.172を参照。

2025年に導入予定 電子認証システムETIAS

日本国民がビザなしでドイツを含むシェンゲン協定加盟国へ入国するときには、欧州渡航情報認証制度ETIAS（エティアス）への申請が必須となる予定。詳細は URL etias-euvisa.com
シェンゲン協定とは、ヨーロッパ内の出入国手続きを簡素化するために発足した協定で、加盟国はドイツも含む29ヵ国（2024年4月現在）。日本から加盟国で飛行機を乗り継いでドイツに入国する場合、経由地の空港で入国審査が行われる。出国時も経由地が加盟国であれば、出国の手続きは経由地で行われる。

ドイツ入国時の免税範囲

品名	内容
タバコ	紙巻き200本、または葉巻50本、または細葉巻100本、またはパイプ用たばこ250g。以上の数種類にまたがる場合は総重量250g以下（17歳以上）
酒類	22度以下のアルコール飲料2ℓ、22度を超える場合は1ℓおよび無発泡のワイン4ℓ、およびビール16ℓ（17歳以上）
その他	EU地域外で購入した€430相当までの物品（15歳以上）。上記の制限を超える品を持ち込む場合は税関への申告が必要

荷物について

機内預け荷物 重量制限

ルフトハンザ ドイツ航空の日本線の場合、3辺の合計が158cm以内、エコノミークラスは23kgまでのものを1個、プレミアムエコノミーは23kgまでのものを2個、ビジネスクラスは32kgまでのものを2個。ヨーロッパ域内線、国内線は異なるのでウェブサイトを参照。

日本からドイツへの直行便

日本からドイツへはミュンヘンやフランクフルトなどへの便がある。最新の運行情報は下記サイトで確認しよう。
日本航空 URL www.jal.co.jp
全日空 URL www.ana.co.jp
ルフトハンザ ドイツ航空
URL www.lufthansa.com

ミニ単語

入国審査（パスポートコントロール）
パスコントロレ
Passkontrolle

税関検査
ツォルコントロレ
Zollkontrolle

両替所
ゲルトヴェクセル
Geldwechsel

ドイツへ出発!

機内持ち込み制限

機内に持ち込める手荷物のサイズや重さは、航空会社、クラスによって異なる。ルフトハンザ ドイツ航空のエコノミークラスの場合、身の回りの品を除き、重さ8kg、各辺の長さが55×40×23cm以内のもの1個に限り持ち込み可能。また、どの航空会社も、100ml以上の液体物の持ち込みが制限されている。100mlまでの容器に入れた液体は、ジッパー付き透明プラスチック袋（容量1ℓ以下、ひとり1枚）に入れている場合のみ持ち込み可能。詳細は利用する航空会社に確認を。

バッテリーは手荷物へ

リチウム電池を使用した予備電池（モバイルバッテリーなど）は預け入れ荷物とすることはできない。

入国審査は長い列になるので、できるだけ早めに並んだほうがよい。（大阪府・あゆみ）

ドイツから日本へ

① 搭乗手続き

利用航空会社のチェックインカウンターで、パスポートを提示して搭乗券を受け取る、またはオンラインで搭乗券をスマホに読み込んでおく。機内預け入れ荷物を預け、引換証（バゲージ・クレームタグ）を受け取る。免税手続きが必要な人は右下参照。

↓

② セキュリティチェック

機内持ち込み手荷物のX線検査とボディチェックを受ける。

↓

③ 出国審査

パスポート、搭乗券を提出し、出国。その先は免税品店や専門店が並ぶエリアとなる。

↓

④ 搭乗

ゲート番号を確認して搭乗ゲートへ。パスポートで本人確認後、搭乗券を機械にタッチして機内に入る。

↓

⑤ 帰国

機内預けの荷物を引き取ったら、税関検査へ。機内で配られた「携帯品・別送品申告書」を提出。別送品がある場合は2枚必要。

ハムは日本に持ち込み不可

動物（ハムやソーセージなどの肉製品を含む）や植物（果物、野菜、種）などは、税関検査の前に、持ち込み許可の証明書類の提出や検査が必要。空港でおみやげ品として売られているものでも、持ち込み許可取得済みの製品はほとんどないので、持ち込めないと思ったほうがいい。

A面
B面

ドイツ入出国かんたんナビ

免税について

ドイツの商品には19%の付加価値税がかけられている。EU圏外からの旅行者は店頭に免税の表示がある店で、一度に€50.01以上の買い物をした場合、所定の手続きをすれば手数料などを引いた金額が戻ってくる。

免税手続きのしかた

空港内の税関で、免税書類（購入店で作成）とレシート、商品現物を提示し、免税書類にスタンプをもらう。それをグローバルブルー＝Global BlueやプラネットPlanetといった免税手続き代行会社の税金払い戻し窓口に提出し、現金で返金してもらうかクレジットカード口座に返金してもらう。

日本入国時の免税範囲　税関 URL www.customs.go.jp

品名	内容
酒類	3本（1本760㎖程度のもの）
タバコ	「紙巻きタバコ」200本、または加熱式タバコ個装など10個、または葉巻50本、またはその他250g
香水	2オンス（1オンスは約28㎖）オーデコロン、オードトワレは含まれない）
その他	20万円以内のもの（海外市価の合計額）
おもな輸入禁止品目	・麻薬、向精神薬、大麻、あへん、覚せい剤、MDMA ・けん銃等の鉄砲　・爆発物、火薬類 ・貨幣、有価証券、クレジットカード等の偽造品、偽ブランド品、海賊版など

免税範囲を超える場合は税金の支払いが必要。海外から自分宛に送った荷物は別送品扱いになるので申告書を2枚提出し税関に申告する。

空港から市内への交通

日本からドイツまでのフライトは、
フランクフルト、ミュンヘン、デュッセルドルフまで直行便で約12時間。
主要都市の空港から市内へのアクセスを紹介します。

フランクフルトの市内交通→P.179

フランクフルト・マイン国際空港
Flughafen Frankfurt Main

ターミナル1と2があり、ルフトハンザ ドイツ航空や全日空などスターアライアンス加盟の便はターミナル1に、日本航空やKLM、エールフランスなどはターミナル2に発着する。ターミナル間はスカイラインと呼ばれる高架電車もしくは無料のシャトルバスで結ばれている。スカイラインは2～3分毎の運行で、所要2分、シャトルバスは10分毎の運行で、所要7～10分。
URL www.frankfurt-airport.com

おもな航空会社の発着ターミナル

●ターミナル1
全日空、ルフトハンザ ドイツ航空、アシアナ航空、アリタリア航空、オーストリア航空、エジプトエアー、カタール航空、タイ航空、スカンジナビア航空、スイス・インターナショナルエアラインズ、エティハド航空、シンガポール航空、ターキッシュ エアラインズなど

●ターミナル2
日本航空、アエロフロート・ロシア航空、ブリティッシュ・エアウェイズ、エア・ヨーロッパ、エールフランス、エミレーツ航空、キャセイパシフィック航空、フィンエアー、KLMオランダ航空、大韓航空など

空港から市内へのアクセス

Sバーン
S-Bahn

空港ターミナル1の地下には、空港ローカル駅 Flughafen-Regionalbahnhof があり、Sバーンが市中心部とを結んでいる。フランクフルト中央駅 Frankfurt Hauptbahnhof へ行くには1番ホームGleis1に発着するS8またはS9に乗って4つ目の駅で下車。所要約13分。チケットはタッチスクリーン式の自動券売機で購入する。1回乗車券Single Journey Frankfurt（英）、Einzelfahrt Frankfurt（独）が€6.30。

❶ チケットを購入

❷ 1番ホームへ移動

❸ 列車に乗車

タクシー
Taxi

到着フロアの出入口前にタクシー乗り場がある。市内の中心部までは渋滞時を除き、所要20～30分、料金は€40～45。

空港から他の都市へ

乗り換えもラクチン

空港長距離列車駅
Fernbahnhof

空港にはターミナル1の地下にある空港ローカル駅以外にも空港長距離列車駅という駅がある。こちらはICやICEなどの長距離特急列車や、国際特急列車ECが発着しているので、フランクフルト市内へ出ずに別の都市に移動するのに便利。空港ターミナルから国際長距離列車駅へはターミナル1からの連絡通路を「Fernbahnhof/Long Distance Trains」の表示に従って5分ほど歩く。

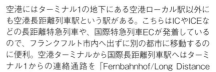

空港長距離列車駅からターミナル2へはかなり距離がある。25分くらいは見ておきたい。（宮城県・あきこ）

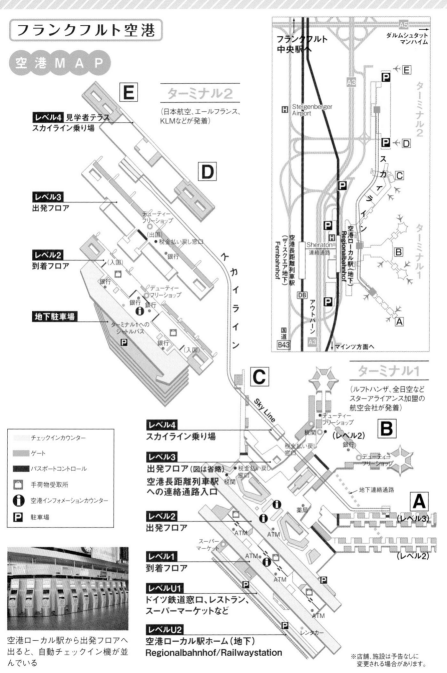

空港ローカル駅から出発フロアへ出ると、自動チェックイン機が並んでいる

※店舗、施設は予告なしに変更される場合があります。

ミュンヘン

ミュンヘン空港
Flughafen München

ミュンヘンの市内交通→P.180

ターミナル1と2があり、ターミナル2はルフトハンザ ドイツ航空とスターアライアンス加盟各社、ルフトハンザパートナー各社の便が発着、それ以外の航空会社はターミナル1に発着する。ターミナル間にはミュンヘン・エアポートセンター München Airport Centre（MAC）と中央エリア Zantralbereich（Z）があり、レストランやショップ、空港案内所などがある。
(URL)www.munich-airport.de

空港から市内へのアクセス

 Sバーン
S-Bahn

ターミナル1と2の間の地下にある空港駅Flughafen München からS1、S8の2路線が発着しており、いずれもミュンヘン中央駅München Hbf.とを結んでいる。所要約40〜50分。チケットは自動券売機で事前に購入する。料金はゾーン制で、空港から中央駅までは1回券Einzelfahrkarteが€13.60。

空港バス
Lufthansa Express Bus

ルフトハンザ・エクスプレス バスがミュンヘン中央駅München Hbf.へ20分間隔で運行している。所要約45分。料金は片道オンライン€12、車内€13（カード可）、往復オンライン€19.30、車内€20.50（カード可）。空港内の乗り場はターミナル2、ターミナル1のエリアD、中央エリア（Z）の4ヵ所。6:25〜22:25の運行、中央駅発は5:15〜19:55。

 タクシー
Taxi

到着フロアの出入口前にタクシー乗り場がある。市内の中心部までは渋滞時を除き、所要40〜45分、料金は€95。料金はメーターで表示される。降車し、トランクから荷物を出してもらったらお金を渡す。スーツケースがある場合は€1〜2のチップ＋端数を渡すとよい。

ミュンヘン空港

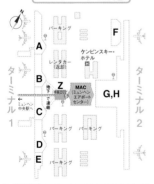

ターミナル2の東側にはターミナル2・サテライト（L、K）がある

A〜Hはゲートのエリアを示す
(S)Sバーン乗り場（地下階）
ルフトハンザ・エアポートバス停留所

空港〜市内の連絡マップ

フライジング Freising
S1

ミュンヘン空港駅
Flughafen München
S1

ノイファールン
Neufahrn

注）オスト駅発のS1は、ノイファールンでフライジング行きと空港駅行きに切り離される列車もあるので乗車時に車両を確認すること。

エアポートバス

S8

S1

マリエン広場
Marienpl.

オスト駅
Ostbahnhof

至Geltendorf

中央駅
Hauptbahnhof

※Sバーンの途中駅は省略

行き先を確認するのね！

夜に空港バスでミュンヘン市内へ向かう途中アリアンツ・アリーナがライトアップされてきれいでした。（静岡県・よしこ）

 ベルリン

ベルリンの市内交通→P.181

ベルリン・ブランデンブルク空港
Flughafen Berlin Brandenburg

ベルリン中心部から南へ約24km。ドイツの首都にふさわしい大型空港として2021年に開港した。ターミナル1と2があるが隣接しており、徒歩数分の距離で、鉄道駅も共通のもの。日本からの直行便はないが、ヨーロッパ各地からの乗り継ぎ便は多数あるので、北部を中心に回る人には便利だ。
URL berlin-airport.de

空港から市内へのアクセス

 ### 鉄道
S-Bahn/DB

ターミナル1の地下2階（U2と表示）にあるベルリン空港ターミナル1-2駅 Flughafen BER-Terminal1-2 からエアポート・エクスプレス Airport Express（略称FEX）、またはRE（快速）、RB（普通）、Sバーンが出る。所要時間は中央駅までFEX、RE、RBは30～35分。Sバーンは約50分。料金はいずれも1回乗車券€4.40（ABCゾーン料金）。ICも停車するが空港駅は途中駅なので乗る方向を確認すること。

 ### バス
Bus

X7番は空港から地下鉄U7のRudow駅まで運行。X71番のバスはRudow駅を経由してU6のAlt-Mariendorfまで運行している。Alt-Mariendorf駅からFriedrichstr.駅は乗り換えなしで行ける。

タクシー
Taxi

到着フロアの出入口前にタクシー乗り場がある。ベルリン市内の中心部までは、所要約40分、料金は€60程度。ホテルから空港までは事前に予約して、料金の相場もレセプションで聞いておいたほうがいい。

空港～市内の連絡マップ

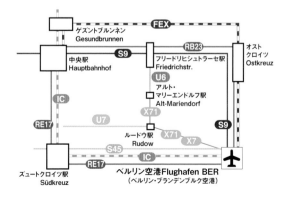

デュッセルドルフ

デュッセルドルフ空港
Düsseldorf Flughafen

フランクフルト空港、ミュンヘン空港に次いでドイツで3番目に利用者の多い空港。成田から直行便がある。（2024年現在運休中）
URL www.dus.com

空港から市内へのアクセス

空港地下の駅からSバーンのS11に乗り、中央駅まで所要15分、€3.40。タクシーだと約15分、€30～35。

オンライン（またはセルフキオスク）でチェックイン、その後、預託荷物のタグを出力し、自動検知の預け入れ台に自分で荷物を乗せる。

ドイツの都市交通

市内交通にはSバーン、Uバーン、トラム、市バスと種類は多いが、
大都市では公共交通のチケットはすべて共通。
異なる交通手段の乗り換えもスムーズだ。

 ## Sバーン
S-Bahn

 詳しくは →P.177

近郊列車をドイツ語ではSバーンといい、地図や標識
では通常Sマークで表示される。近郊の町と市内を結
ぶ役割りを果たしているので、空港と市内はSバーンで
結ばれている都市が多い。市内での移動では、Uバー
ンやトラム、バス
に比べて駅の間隔
が長いので、町の
反対側へ一気に移
動するときなどに
活躍する。

  ## Uバーン
U-Bahn

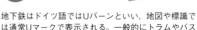 詳しくは →P.177

地下鉄はドイツ語ではUバーンといい、地図や標識で
は通常Uマークで表示される。一般的にトラムやバス
に比べて運行間隔が短
く渋滞もないので、町
の中心部を素早く移動
できる。町の中心部で
は地下を走り、郊外で
は地上に出るような路
線も多い。始発は5:00
頃、終電は24:00頃。

 ## バス
Bus

 詳しくは →P.178

町中を縦横に走るバスは便利な半面、路線が多く、一
般的な地図ではどこを通るかわからないなど、やや難
度の高い交通手段。バスの路線図はバス停に張り出さ
れているほか、インターネットで確認でき、スマホで
の検索も可能。

 ## トラム
Tram/Straßenbahn

 詳しくは →P.178

一般道路の上に敷かれたレールを走る路面電車。ドイ
ツ語でトラムまたはシュトラーセンバーンと呼ぶ。バ
スよりも停留所がわかりやすく、市街地図に路線が
載っていることも多いので、バスほど乗りこなすのが
難しくない。

 ## タクシー
Taxi

 詳しくは →P.178

回り道をしたり、料金をごまかすようなドライバーはほ
とんどいない。ドイツでは流しのタクシーはいないので、タ
クシー乗り場に並ぶか電話で呼ばなくてはならない。クレ
ジットカードが使える車両も増えている。また、Uberなど
の導入状況は都市によって異なる。どちらが安いかは町
によるのでホテルのレセプションで聞いてみよう。

その他の交通手段

自転車タクシーは普通のタクシーよりもスピードは出ないが、
それだけにゆっくりと町の様子を眺められ、観光にはもってこ
いの移動手段。また、ベルリンをはじめとするドイツの大都市
では自転車のレンタルも盛ん。ドイツ鉄道
が行っているコール・ア・バイクCall
a Bikeという登録制の自転車レ
ンタルシステムのほか、い
ろいろなショップで自転車
を借りることができる。

1日券はSバーン、Uバーン、トラム、バス全部共通なので、とっても便利。(でな～・愛知県)

⟨ S バーンとUバーンの乗り方 ⟩

SバーンとUバーンは、乗り方はほぼ同じ。
各都市のチケットの買い方は→P.179〜181

出発進行〜

① ホームへ行く

目的駅へのホームへは、路線番号の表示を見て
進む。進行方向は終点駅で表示されるので、あ
らかじめ確認しておこう。ホームには電車の番
号と行き先、到着予定が電光掲示される。複数
の路線が同じホームに乗り入れることも多い。
また、ホームの長さよりも短い列車もあるので
電光掲示で、どのあたりに列車が停車するか見
当を付けておくこと。

SマークはSバーン、
UマークはUバーン

降車駅をチェック

複数の路線が同じホームに乗り
入れていることもある。左から路
線番号、行先、何分後に到着する
かの分表示

② 刻印をする

日本の電車や地下鉄とは異なり、SバーンとU
バーンには改札は存在しない。その代わり、ホー
ムへ向かう手前やホームに刻印機が設置してあ
るので、この刻印機に自分でチケットを差し込
み刻印する。車両内では検札係が巡回している
ので、このときチケットがなかったり、チケット
はあっても刻印していないと、不正乗車と見な
されて罰金を支払わなくてはならない。1日券の
場合は、使い始めに刻印すればよいので、2回
目以降に乗るときは刻印する必要はない。フラ
ンクフルトではすべてのチケットで刻印は不要。

ミュンヘンはホームに行く途中
に刻印機がある

ベルリンはホーム上に刻印機が
ある

ミニ単語

刻印機
エントヴェルター
Entwerter

1日券の刻印
は1度するだ
けでよい

③ 乗車する

ドイツの車両は日本のようにすべてのドアが自
動で開くようにはなっておらず、ドアに付いて
いるボタンを押して開ける。列車が完全に停車
し、ボタンのランプが点灯してからボタンを押
さなければならず、停車する前にボタンを押し
ても開かない。閉まるのは自動。レバーで開け
る旧式の車両もある。

ドイツでも乗り降りのマナーは降りる
人が先になる

座席はロングシートよりも固定のクロ
スシートが多い。車内では静かに過ご
そう

④ 降車する

車両のタイプによっては電光掲示で次に停車す
る駅名が表示されるので、乗り過ごさないよう
に確認を。降りるときは、乗車時と同様にドア
にあるボタンを押して下車する。出口はドイツ
語でAusgang、もしくはExitと表示しているこ
ともある。別の路線に乗り換える場合は表示に
従ってホームを移動する。

停車駅をチェック

ボタンを押してドアを開
ける

出口や乗り換えホームを確認

車内でコーヒーを飲んでいる人などを見かけるが、近郊路線で飲食は禁止なのでマネしちゃだめ。

ドイツの都市交通

バ ス の 乗 り 方

バスはすべての停留所に停まるわけではないので、降りる場所がわかりにくいのが難点。しかし、ベルリンの100番と200番など、町の中心の観光に便利な路線もあるので、活用できれば、効率よく移動できる。

❶ 停留所を探す

バスとトラムの停留所はともにHマークで表される。停留所には路線図と時刻表が張られているので、自分の乗る方向が正しいか確認しよう。バス停によっては電光表示があり、バスが来る順番とあと何分で到着するかがリアルタイムでわかるようになっている。

バス停のマーク

バスの時刻表。土・日は別ダイヤになっている

バス停には周辺の路線図が貼られている

❷ 乗車する

フロントガラスの上か車体の横にある表示で路線番号と目的地を確認して乗車。町によって、前扉乗車のところと、どの扉から乗ってもよいところがある。ドア横のボタンを押さないとドアが開かないタイプの車両もあるので注意。チケットを持っていない人は先頭から乗り、運転手もしくは車内の自動券売機で購入する。

バス上部の電光表示でバス番号と行き先を確認する

列になってなくても地元の人は先に待っていた人から順に乗車する。子ども連れや老人を優先するのも一般的

❸ 刻印する

車内にある刻印機にチケットを差し込んで刻印する。チケットを運転手から買った場合でも刻印は必要なので忘れないで。フランクフルトのバスには刻印機はない。

刻印機は車内にある

❹ 降車する

降りるときにはブザーを鳴らして合図する。車両によっては、ドア横に付いているボタンを押さないとドアは開かないようになっている。下車した停留所にも周辺図が貼られているので、乗り換え便の停留所がわかって便利。

降りる前にはブザーを鳴らす

ト ラ ム の 乗 り 方

バスとトラムは、道路を走るか、線路上を走るかの違いはあるが、乗り方にあまり変わりはない。

❶ 停留所を探す
停留所には路線図や時刻表が貼られているので、行き先と時間を確認。

❷ 乗車する
乗車するときはドア横のボタンを押さないと開かないようになっている。

❸ 刻印する
刻印しないと罰金の対象になるので忘れないで。フランクフルトのトラムは刻印機はない。

❹ 降車する
下車する停留所に着いたらドア横のボタンを押し、降車する。

タ ク シ ー の 乗 り 方

❶ タクシーをつかまえる
ドイツには流しのタクシーがないので、大きな広場や主要駅にあるタクシー乗り場に並ぶか、電話で呼ばなくてはならない。言葉に自信がない人はホテルのレセプショニストやお店の店員に頼んで呼んでもらう。

❷ 目的地を告げる
観光地の運転手なら、有名なホテルや観光地などは熟知している。ただし、こちらの発音を聞き取れないこともあるので、そういうときは紙に書いてあるものを見せるとよい。

❸ 料金を支払う
料金は日本と同様にメーター式になっている。チップは端数を切り上げる程度でもよいが、サービスに満足したときや、大きな荷物があるときなどは10〜15%程度上乗せした額を支払う。

1日券を持ってる人は、バスに乗るときに券を運転手に見せなくてはいけません。（福島県・ブル子）

フランクフルトの市内交通

フランクフルトの公共交通機関はRMV交通連合に加盟しており、Sバーン、Uバーン、バス、トラムすべてのチケットが共通している。

チケットの種類

フランクフルトの → 別冊P.10
交通路線図

チケットはゾーン制になっており、フランクフルト市内と市外で料金が異なる。一般的な観光地はフランクフルト市内に含まれているが、空港と市内を結ぶ便は料金が異なるので注意。乗車距離が2km以内であれば短区間券が使える。目的地が短区間に該当するかどうかは券売機の表で確認できる。また、フランクフルトでは乗る前に刻印は必要ないが、1回乗車券を買うときに日時が印刷されるため、利用する直前に買わなくてはいけない。

名称	有効乗車範囲	料金
短区間券 Kurzstrecke	乗車距離2km以内	€2.25
1回乗車券 Einzelfahrkarte	フランクフルト市内	€3.65
	空港～市内間	€6.30
1日乗車券 Tageskarte	フランクフルト市内	€7.10
	空港～市内間	€12.30

ドイツの都市交通

チケットの買い方

フランクフルト空港ローカル駅の自動券売機の場合

タッチスクリーン式の新型自動券売機。ドイツ語以外の言語を選択するときは、旗をタッチ（英語はイギリスの旗）

ここで予習してね

1 乗車券を選ぶ →

希望の切符をタッチ。フランクフルト市内への1回乗車券はSingle journey Frankfurt（Einzelfahrt Frankfurt）、次の画面で大人Adults（Erwachsene）をタッチ

2 お金を入れる

画面に表示された金額を入れるとチケットが出てくる

お役立ち情報

自動券売機を使うための
ドイツ語、英語

Wählen Sie bitte Ihr Fahrtziel.
Please select your destination.
目的地を選んでください。

Wählen Sie bitte Ihre Fahrkartenart.
Please select your ticket type.
チケットの種類を選んでください。

Wählen Sie bitte den ersten Gültigkeitstag.
Please select the first day of validity.
有効期間の最初の日にちを選んでください。

Bitte prüfen Sie Ihre Angaben und zahlen Sie den angezeigten Betrag
Please check your selection and pay the displayed amount.
画面の内容を確認してお支払いください。

単語集

Fahrtziel destination 目的地
Einzelfahrkarte single journey 1回乗車券
Kurzstrecke short trip 短距離乗車券
Tageskarte All-day ticket 1日乗車券
Gruppentageskarte Group day ticket
グループ用1日券（＊5人まで）
Einzelfahrt Frankfurt Single journey Frankfurt
（フランクフルト市内）1回乗車券
(inkl.Flughafen) (incl.Airport) 空港まで有効の1回乗車券
Erwachsene Adults 大人
Kinder Children 子ども
Abbrechen Cancel 取り消し
Zurück Back 戻る
Heute Today 今日
Morgen Tomorrow 明日
andere Datum Other day 別の日

ミュンヘンの市内交通

ミュンヘンの公共交通機関はミュンヘン交通連合MVVを形成しており、Sバーン、Uバーン、バス、トラムのチケットはすべて共通になっている。

ミュンヘンの交通図 →別冊P.7

チケットの種類

チケットはゾーン制になっており、いくつのゾーンにまたがるかによって料金が異なる。ほとんどの見どころは Ⓜ のゾーン（白のゾーン）にあるので Ⓜ ゾーンのみの乗車券で行けるが、空港から市内へは6つのゾーンにまたがっているので、Ⓜ〜⑤ゾーンのチケットが必要。

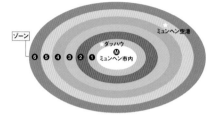

名称	有効乗車範囲	料金
短区間券 Kurzstrecke	バス、トラムは4停留所まで、 Sバーン、Uバーンは2駅まで。	€1.90
1回乗車券 Einzelfahrkarte	Ⓜゾーンのみ	€3.90
	Ⓜ〜①ゾーン	€5.80
	Ⓜ〜②ゾーン	€7.70
	Ⓜ〜③ゾーン	€9.70
	Ⓜ〜④ゾーン	€11.60
	Ⓜ〜⑤ゾーン	€13.60
	Ⓜ〜⑥ゾーン	€15.40
1日乗車券 Single-Tageskarte	Ⓜゾーンのみ	€9.20
	Ⓜ〜①ゾーン	€10.50
	Ⓜ〜②ゾーン	€11.50
	Ⓜ〜③ゾーン	€12.70
	Ⓜ〜④ゾーン	€14
	Ⓜ〜⑤ゾーン	€15.50
	Ⓜ〜⑥ゾーン	€16.80
イーザルカード IsarCard 1週間有効	Ⓜゾーンのみ	€21.10

旅行者向けのお得なカード

シティツアーカード
CityTourCard München

ミュンヘン・カード
München Card

どちらのカードも市内の交通機関の乗り放題に加えて観光地の入場料が割引になる（対象施設はカードにより異なる）。シティツアーカードは、市内中心部Ⓜゾーンのみに有効のものが24時間券€17.50、48時間券€25.50、Ⓜおよび①〜⑥全域に有効のものが24時間券€28.50、48時間券€41.50。ミュンヘン・カードはⓂゾーンのみに有効のものが1日券€18.90、2日券€24.90、Ⓜおよび①〜⑥全域に有効のものが1日券€27.90、2日券€37.90。

ミュンヘン・シティ・パス
München City Pass

市内の交通機関に乗り放題に加えて見どころの入場料や指定観光バスも無料になる。Ⓜゾーンのみに有効のものは1日券€54.90、2日券€76.90、Ⓜおよび①〜⑥全域に有効のものは1日券€64.90、2日券€86.90。

チケットの買い方

1 券売機を見つける

自動券売機はSバーンとUバーンは改札の近くに設置されている。バスとトラムの場合は主要な停留所のみ設置されている。

2 言語を選択する

初期画面はドイツ語になっているが、複数の言語から選ぶことができる。ミュンヘンの自動券売機は日本語を選択できるものもある。

3 チケットの種類を選ぶ

1回乗車券 Einzelfahrkarte、1日乗車券 Single-Tageskarte などの選択肢のなかから希望するチケットを選んでタッチする。

6 料金を支払う

料金はクレジットカードか現金かを選ぶことができる。最後に下の受け取り口からチケットを取る。

5 有効期限を選ぶ

1日乗車券を選んでおいて1日か3日を選ぶのはいまいち理屈に合わないが、これは翻訳の問題。

4 人数を選ぶ

チケットの種類を選んだら、次に利用人数を選ぶ。複数で旅をしているときは、何度も同じ作業をする手間が省けるのでうれしい。

180 ✉ ユーレイルの鉄道パスでSバーンは乗れますが、Uバーンには乗れません。（和歌山県・和枝）

ベルリンの市内交通

ベルリンの公共交通機関はすべてベルリン交通局BVGに加盟しており、チケットはすべて共通になっている。

ベルリンの交通図➡別冊P.12

チケットの種類

ベルリンのチケットはゾーン制になっており、ベルリン市内はAとB、ベルリン市外はCのゾーンになっている。多くの見どころはAゾーン内にあるが、ブランデンブルク空港やポツダムなどはCゾーンなので、市内からこれらの場所へ行く場合はA・B・Cすべてのゾーンに有効なチケットを買わなくてはならない。

名称	有効乗車範囲	料金
短区間券 Kurzstrecke	バス、トラムは6停留所まで。 Sバーン、Uバーンは3駅まで。	€2.40
1回乗車券 Einzelfahrkarte	A・Bゾーン　2時間有効	€3.50
	B・Cゾーン　2時間有効	€4
	A・B・Cゾーン　2時間有効	€4.40
4回乗車券 4-Fahrten-Karte Einzelfahrschein	A・Bゾーン　各2時間有効	€10.80
	A・B・Cゾーン　各2時間有効	€15
1日乗車券 Tageskarte	A・Bゾーン	€9.90
	B・Cゾーン	€10.4
	A・B・Cゾーン	€11.40
7日乗車券 7-Tage-Karte	A・Bゾーン	€41.5
	B・Cゾーン	€42.50
	A・B・Cゾーン	€49

名称	有効期限	有効乗車範囲	料金
ベルリン・ウエルカムカード Berlin WelcomeCard	48時間	A・Bゾーン	€26
		A・B・Cゾーン	€31
	72時間	A・Bゾーン	€36
		A・B・Cゾーン	€41
	5日間	A・Bゾーン	€49
		A・B・Cゾーン	€53
ベルリン・シティツアーカード Berlin CityTourCard	48時間	A・Bゾーン	€22.10
		A・B・Cゾーン	€25.20
	72時間	A・Bゾーン	€33.10
		A・B・Cゾーン	€37.80
	5日間	A・Bゾーン	€44.60
		A・B・Cゾーン	€51.50

旅行者向けのお得なカード

ベルリン・ウエルカムカード
Berlin WelcomeCard

ベルリン・シティツアーカード
Berlin CityTourCard

どちらもベルリンの公共交通機関が乗り放題。カードによって割引の対象が異なるが所定の見どころやレストラン、劇場なども割引になる。どちらのカードも駅の窓口や自動券売機で購入可能。

チケットの買い方

チケットは駅の自動券売機や切符売り場で購入する。自動券売機はいくつか種類があるが、最近はタッチパネル式のものが主流。日本語には対応していないが英語画面にはなる。クレジットカード払いができるものもある。

A・Bゾーンの1回乗車券（右）と7日乗車券（左）

タッチパネル式の自動券売機

ゾーンとチケットの種類を選択後、表示金額を投入する

1回乗車券の乗り換え

1回乗車券を使っての乗り換えは2時間以内なら、一定方向の乗り換えは何度でも可能。一定方向というのは、やや曖昧な言い方だが、基本的には逆戻りしなければ大丈夫だと考えてよい。つまり2時間以内であっても、どこかに行き買い物をし、もとの場所に戻ることは不可。

ドイツの都市交通

ドイツの国内移動

ドイツ国内の移動は中・長距離は鉄道、地方の町へは路線バスが一般的。
時間を節約するなら飛行機という選択肢もある。
予算や旅程に合わせた交通手段を選ぼう。

鉄道
Zug

ドイツの鉄道はドイツ鉄道Deutsche Bahn（DB）に
よって運行されている。ヨーロッパ屈指の鉄道大国で
あるドイツは主要路線の便数も多く、時間も正確だ。

鉄道の乗り方

① チケット売り場に並ぶ

大都市の中央駅のチケット売り場は
旅行センターReisezentrumという。
大きな駅では、ボタンを押して整理
券を取り、電光掲示板に自分の番号
が表示されたら指定された窓口に行
くというシステムのところが多い。

② 内容を告げる

ドイツ語か英語ができるなら窓口のスタッフと相談し
ながら、希望のチケットを買うことができるが、自信
がないなら、あらかじめ紙に書いておき、スタッフに
手渡すのが確実。必要な情報としては、日時、目的地、
必要な枚数、1等か2等か、座席予約の有無など。

③ 料金を支払う

現金はもちろん、クレジットカードにも対応している。
チケットを受け取ったら必ずその場で確認すること。

自動券売機

DBの鉄道駅に設置されている自動券売機は、英語で列車
の詳しい情報が検索できるすぐれもの。出発駅、目的地、
日付、人数などを入力しながら、列車を探すことができ
る。列車番号のほか、乗り換えの時間や到着（出発）番
線の表示など、役立つ情報が選んだ列車ごとにプリント
できる。もちろんチケットの購入もできる。

スマホアプリ

ドイツ鉄道のウェブサイトから列車の検索や購入ができ
るが、スマホが使えるならアプリ「DB Navigator」をダ
ウンロードしておきたい。検索や購入の基本機能のほか、
現在地や遅延情報、遅延による乗り継ぎ変更のアドバイ
スなど、乗車していろいろ役に立つ。ICEは車内の無料
Wi-Fi完備、電源はRE以上にはだいたいある。

DBアプリ
Android用

DBアプリ
iPhone用

座席予約

ドイツ鉄道では日本の新幹線のように、車両により指定席車両、自由席車両
と分かれているわけではない。座席が予約されると該当座席には予約された
区間が電光掲示され、その区間が「自由席」になるというシステムだ（紙
に予約区間が書かれている場合もある）。全席予約が必要な列車は、ナイト
ジェットのほか時刻表に「R」印のついたごく一部の列車だけだが、バカン
スシーズン、並んで座りたいとき、テーブル席希望などなら予約をしたほう
がいい。電光掲示に何も表示されてなければ自由席、「ggf.freigeben」は予
約客が来るかもしれない席、「bahn.comfort」は会員優先席だ。予約料は条
件により€4.90〜9。1等乗車券購入時に予約した場合のみ無料。

ジャーマンレイルパス

ドイツ鉄道に乗り放題のパスで、有効期限の1ヵ月以内の任意の3〜
5、7、10、15日に使用できるものと連続タイプがある。ナイトジェット
以外のICEを含むすべての列車に予約なしで乗ることができる。
モバイルパスなので、専用アプリ「Eurail/Interrail Rail Planner」
をインストールして使う。使用開始のヴァリデーションから乗車手
続きまですべて自身でアプリ管理する（日本語対応なし）ので購入
時に使い方をよく確かめておくこと。
●ドイツの鉄道パスおよび鉄道チケットの購入
EURORAIL by World Compass　株式会社ワールドコンパス
[URL]eurorail-wcc.com　[✉]info@eurorail-wcc.com
※鉄道パスのほか、ホテルや空港送迎、専用車も手配可能。

列車の種類

ドイツ鉄道が運行する列車は、おもに以下の種類がある。
※本書のデータ欄では主にアルファベットの略称で表記。

●イーツェーエー　InterCityExpress（ICE）
最高時速300kmを超すドイツが誇る高速列車で、ドイツ鉄道
のカテゴリーの最上位。主要都市間に運行しているほか、近
隣諸国への乗り入れもしている。ICEよりもさらに停車駅を
少なくした便にICEスプリンターICE-Sprinterがあるが、使わ
れている車両はICEと同じもの。

●インターシティー　InterCity（IC）
主要都市間を結ぶ特急列車で、イーツェーエーに次ぐカテゴリー。
ICの国際列車はオイロシティEuroCity（EC）という。

●ナイトジェット　Nightjet
寝台列車。車両には寝台車Schlafwagen、クシェット簡易寝台
Liegewagen、座席車Sitzwagenがあり、すべて予約制。

●インターレギオ・エクスプレス　InterRegio Express（IRE）
地域間快速列車。地域快速列車よりも長距離区間を走る。

●レギオナル・エクスプレス　Regional Express（RE）
地域快速列車。

●レギオナル・バーン　Regional Bahn（RB）
普通列車。

いろいろ
あるね

  ナイトジェットのデラックス寝台は個室にシャワーとトイレ付き。とても快適でした。（福岡県・ふみ）

列車の乗り方

高速列車は白いカラーリング

ICEの車内

① 発車ホームを確認する

ドイツ語でプラットホームはグライスGleisという。大都市の中央駅には大きな時刻表が掲げられているので確認しよう。小さな駅では黄色のポスター大の出発時刻表から確認ができる。

② 列車編成表を確認

ホームに移動したら、ホームに掲示されている列車の編成表を確認。座席を予約しているときなどには、自分の座席がホームのどの位置に停車するのかがわかるので、あらかじめ移動しておくとよい。

③ 列車に乗る

列車が到着したら、ドア横に付いているボタンを押して、ドアを開ける。もちろん降りる人が優先なので、中の人が降りきってから乗車する。ドアが閉まるのは自動。

ドイツの国内移動

⑥ 列車を降りる

ICEなど高速列車では停車駅が近づくとドイツ語と英語でアナウンスがあるので、降りる準備を始めよう。降りるときは乗るときと同様にドア横の緑のボタンを押して開ける。

⑤ 車内で（検札とサービス）

駅に改札がないので、車内検札が必ずある。切符、モバイルの該当ページなどを提示する。鉄道パスは事前に日付や行先などを入力しておく。パスポートも必携だ。車内には食堂車またはカフェテリアカーが連結されている。1等車では新聞やチョコが配られたり、カフェの飲食物を乗務員が座席までデリバリーしてくれるサービスがある。

日本人乗務員Asakoさん

④ 座席を探す

ドイツの鉄道は同じ車両内に指定席と自由席が混在している。予約済みの席には予約区間が書いてある（電光掲示）ので、予約があれば指定号車の指定番号の座席に座り、なければ何も書いていない座席に座る。混雑しているようであればとりあえず空いている席に座り、予約客が来たら立つということも一般的に行われている。

上／予約区間が示されている
下／予約のない席　右／ICE4は背もたれに座席表示がある

食堂車でのんびり

長距離を走る列車には本格的な食事が楽しめる食堂車Bord RestaurantやセルフサービスのビストロBistroが連結されている。移り変わる車窓を眺めながらのんびり食事を楽しむのは鉄道の旅ならではの楽しみだ。

ホームへ向かう階段には荷物用のベルトコンベアがあるところも

主要駅やICE車内ではWi-Fiが使える

コロナ後の物価上昇を受けて労働者のストライキが頻発している。ニュースなどで情報収集を心がけよう。

旅の便利帳

ドイツの旅に必要なノウハウをわかりやすくまとめました。
旅の基本をきっちりおさえていれば、
イザというときにあわてず対処できるよね。

さくっと要点チェック!

お金・クレジットカード

お金

ドイツで使用されている通貨は、EU統一通貨のユーロ（€）とセント（Cent）。それぞれのドイツ語読みは「オイロ」と「ツェント」。€1＝100セント＝約163円（2024年4月現在）。

クレジットカード

ホテルやレストラン、スーパー、地下鉄の自動券売機などでは、VISAやMasterなど国際ブランドのカードならばたいてい使える。大金を持ち歩くのはリスクが高いので、両替はできるだけ最小限にとどめて、カードで支払うのが賢い方法。ICチップ付きカード利用時にはPIN（暗証番号）が必要なので、事前に確認しておこう。

ATM

空港や駅、町なかなどいたるところにあり、VISAやMasterなどの国際ブランドのカードでユーロをキャッシングできる。出発前に海外利用限度額と暗証番号を確認しておこう。金利と手数料がかかる。

€5

€10

€20

€50

10セント

20セント

50セント

€100

€200

1セント

2セント

5セント

€1

€2

電話

ドイツの公衆電話のかけ方は日本と同様に、市内の場合には市外局番は不要で、市外からかける場合は市外局番からプッシュする。公衆電話はほとんどがテレホンカード式だが、一部コインでかけられるものもあり、どちらも国際電話に対応している。公衆電話は廃止され2025年までに撤去される予定だ。携帯電話からの利用方法やサービス内容は各社に問い合わせを。

日本からドイツへ

| 国際電話識別番号 010 | ＋ | ドイツの国番号 49 | ＋ | 市外局番＋相手の電話番号（市外局番の最初の0は取る） |

※携帯電話の場合は010のかわりに「0」を長押しして「＋」を表示させると、国番号からかけられる。
※NTTドコモ（携帯電話）は事前にWORLD CALLの登録が必要

ドイツから日本へ

| 国際電話識別番号 00 | ＋ | 日本の国番号 81 | ＋ | 市外局番or携帯電話（頭の0は取る） | ＋ | 相手先の電話番号 1234-5678 |

現地での電話のかけ方

●市内へは－（ハイフン）の前の番号（市外局番）をはずして番号をかける。
●市外へは－（ハイフン）の前の番号（市外局番）を、0を含めかける。

現金で両替するよりも、クレジットカードでキャッシングをした方が安上がりでした。（よっし～・石川県）

電圧・プラグ

ドイツの電圧は220V、周波数は50Hz。プラグの形は日本と異なるCまたはSEタイプで、Cタイプならどちらにも挿せる。ドライヤーをはじめとする日本の電化製品はそのままでは使用できないので変圧器が必要。携帯電話やデジカメの充電器、パソコンのACアダプターなどは、世界対応のものが多く、通常変換プラグを取り付けるだけで使用できる。

トイレ

公衆トイレは有料のところが多く€0.50〜1の利用料がかかる。多くの公衆トイレの入口はコイン式になっており、紙幣には対応していないので、普段から多めに小銭を用意しておくとよい。ドイツ語でトイレはトアレッテToilette、またはWCと書かれている。女性はDamenまたはFrauen、男性はHerrenまたはMänner。

インターネット

ホテルやカフェ、空港、長距離列車内などさまざまな場所でWi-Fiサービスを提供している。ホテルやカフェ、駅構内や鉄道車内では無料が多いが、時間制限があったりパスワードが必要なこともある。ホテルのレセプショニストやカフェの店員に教えてもらおう。

郵便

ドイツの郵便局はDeutsche Post AGという。黄色のバックにホルンのマークが目印。営業時間は平日8:00〜18:00、土曜は8:00〜12:00、日曜、祝日は休みというのが一般的。日本へのエアメールははがきが€0.95、封書が50gまで€1.70。

水

ドイツの水道水は飲用できるが、水が変わると体調を崩す人もいるので、不安であればミネラルウオーターを購入したほうがよい。水はスーパーマーケットや駅売店などで販売している。買う場所により500mℓのペットボトルでもスーパーマーケットなら€0.50程度で売っているが、駅の売店では€2程度になる。ペットボトルのデポジットとして€0.25加算される。ミネラルウオーターには炭酸入り（ミット・コーレンゾイレmit Kohlensäureまたはミット・ガスmit Gas）と、炭酸なし（オーネ・コーレンゾイレohne Kohlensäureまたはオーネ・ガスohne Gas）の2種類がある。

チップ

ホテルやレストランの会計にはサービス料が含まれているので、チップは必ずしも必要ではないが、よいサービスを受けたときには、感謝の気持ちを表す意味でチップを渡す習慣がある。レストランでは料金の5〜10%ほど、ホテルのベルボーイには€1ほどを渡すのが一般的。レストランでチップを渡すときは、会計の担当者に直接渡すことになっており、支払い後テーブル上に置く習慣はない。セルフ式のカフェでは、レジ横にチップボックスがあるので、おつりの小銭を入れると喜ばれる。

喫煙

ドイツの禁煙法は州ごとに定められているが、多少の違いはあるものの、すべての州で施行されており、原則として喫煙所を除いて公共の場での喫煙は禁止されている。

マナー

教会は信仰の場所なので、夏でも肌の露出は控え、大きな声は出さないように。ミサが行われている間は見学は控えること。写真の可否は教会によって異なるが、フラッシュや三脚の使用はできないところがほとんど。

階段の表示

日本とドイツでは階段の表示が異なる。ドイツでは日本の1階は地上階Erdgeschossといい、エレベーターのボタンでは0やEと表記される。日本の2階はドイツの1階、日本の3階はドイツでは2階となる。

レンタカー

レンタカーでロマンティック街道など美しい自然のなかを走るのもおすすめだ。小型車はほとんどがマニュアル車。Hertz、Avis、Budget、Europcarなどの大手は日本語のウェブサイトがある。

クレジットカードは日本円払いを選択できる端末もあるが、レートが悪いことが多く、ユーロのまま払ったほうが得。

旅の安全情報

出発前に、必ず現地の最新情報を収集しよう。
日本にいるとき以上に、警戒アンテナもピンと立てることを忘れないで！

外務省海外安全情報 URL www.anzen.mofa.go.jp
外務省の提供する「たびレジ」に登録すれば、渡航先の安全情報メールや緊急連絡を無料で受け取ることができる。出発前にぜひ登録しよう。 URL www.ezairyu.mofa.go.jp/

注意してね～

治安

ドイツはヨーロッパのなかでは比較的治安のよい国だが、スリ、置き引き、ひったくりといった犯罪は日本と比べるとはるかに高い頻度で発生しているので過度な安心は禁物。基本的なことさえ守っていれば被害が防げる犯罪が多いので、荷物からは目を離さない、むやみに現金やカードを人目にさらさない、夜間に人通りの少ないところは歩かない、などを頭の隅において行動しよう。

病気・健康管理

普段は元気な人でも、旅行中は気候や環境の変化、食事の変化などで急に体調を崩すこともある。思わず食べ過ぎたり、買い物に熱中して歩きっぱなしだったり。疲れをためないように十分睡眠をとって、絶対に無理をしないこと。風邪薬や胃腸薬などは使い慣れたものを日本から持っていこう。湿布類もあるといい。インフルエンザなど事前の海外感染症情報のチェックも欠かさないで。

海外旅行保険

保険に入らず海外でケガや病気をして医者に診てもらうと全額自己負担になってしまう。海外旅行保険には必ず入っておこう。病気になったとき、日本語対応サービスのある海外旅行保険に加入していれば、サービスセンターに電話して対処してもらうのがいちばんいい。提携病院なら病院側も慣れているので、スムーズに対応してもらえて安心。補償内容は前もって確認しておくこと。

こんなことにも気をつけて！

 ### エピソード1 置き引き

ドイツで日本人観光客が遭遇する犯罪で最も多いのが置き引き。おもな被害例はホテルの朝食ビュッフェで座席にバッグを置いたまま料理を取りに行き、戻ってくるとなくなっていた、列車内で座席の横に置いていたバッグがいつの間にかなくなっていたなど。荷物は手元から離さず、自分の目に届く場所に置いておこう。

 ### エピソード2 スリ

スリの被害が多いのは人通りの多い駅構内や繁華街、混み合った車内など。また、知らない人から道を教えてくれると話しかけられ、教えているうちに共犯者が財布を抜き取るという手口もある。混雑している場所や、知らない人に声をかけられたときなどは、意識的にスリを警戒し、自分の荷物に注意を払いたい。

エピソード3 偽警官

偽警官の手口は、自称私服警官が、「麻薬の取引をしていただろう、所持品を検査する」、「偽札の検査をしている。財布を確認したい」などと言い、検査と称して金品を奪い去るというもの。警官が路上で財布の中を調べるようなことはない。偽警官に遭遇したら身分証明書の提示を求めるか、110番すること。

 ### エピソード4 寸借詐欺

寸借詐欺は、財布をなくして困っているなどの理由で声をかけてくる自称旅行者にお金を貸したり、その後連絡が取れなくなるというもの。詐欺師は物腰柔らかで、身なりもちゃんとしている人が多いため、つい気を許してしまいそうになるが、見知らぬ人にお金を貸すようなことは控えたほうがよい。

 ### エピソード5 税関でのトラブル

高級腕時計やノートPC、カメラなどの高額物品は、個人的に使うものについては課税対象ではないが、現地で他人に販売、譲渡の可能性があると判断されると、税関の抜き打ち検査で没収されることがある。高額物品を携帯して入国する場合は、税関窓口で自主的に帰国時に持ち帰るものだと説明したほうがよい。

 ### エピソード6 危険地帯は事前確認

ドイツの大都市のなかには貧民街や民族主義者が多く住む地域もあり、不用意に立ち入ると強盗や暴力を受ける可能性もある。観光地以外の場所には近づかないようにしよう。また、近年はイスラム過激派によるテロがヨーロッパ諸国で起きている。旅行前には日本大使館のウェブサイトなどで情報収集すること。

列車内でスーツケースの上に置いていたバッグを盗まれてしまいました。（春子・長野県）

困ったときのイエローページ

トラブル別

じたばた じたばた

トラブル1 パスポートを紛失したら

まずは警察に届け出て、現地日本大使館で新規発給の手続きを

パスポートの盗難に遭ったり、紛失してしまったら、すぐに最寄りの警察に届け出て「被害届受理証明書」を発行してもらうこと。それを持って日本大使館へ行き、パスポートの紛失届と新規発給の申請を行う。あらかじめ顔写真のページのコピーやパスポート規格の写真を用意しておくと手続きがスムーズ。

紛失時のパスポート新規発給の申請に必要な書類

- ☐ 紛失一般旅券等届出書
- ☐ 現地警察署が発行する被害届受理証明書
- ☐ 写真2枚（縦45mm×横35mm）
- ☐ 戸籍謄本（6ヵ月以内発行のもの）
- ☐ 一般旅券発給申請書
- ☐ 必要に応じ、本人確認、滞在資格を確認できるもの
  （※申請の手数料は、申請内容により異なります）

トラブル2 事件・事故に遭ったら

すぐに警察や日本大使館で対応してもらう

事件に巻き込まれたり、事故に遭ってしまったら、すぐに最寄りの警察に届けて対応してもらう。事故の内容によっては日本大使館に連絡して状況を説明し、対処策を相談しよう。

警察 110	
在ドイツ日本国大使館（ベルリン）	030-210940
在デュッセルドルフ日本国総領事館	0211-164820
在フランクフルト日本国総領事館	069-2385730
在ミュンヘン日本国総領事館	089-4176040
在ハンブルク日本国総領事館	040-3330170

トラブル3 クレジットカードを紛失したら

カード発行金融機関に連絡して無効処置を依頼し、警察へ届け出る

クレジットカードを紛失したら、すぐにカード発行金融機関に連絡して無効手続きの処置をとってもらうこと。現地警察では「紛失・盗難届受理証明書」を発行してもらう。

カード会社	
アメリカン・エキスプレス	0800-181-0740
ダイナース	0081-3-6770-2796
JCB	0800-1-82-2991
Master Card	0800-071-3542
VISA	0800-8118440

トラブル4 病気になったら

緊急の場合は迷わず救急車を呼び、保険会社への連絡も忘れずに

急な体調異変で、容易に動けないほど緊急の場合は、自分で救急車を呼ぶか、ホテルの人に呼んでもらう。海外旅行保険に加入している場合は、保険会社のサービスセンターに連絡して提携病院などを教えてもらおう。

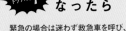

緊急/病院
救急・消防 112

トラブル5 荷物を忘れたら

落とした場所の遺失物取扱所に問い合わせる

乗り物内での忘れ物にすぐ気がついたら、最寄りの窓口で対応してもらう。空港ならバゲージクレームへ。機内で紛失した荷物は利用した航空会社へ問い合わせを。

遺失物預かり所	
ベルリン	030-902773101
ハンブルク	040-428113501
ミュンヘン	089-233 96045

保険会社 （日本のカスタマーセンター）	
損保ジャパン	0120-666-756
AIG損保	0120-04-1799
東京海上日動	0120-868-100

航空会社 （ドイツ国内）	
ルフトハンザ ドイツ航空	069-86 799 799
日本航空	069-86798777
全日空	0800-1810397

これで安心だね！

✕ 食べる ✕

🛍 買う 🛍